MEDIA COMMUNICATION EFFECTS:
INVESTIGATION AND ANALYSIS

媒介传播效果
调查与分析教程

李永健◎主编

ZHEJIANG UNIVERSITY PRESS
浙江大学出版社

图书在版编目(CIP)数据

媒介传播效果调查与分析教程 / 李永健主编. —杭州:浙江大学出版社,2017.3(2025.7 重印)
ISBN 989-7-308-15832-9

Ⅰ.①媒… Ⅱ.①李… Ⅲ.①传统媒介－效果－调查研究－教材 Ⅳ.①G206.2

中国版本图书馆 CIP 数据核字(2016)第 100996 号

媒介传播效果调查与分析教程

李永健　主编

责任编辑	葛　娟	
责任校对	张一弛	
封面设计	春天书装	
出版发行	浙江大学出版社	
	(杭州市天目山路 148 号　邮政编码 310007)	
	(网址:http://www.zjupress.com)	
排　　版	杭州青翊图文设计有限公司	
印　　刷	杭州高腾印务有限公司	
开　　本	710mm×1000mm　1/16	
印　　张	20.25	
字　　数	353 千	
版 印 次	2017 年 3 月第 1 版　2025 年 7 月第 4 次印刷	
书　　号	ISBN 978-7-308-15832-9	
定　　价	46.00 元	

前 言

　　七年之前我教授传播研究方法这门课程,为了教学方便,我编写了《传播研究方法》(浙江大学出版社 2009 年版)。现在出去开学术会议还经常碰到有人提起我编的这本教材,可惜这本教材在我们学校没有发挥应有的作用,墙内开花墙外香了。2013 年 9 月,我在外挂职,两年后又重回校园,开始给研究生开设量化研究方面的课程,翻翻这本《传播研究方法》居然还可以给他们使用,原本计划是给本科生用的,现在给研究生使用,正合适。但还是有些缺陷。随着传播研究的深入,社会对于民意的研究越来越关注,而且信息技术的发展也为民意调查及分析提供了很多便利的工具,这些内容就没有办法在7 年之前的书中反映了,所以在新编的这本《媒介传播效果调查与分析教程》中增添了这些内容,以满足现实之需。

　　当时我的设想是在本科开设传播统计学的基础上,到高年级再继续开设传播研究方法(主要是量化研究方法),因为当时我在中青院开设了传播统计学,已经有了一定的基础,可是后来系里进行教改取消了高等数学、传播统计学等和数学相关的课程,就使得我们学校的本科生没有了使用这本传播研究方法的学科基础,所以在中青院新闻系的本科课程中量化研究基本上就消失了。但是作为一个学者,其教学设想和研究是一个连续的过程,虽然在本系的课程教学没有了延续,但是我的量化研究教学设想及实践还在继续着,这本教材实际上就是一种延续。也就是说在一定的量化研究基础之上,如何利用现代的信息技术和高级数据处理方法去处理分析、展示、数据描述的传播现象背后的规律是量化研究的目的所在。

　　2012 年我在学校率先开设了一门选修课——媒介传播效果调查与分析,当时有 20 多个学生选修了这门课程,我们也编写了讲义,经过一轮的使用,发现了一些问题,所以在后续的过程中不断进行修改和补充。到了 2015 年我感觉教材基本成熟了,再加上有这样一个资助的机会,就准备编辑出版了,同时我也准备在更高层面上把传播量化研究进行下去。

其实利用问卷或者量表进行调查研究是社会科学研究常用的方法。现在越来越多的组织机构和企业已经开始利用新技术、新手段进行统计调查,这种新形式具有巨大的技术优势和发展潜力,它的出现对传统的统计调查方式产生了极大的冲击,同样也给新闻传播领域带来了很大的影响。培养学生媒介调查的基本方法和技能,同时掌握一些现代信息技术以及新型调查工具的使用方法极为重要,我校电话及网络调查实验室的建立,也为我们实施该课程奠定了基础。

本课程的培养目标是培养既有理论,又具有方法技能,能够针对媒介传播效果进行调查和分析的人才。教学方式是采用实验教学,采用做中学的方式,将以调查实验室为依托展开教学。针对的对象是那些具备统计学基础的学生,对媒介调查与分析感兴趣的学生或者是研究者。

本教材得到了中国青年政治学院新闻传播学院的教材资助,这要感谢学校对我院的支持,在国家启动了新闻传播领域的卓越计划之后,学校为了支持我院申报,启动支持计划,本书就是在这一支持计划的资助下实现的。

本书包括理论与方法篇和工具篇两大部分。理论与方法篇:包括第一章媒介传播效果调查与分析概述、第二章内容分析法、第三章问卷与量表。工具篇之一:主要是介绍常用调查工具的使用,即第四章电话调查、第五章网络调查(包括移动面访系统的介绍)。工具篇之二:包括第六章数据处理、第七章数据可视化在媒介调查中的运用、第八章媒介传播效果调查与分析的技术支持——思维导图。

本书编写分工:

李永健:第一章　媒介传播效果调查与分析概述;

李永健、张潇予:第二章　内容分析法;

李永健、张潇予:第三章　问卷与量表;

李永健、张弛:第四章　电话调查;

李永健、张弛:第五章　网络调查;

李永健、杨秋霞:第六章　数据处理;

李永健、张弛:第七章　数据可视化在媒介调查中的运用;

李永健、李鸿达:第八章　媒介传播效果调查与分析的技术支持——思维导图。

最终是由李永健教授统稿完成的。

李永健

2016 年 1 月

目　录

目录

工具篇之一：调查工具

目 录

工具篇之二：结果呈现

理论与方法篇

第一章
媒介传播效果调查与分析概述

当今社会正处于信息经济时代,作为传播信息的重要渠道之一的传播媒介,逐渐走向产业化经营,媒介追逐的不仅仅是喉舌功能的实现,而是政治和经济的双重效益。谈到经济,似乎离不开竞争,当今的媒介正处在一个既联合又激烈竞争的局面之中。在这样的竞争局面下,大到一个媒介机构,小到一个栏目,如要生存和发展,也需要掌握足够的信息。首先,是对自我的认识,了解自己在受众心中的形象地位;其次,是对对手的认识,通过比较找出自己的优势和劣势;再次,最重要的是对受众的认识,了解受众真正需要的是什么。这就涉及对媒介的传播效果进行调查的问题,媒介的传播效果也是国外经验学派关注的焦点,他们在这个领域积累了十分丰富的经验和成果。媒介调查正是这样一种针对传播效果的认识工具。

第一节　媒介调查导论

在关于大众传播学的研究中,效果研究一直是研究中的重点,传播研究的里程碑经历过几次修订,在几位作者确定的里程碑式成果中,效果研究始终占绝大多数,可见效果研究在传播研究中的重要性。而如何对传播效果进行调查和分析,不同研究者在不同的时期使用的方法也是有所变化的,而且我们利用不同的标准进行方法的分类,在这里我们简单地根据调查对象来把媒介传播效果的调查与分析分成两大类,一大类针对媒介,另一类是针对受众,在后面的章节我们将还会讨论如何把对受众的调查与对媒介的调查结合起来推断传播效果。

一、媒介研究的领域

我们生活在一个媒介环境中。传播学者们公认:媒介对社会、个人产生着很大的影响,但受众并不是被动地接受信息,而是主动地选择信息。媒介的强大效果使得媒介从业者和研究者必须要关注媒介的各个方面并进行研究,但研究内容、研究对象、研究方法是多种多样的。

近年来,越来越多的媒介研究者把科学的研究方法运用到媒介研究实践中去。用实证研究去取代原来的猜测和理性思辨。但我们知道,这种研究方法是有一定缺陷的,而人类的行为又是复杂多样的,不可能完全公式化、模式化。不过,这种研究仍可以提供很有用的信息,来帮助媒介策划传播行为、预测传播效果,并对传播的结果进行评估。

具体来说,借助科学的研究方法,媒介研究可以在以下领域进行。

1.传播内容研究

传播内容即传播者所发出的信息。信息的组织方式是内容研究关注的重点。研究传播内容的常用方法是内容分析法和控制实验法。前者常常用来分析一个特定的传播内容,如分析一份报纸、分析一个节目等,研究它们的构成要素。控制实验法常常用于比较不同制作版本的优劣,最常用的就是广告文案的测试。

2.传播媒介研究

所谓传播媒介,就是信息的传播途径,即电视、广播、报纸、互联网等信息通道。在微观的层次,人们可以研究各种传播媒介的特点,信息通过不同媒介传播的效果有什么不同,各种媒介如何互补长短,等等;在宏观的角度,也可以研究媒介机构,比如研究电视的播出量、报纸的发行量,研究某个媒介机构的经营管理模式,等等。研究的方法有调查研究法、个案研究法等。

3.传播受众研究

受众研究是最常用的一种研究类型。所谓受众,是指媒介传播的对象,也就是众多的接触媒介的人,如电视和电影的观众、广播的听众、报纸和杂志的读者、互联网的使用者等。受众的数量多、分布广、个体差异大,而对受众的研究常常是选择一部分有代表性的人进行研究,最后根据这一部分人的情况估计整个受众的情况,这种研究方法就是抽样调查法。受众研究的内容常常是研究受众对媒介的使用情况、对现有媒介及传播内容的满意度、自身的兴趣和需求等。比如很多的观众调查都涉及观众的基本状况和人口特征、生活形态、对电视和其他媒介的接触情况、接触媒介的动机和目的、对现有节目的满意程度等内容。受众研究还有一个重要的内容就是电视、广播的视听率研究,视听率数据是媒介经营的重要经济杠杆。它也是采用抽样调查方法获得的,不同的是,为了得出连续的视听率数据,研究者常常采用"固定样本组"连续调查的方法,即对抽选到的同一群人定期反复进行调查和测量。

4.传播效果研究

传播效果研究一直是媒介研究的核心。传播效果包括两个层面的内容,宏观的层面是传播媒介对整个社会的影响,比如媒介是否促进了社会文明的进步,是否促进了社会文化的发展,媒介对社会的正面功能是什么、负面功能是什么,等等;微观的层面是指媒介所传播的内容在受众身上引起的心理、态度和行为的变化,比如模仿、从众等。传播效果研究是媒介研究中最复杂的一类,常常需要结合控制实验法、调查法、内容分析法、个案研究法等多种方法综合进行。

二、媒介调查的主要类型

媒介调查包括两个层面的含义:狭义来讲,它只指运用问卷调查法进行的媒介研究;广义来讲,所有利用科学方法进行的媒介调查研究都是媒介调查。本书将从媒介调查的广义含义入手进行全面的媒介调查研究方法阐述。书中提到的"调查"二字,除非是可以根据上下文内容判断为专指问卷调查法,一般都是指广义的调查。

广义的媒介调查可以从各种角度,按不同的标准划分为不同的类型。各种类型具有各自的特点,在调查方式、方法、步骤、程序、适用范围等方面都有所不同。要进行一项媒介调查研究,应当首先根据调查任务和调查课题来选择与确定适当的调查研究的类型,才能有效地制定调查方案,确定调查对象、调查方法和调查程序。

（一）二手资料分析和原始资料分析

根据分析资料的来源,调查研究可划分为二手资料分析和原始资料分析两种类型。

1.二手资料分析

二手资料是指其他研究者因为其他目的已经收集好并公开发表的资料。比如央视—索福瑞媒介研究公司定期发布的收视率调查数据,对于其他的研究者就是一种二手资料。二手资料比较容易获得,获取时间比较快、费用也很低。在调查研究时,有些情况下我们也只能借助二手资料,比如人口普查获得的统计资料,研究者不可能自行去收集。实施一项研究,如果确定了研究主题,研究者往往先从二手资料分析入手,通过查阅与该研究主题相关的信息,研究者可以获得以下相应的帮助:帮助理解研究主题和更好地定义研究问题;可以在参阅以往的资料中,提出自己的研究假设;分析以往同类研究的研究设计,找出它成功和独特的地方,获得启发;分析其他研究设计不合理的地方,在自己的研究中可以尽量避免同样的问题;可以在自己的研究设计中,加入和以往研究进行比较的部分。

尽管二手资料对调研很有帮助,但是在使用二手资料的时候一定要谨慎。首先,二手资料是为其他研究目的而收集的,可能对自己目前的研究问题缺乏说服力,甚至不能说明任何问题;其次,在使用二手资料时,一定要注意其收集者、收集时间、数据来源的范围、数据收集方法,否则很可能会导致错误的理解。例如,如果不注意数据的收集时间,在今天抽样设计时仍参阅1982年人口普查的统计资料,无疑是不合理的;或者,对某个电视栏目的观众调查数据是采用了男女各一半的配额抽样方法抽取的样本,而二手资料使用者不注意这一点,理解成该栏目的观众构成是男性和女性比例相同,这就是明显的错误。

由于二手资料的这些局限性,以及有些研究主题很难找到相应的二手资料,很多的媒介研究往往直接收集原始数据进行分析。

2.原始资料分析

原始资料(原始数据)是指研究者按照自己定义的研究主题、研究目的和研究方法,自行收集的结果数据。中央电视台想要了解全国的观众收看电视的情况和意见,每5年进行一次大规模的观众调查(和其他机构合作进行),以这种方法得到的分析数据就是原始数据。

获取原始资料的过程非常复杂,需要花费大量的经费和时间,比如2002年的第4次全国电视观众调查从准备到结束历时一年多,花费几十万元,投入了大量的人力物力。原始资料是专门为研究目的而搜集的,所以搜集到的数据可以解答研究目的范围内的相关问题,可以直接用来为决策服务。另外,原始资料是在特定的时间内收集的,数据的质量和时效性可以得到控制与保证。

(二)普查、抽样调查和个案调查

根据调查对象的范围可将调查研究划分为普查、抽样调查和个案调查几种类型。

1.普查

普查也称为整体调查或全面调查,它是为了解总体的一般情况而对总体中的每个对象都无一例外地进行调查,如世界上很多国家都在实施的人口普查就是最典型的一种。

普查的特点是:

(1)普查虽然对每一个调查对象都进行了调查,但调查不可能很深入细致,因此普查的调查项目较少,资料缺乏深度。

(2)普查所花费的时间、人力和财力都是很多的。

(3)由于普查资料的收集都是利用统一的统计报表或调查表格,每一调查对象都按统一要求填写,因此资料的准确性、精确性和标准化程度均较高。这些资料可以统计汇总和分类比较,统计结论具有很高的概括性和普遍性,可以精确地反映社会总体的一般特征。普查的主要作用是对社会的一般状况做出全面、准确的描述,为国家或部门制定政策、计划提供可靠的依据。

正是由于普查的这些特点,一般性的调查研究都不进行普查,而是采用抽样调查的形式进行。抽样调查是20世纪30年代以后,随着抽样理论、统计方法、问卷技术以及计算机技术的完善和普及而发展起来的。但是随着大数据技术的发展,普查花费高、不易进行等缺点,正在得到逐步的改善,在不远的将来,大数据技术进一步发展,将会使得人们的研究获得全体数据不再那么困难,而变得更加方便和简单,那时结论的可靠性如何就主要是靠处理数据的理论模型构建是否科学、合理决定了,而不再是抽样因素导致的了。

2.抽样调查

所谓抽样调查,就是从调查对象的总体中抽取能代表总体的一部分,即样本,然后根据样本中所包含的信息对总体的状况进行估计和推算。抽样调查的目的是从许多"点"的情况来概括"面"的情况。目前,绝大部分的调查研究都是采用抽样调查进行的。与普查相比,抽样调查具有以下特点:

(1)抽样调查花费少。

(2)抽样调查所需的时间短,能够迅速获取所需的信息。

(3)抽样调查可以从样本中获取相对来说深入得多的资料。

(4)如果科学地设计抽样,不但样本对总体具有代表性,而且用样本估计总体的时候,误差究竟有多大是事先可以计算的,可以根据需要改变抽样设计以控制误差的大小。

3.个案调查

个案调查也是从总体中选取一个或几个调查对象进行深入研究。它是对某一调查对象的各种特征,特别是历史特征进行全面分析,其目的在于探讨过去发生的某些重要事件对调查对象的现状或未来的影响,并以这些独特的原因对调查对象的行为做出解释和预测。它的主要作用不是由个体推论总体,而是要深入、细致地描述一个具体单位(如一个记者、一个电视台、一个影视公司等)的全貌。个案调查不一定要求调查对象具有对总体的代表性。

个案调查在调查研究历史上曾经被广泛使用,如在 19 世纪和 20 世纪初期,个案调查曾是社会学调查研究中的主要方式。例如,研究人员从工人、农民、乞丐、娼妓等中选取一个或几个调查对象作为个案,详细、深入地了解每一调查对象的社会活动、生活方式、行为模式、价值观念等。

早期的个案调查只是像历史研究那样以独特的原因来解释独特的现象,因而难以得出具有普遍性的结论。20 世纪以来,社会学家对这种方法进行了改进,一是增加调查的个案数,二是结合社会背景分析,三是逐渐发展了调查的具体方法和手段,如参与观察法、深度访谈法、个人文献分析法等。个案调查适用于下列研究:

(1)了解某一调查对象的发展过程。

(2)具体、详细地分析人们的行为动机或原因。

(3)了解某些独特因素或事件对人们特定行为的影响。

(4)具体研究个人生活及其需求、动机、兴趣,以及特定文化背景下的群体行为。

20 世纪中期以后,个案调查的比重逐渐下降,抽样调查逐渐得到广泛运用,因为抽样调查不仅仅关注"点"的问题,还试图详尽地分析各个"点"之间的相互联系以及总体的特征。

但是个案调查仍然在一定的范围内被采用,例如,分析一个成功的影视公司的经营管理模式,以便其他公司借鉴;有时候一项研究也会采用个案调查和抽样调查相结合的方法,例如,当对一些新现象、新事物或对非原有知识领域的主题进行研究时,往往先从个案调查开始,获取初步的认识和知识,然后再进行严密的研究设计和抽样调查,如果没有最初的个案调查,抽样调查便无从下手。

(三)探索性研究、描述性研究、解释性研究和预测性研究

依据调查研究的目的,媒介调查可分为探索性研究、描述性研究、解释性研究和预测性研究。

1.探索性研究

探索性研究的目的是提供一些资料,以帮助研究者认识和理解所面对的问题,并就所研究的问题获得一些初步的感性认识,探索性研究的对象数量一般比较少,对其代表性要求也并不严格。

2.描述性研究

描述性研究可以解答所研究的问题"是什么",它能对媒介的状况、特点和发展过程做出客观、准确的描述。

描述性研究的前提是已经对所描述的问题进行了充分的探索性研究,制定好详细的调查实施方案和数据分析计划,然后具体实施调查。描述性研究借用了科学研究方法中实证的方法,但有时并不要求事先列出假设,因为这种研究往往并不是想证实什么,只是要描述研究的对象是什么样子。但描述性研究需要事先明确研究主题和研究对象,并详细列出要描述的特征,并在研究设计中充分贯彻该研究主题。

描述性研究常常采用抽样调查进行,但要求研究的样本是对总体有代表性的大样本,并采用定量分析做出结论。描述性研究首先对样本的特征进行描述,进而借助于统计的工具,推断总体特征。

3.解释性研究

解释性研究的目的是获取有关原因和结果之间关系的证据,即解答"为什么"的问题。在调查方案的设计和调查程序上,解释性研究比描述性研究更为复杂、严谨,它像自然科学研究那样需要事先制订较周密的实施方案。解释性研究一般是从假设出发,即对现象的原因或现象间的因果关系做出尝试性或假设性的说明,然后再通过观察、实验或调查来系统地检验假设。解释性研究的方案设计首先是要明确提出需检验的假设,关于一个现象建立起因果关系的模型。在模型中,表示事件发生原因的因素(可以用变量来表达)叫作自变量,受其他因素影响的变量叫作因变量。有了理论假设和模型,就可以制订调查方案,详细考虑收集哪些资料、调查哪些内容、选取哪些调查对象、采用何种调查方法等等。然后以有代表性的大样本为基础,通过适当的调查方法收集实证数据,通过对数据的定量分析,检验假设或模型是否成立。

4.预测性研究

预测性研究的目的是试图对现象未来的发展态势做出预测。预测性研究常常需要解释性研究作为前提,即首先需要证实某一现象的发生会受到哪些因素的影响以及这些因素是如何对其产生影响的,很多时候还必须要建立一种表示它们之间关系的因果关系模型。最简单的因果关系模型是一因一果的模型,研究者通过对有代表性的大样本的研究,得出自变量和因变量关系的统计学表达式,然后可以通过控制自变量的大小来预测因变量的状况。但有时自变量的大小很难受到控制,这时就需要根据以往的经验进行估计,然后再对因变量进行预测。但在传播研究的领域,很少见到一因一果的简单模型,而常常是多种因素同时对其他多种因素产生影响作用,有时候这种影响还是间接的,要建立关系模型是非常复杂的,所以在研究的时候,还必须借助高级的多元统计分析方法。

(四)横向研究和纵向研究

依据调查的时间性,可将媒介调查研究分为横向研究与纵向研究两种类型。

1.横向研究

横向研究是在某一时点对调查对象进行横断面的研究。例如,我们进行网络媒介泛性化状况的调查是在 2015 年 1 月至 3 月这三个月的时间,所以我们调查的结论是针对这一时间段的网络泛性化表现状况,其他时间段的网络媒介泛性化表现状况不在调查范围之内。很多调查研究的时间一般都要限定在一定的时间范围内,研究在这一时间范围内调查对象的各种特征。在媒介研究的范畴,大部分的研究都是横向研究。

横向研究可采取问卷调查、观察、小组访谈等各种方法进行,调查对象和数量需要依调查目的确定,可能是对有代表性的大样本,也有可能是对少量对象进行调查。

横向研究的优点是调查面较大,调查资料的标准化程度较高,可以对不同类型调查对象的特征进行横向比较。但由于调查时间较短,收集的资料缺乏深度和广度,无法对现象做更深入的分析。

2.纵向研究

纵向研究是在较长时期的不同时点收集资料,并把各时点的研究连贯起来形成纵向研究,系统地描述现象在不同时间点的变化状况。纵向研究主要有以下几种类型:

(1)趋势研究。趋势研究一般是对较大规模的调查对象总体随时间推移而发生的变化的研究。不同时点的人口普查实际上就是一种趋势研究,如可以纵向地研究人口生育率的变化情况。比如说我们每年在1月到3月期间都针对网络媒介的泛性化状况进行内容分析研究,形成一个泛性化指数,然后把多次调查结果联系起来进行比较和分析,考察网络媒介泛性化的变化趋势,再结合社会大环境的变化,分析了解潜藏在现象背后的问题,这种研究就是一种趋势研究。趋势研究还可以分类别进行,比如分别研究男性和女性多年来收看电视时间长度的变化,不仅能够了解各自的变化趋势,还可以进行不同类别间变化趋势的比较。

(2)追踪研究。追踪研究是对同一批人随时间推移而发生变化的研究。例如,在电视和广播研究中常见的收视率与收听率研究,往往是事先通过随机抽样产生一定数量的样本,然后采用日记法或安装电子记录仪对这些样本进行连续多次的测量。这些样本不仅能够代表所有电视观众和听众的一般特征,而且还能更清楚地描述出一个变化的脉络,便于研究者分析视听行为的变化特征及找寻变化原因。

(3)回溯研究。回溯研究与追踪研究相似,它也是要调查同一批人的态度或行为的变化。不同的是,它只是做一次调查,在这一调查中要求被调查者回想他们过去的态度或行为是怎样的,而现在又起了哪些变化。例如,对报纸读者的研究就可以采用这种回溯的方式,让被调查者回想他们三年前、两年前、一年前阅读报纸的数量和种类,并描述这期间的变化情况。回溯研究侧重了解调查对象的具体变化过程,它比追踪研究要省时、省力。但是回溯研究的资料准确性较差,由于记忆的局限性,被调查者常常无法准确地说出过去的事情或出现记忆错误。

纵向研究的优点在于它能够了解事物的变化过程,能够对现象作动态分析,并通过分析发现现象之间的联系。由于它能掌握不同现象变化的时间顺序,因而也能确定出各种因素的因果关系。但它的缺点是比较费时、费力,需要较多的经费。此外,由于历时较长,调查内容较丰富,因而调查范围一般较小,在对总体进行概括时误差可能比较大。

(五)定性研究与定量研究

依据调查方法、资料的分析方法和调查资料的特点,可以将媒介调查分为两种类型:定性研究和定量研究。这种分类方法能够反映出研究方法的本质,是更具有方法论意义的分类。

1.定性研究

定性研究是以小样本为基础的无结构式的探索性的调查研究方法,目的是对问题的定义或研究设计提供比较深层的理解和认识。它的主要特点如下:

(1)只调查少数个案。

(2)对每一个个案做长期深入、细致的调查。

(3)主要是依靠无结构的、非标准化的观察记录和访问记录了解事实,调查资料无法汇总统计。

(4)依靠主观的、洞察性的定性分析得出研究结论。

定性研究主要适用于:①深入研究个别有代表性的事件、人物或群体。②了解现象发展变化的具体过程。③了解人们行为、态度的具体表现以及行为动机。④作为定量研究的前奏,帮助研究者理解研究问题。定性研究的主要方法是二手资料分析、无结构的观察或访问、小组访谈等。

2.定量研究

定量研究是一种对大量样本的少数特征进行定量化调查的方法,它是一种利用结构化(或标准化)的方法调查大量样本、收集数据资料,并对资料进行统计分析的调查研究方式。在西方国家,它是一种最主要的调查研究方式。定量研究的特点如下:

(1)利用标准化、结构化的调查方法收集资料。定量研究往往借助于有结构的调查问卷进行,问卷中规定了要询问的问题以及询问的顺序,甚至回答的类别等。对每一个调查对象都按同样的调查问卷进行调查。

(2)由于定量的调查所提出的问题和回答的类别是标准化的、统一的,并事先规定了记录的格式,因此所收集到的每一个调查对象的资料都能以一种统一的格式汇总起来,并可以方便地转换为电脑数据的形式。

(3)定量研究获得的资料比较精确,可以对汇总的资料进行统计分析,统计分析多借助专门的统计分析软件(如 SPSS、SAS)通过电脑进行处理。

定量研究的主要方法有问卷调查法(又可细分为面对面访问、电话访问、邮件访问、网上调查等不同的方法)、观察法、实验法。

定量研究收集资料迅速,资料较精确、可靠,调查结论的概括性较高。它适用于对调查总体的一般状况和主要特征进行描述,也适用于对传播现象的因果关系做出解释或对各种理论认识进行实证检验。具体来说,定量研究的主要作用如下:

(1)广泛了解情况,概括一般状况。定量研究的范围较广泛,它是一种调查"面"上情况的方法。例如,了解媒介受众的一般状况,了解媒介从业人员的一般状况,了解媒介机构经营管理和经济效益的一般状况,等等。定量研究只关注总体的状况,不去深入研究个人或个别单位,可防止主观片面性,能够正确地把握全局和一般状况。

(2)客观、精确地解释现象的产生和发展。在对许多传播问题的调查中,往往需要真实、准确地说明现象产生的原因,以便有效地制定解决问题的政策和措施,而对几个事例的研究很难说明真实原因,往往需要进行较大范围的定量调查研究。定量调查能够用精确的、具有普遍性的数据资料来说明和解释现象,这是定性研究所无法做到的。因此,目前在学术性或理论性调查研究中很多都采用定量研究的方式。

(3)较精确地调查人们的意见、态度、内在需求。态度一般是主观的,涉及个人的意见、看法,它们是复杂多变的,且具有个人的局限性或片面性。只对少数人调查很难真实、准确地概括人们的一般态度,但借助于有效的测量量表,通过对大量样本的调查和统计就可以把人们的意见综合起来,概括性地反映客观的社会舆论。由于这一原因,定量调查已成为了解人们意见、态度的主要方式,而态度量表是适于完成这一任务的有效手段。

定量研究也具有一定的局限性。首先,由于它只是对大量样本的少数特征进行调查,因此很难获得深入、详细的信息。例如,对受众的态度和意见调查一般只停留于表面了解每个人的意见与态度,而无法深入地询问和交谈,即使有可能去这样做,结果也很难用数据去表达。其次,它无法了解具体的行为过程。问卷调查往往通过大量分发调查问卷收集数据,很难深入了解现场的情况。最后,定量研究试图精确、严格地测量传播现象,它收集的资料标准化程度高,但这些资料的准确程度却受多种因素的影响,如对问卷提问的误解、不认真填写问卷等等,都会影响资料的有效性。

3. 定性研究与定量研究的比较

定性研究与定量研究是媒介调查研究的两种基本方式,它们不仅在调查方法上,而且在分析方法上都各不相同。这两种方式各具有其优缺点和适用范围。

定性研究的优点在于它能收集到比较深入、详细的资料;能够了解人们行为的具体表现和具体过程;调查方式比较灵活,调查方法简单;等等。它的缺点在于难以对一般状况做出精确描述,难以得出具有普遍性的结论。这是由于它的调查范围较小,对资料只能做定性分析而不能通过统计汇总进行定量分析。另外,它的研究结论易于受调查人员的主观因素影响,从而导致错误的或不可靠的结论。由于研究的主观性,不同的调查员对同一事件的研究会得出不同的结论,因此很难对研究结论进行客观检验。

定量研究则相反,它的优点是能够对总体的一般状况做出精确描述;能够得出概括性的结论;能够发现和解释现象的规律性。由于它是采用标准化、结构化的调查方法,因此能对资料做精确的定量分析,研究结论比较可靠,而且能被重复验证。定量研究的缺点是它收集资料的深度不如定性研究,而且无法了解具体的行为过程。两者比较如表 1-1 所示。

表 1-1　定性研究与定量研究的比较

	定性研究	定量研究
调查目的	对潜在的理由和动机求得一个定性的理解	将数据定量表示,并将结果从样本推广到总体
调查对象	无代表性的个案或小样本	有代表性的个案组成的大量样本
调查方法	无结构观察与访问、小组访谈、文献研究	问卷调查法、结构化观察、实验法
资料特点	文字资料	数据资料
资料分析方法	定性分析、主观理解法	统计分析
调查结果	获取一个初步的理解	对总体进行描述、对现象进行解释

在媒介调查研究中,定性研究和定量研究这两种方式不是相互排斥的,而是相互补充、相互依赖的。它们各自有优缺点和适用范围,在很多研究中,往往是将两者结合起来使用,在研究的不同阶段,采用不同方法;或两种方法同时采用,形成一种"T"形结构,其中"—"表示样本的广度,"丨"表示在某些样本点上具有一定的深度,这样两种方法就可以互补长短,既保证样本的广度,也保证资料的深度。

第二节 媒介调查的一般过程

进行一项媒介调查研究,首先要解决的问题是:这项研究的一般过程是怎样的? 要分几个步骤进行? 媒介调查是借用了科学研究的方法,必然会遵从科学方法的基本原理,所以我们将首先介绍科学研究的一般程序。媒介调查不仅是一种科学研究,而且还结合了媒介所特有的内容,所以媒介调查又有自己独特的地方,本节就是要重点阐述媒介调查的基本程序。另外,媒介调查中的定量研究和定性研究是媒介调查最基本和最常用的调查方法,定量研究和定性研究的进行程序既相互联系,又相互区别。

一、媒介调查的理论意义

(一)媒介传播效果理论的建构

传播学研究的里程碑实际就是传播效果研究的里程碑,传播学理论实际上就是建立在媒介传播效果的调查研究的基础之上的,它是人类对客体的认识过程:始自观察和实验等感性经验,经抽象、归纳从个别到普遍、从特殊到一般,将事物的规律性(regularities)总结为定律(laws),再通过设定(assumptions)和假设(hypothesis)去设法解释规律何以存在。理论建立后,可以按照逻辑推理的规则从中推出一系列推论来,这种纯理性的从概念到概念的逻辑演绎,是获得新理论的另一途径。但这类理论的终极根源还是经验知识。理论建立后可以从中推演出一系列假设(hypothesis)来,这也就是该理论的预言。科学理论的预言必须是明确的、具体的、可以观察的,这样就可以同经验证据两相对照,以决定假设的成立与否。理论的应用是对个案的解释和预言(注意区别于特例性或偶然因素的个案解释):理想和完美的科学解释模式是从一组包含普遍经验定律(covering laws)和具体条件的前提中演绎出某一特定事件或现象。

(二)媒介传播效果理论建构的类型和方法

在媒介传播效果的研究与发展中,形成了四种理论建构的类型,它们都运用了"数据"与"解释",但各自有不同的侧重。这四种理论建构的类型或方式是:归纳理论、演绎理论、机能理论和模型。如图 1-1 所示。

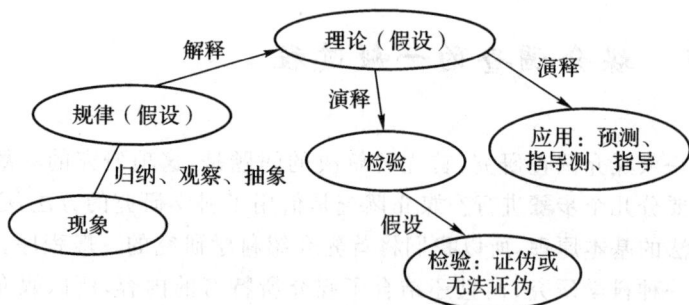

图 1-1　理论建构模式

　　1.归纳理论

　　归纳理论以数据为基础,把数据反映的实际关系组织为理论原则。例如,卡特赖特的劝服原则便是由此提出的。卡特赖特通过亲自参与大量的调查研究写作了《说服大众的若干原则:美国战时债券销售研究中的发现》(1949)一文,对诸多的推销经验和认购者心态做了系统的归纳分析,提出了劝服有效的若干原则。

　　2.演绎理论

　　演绎从理论解释出发,寻求数据以检验理论的预测。如果数据与预测的情况不一致,则对理论加以修正,并做出新的预测,直至形成更有力的理论。这方面的例证是拉扎斯菲尔德于 1940 年和 1944 年对总统选举的研究。他在《人民的选择》(1944)和《选举》(1945)中批驳了"魔弹论",提出了"二级传播"理论和"舆论领袖"的概念。

　　3.机能理论

　　机能理论综合了归纳与演绎两种成分,既强调数据,又重视解释。这种理论建构方式更为普遍。

　　4.模型

　　模型法是一种对客观存在的传播现象和传播活动的科学抽象,主要针对那些较为复杂、很难细分的客观对象(即原型),在调查、实验和统计的基础上,根据其某些表现和特征,设计出一种模型,对其加以描述。传播学中诸多的模式都是运用模型方法建构起来的。

　　(三)科学研究两大逻辑:归纳和演绎

　　科学研究由归纳和演绎这两个逻辑推理过程构成。根据《中国大百科全书》中的定义,归纳是从个别性的前提推出一般性的结论,前提与结论之间的联系是或然性的;演绎是从一般性的前提推出个别性的结论,前提与结论之间的联系是必然性的。在科学研究中,归纳是对经验事实的概括,演绎则是对一般性原理的应用。

1. 归纳

归纳是从经验观察出发,通过对大量客观现象的描述,概括出现象的共同特征或一般属性,由此建立理论来说明观察到的各种具体现象或事物之间的必然的、本质的联系。归纳过程是由感性认识上升到理性认识,由个别到一般,由具体到抽象,由特殊到普遍。在调查研究中,归纳是以观察到的大量调查事实为依据,然后概括出现象的共性,得出理论结论的过程。

归纳的原理是,如果对某类事物中的许多对象进行观察时发现,所有这些被观察的对象都具有某种属性,那么就可以推论出这类事物的全部对象也都具有这种属性。

归纳是在直接经验的基础上进行概括,它根据许多反复出现的、具有共同特征的事例而得出结论,因此它具有一定的可靠性。在许多时候,这种结论也能反映出现象间的必然联系。

归纳的局限在于它得出的结论也有可能是错的,如果在以后的调查中也出现了反例,就会完全推翻原来的结论。归纳的另一局限是它很难建立起一种具有普遍意义的、高度概括的理论,可以说,归纳的主要作用是发现事物之间的联系,而不是发现一般原理。

2. 演绎

演绎是从一般理论或普遍法则出发,依据这一理论推导出一些具体的结论,然后将它们应用于具体的现象和事物,并在应用过程中对理论进行检验。如果观察到的事例与理论相符,则证实原有的理论正确;如果不相符,则要对理论做出修改或补充。演绎是从理性认识再返回到感性认识,由一般到个别,由抽象到具体,由普遍到特殊。

演绎的主要作用是将一般理论或普遍法则应用到具体的现象上,以便说明和解释具体现象。但演绎的局限在于一般理论和大前提有可能是错的,那么由它推导出的结论也可能是错的,这样的结论不可能有效地解释具体现象。此外,由单纯的演绎也不可能发现一般理论中的错误。所以在科学研究中,常常将演绎与观察相结合,通过观察到的事例来发现理论是否和观察结果相矛盾。在研究中,如果推理严格按照逻辑法则,那么,出现这种矛盾只可能有两个原因:一是大前提是错的;二是调查结果是错的。如果经过严密的调查设计和组织而排除了第二个原因,那么就说明原有的普遍结论是错误的或片面的。但演绎与观察相结合的目的,并不限于否定或证实原有的理论,而是在检验理论的基础上,再由大量观察做出新的归纳,得出新的理论认识,这就进入了又一个归纳过程。

3. 归纳和演绎的应用

辩证逻辑从人的完整的认识过程出发,把认识看作是在实践基础上从个别到一般又从一般到个别的辩证统一的过程,并正确把握归纳与演绎的辩证关系,从而把两者的统一作为辩证逻辑的一种基本方法。

归纳与演绎通常被看作各自独立的推理形式和方法。这两种方法在各自所运用的范围内是有效的。但无论是归纳还是演绎都有其不足之处,这是由归纳与演绎本身的特点所决定的。在哲学和逻辑史上,曾出现过把归纳与演绎互相割裂和对立甚至互相否定的倾向。只有马克思主义才真正把归纳与演绎辩证地统一起来。归纳与演绎的辩证关系是二者相互作用联系:归纳是演绎的基础,演绎则为归纳确定研究的目的和方向;归纳与演绎相互渗透、相互转化。

归纳和演绎在科学研究中起着不同的作用:①归纳的作用。归纳可以客观地描述事物的状况,可以为理论建设提供事实依据,可以检验原有的理论认识。更重要的是,它可以使人们从一些新的事实或偶然发现中得到启发,由此产生新的思想或概念,从而推进理论的创新和发展。而演绎的作用是以一般原理或理论假说来指导科学研究。一项研究如果缺乏理论的指导就会是盲目的、不系统的,研究人员对于要观察哪些现象,要收集哪些资料,从何处入手调查,要调查哪些对象,等等,就会心中无数。②由抽象的理论推导出具体的现象。理论一般是抽象的、概括性的,它要通过演绎才能运用到具体的现象上。此外,通过演绎推理还可以预测出一些未知的现象,使我们获得新的知识。③在理论建立的过程中,演绎法还可以帮助我们论证或反驳某一理论。所以,尽管科学是依靠归纳法和实验观察才得到飞速发展的,但它仍然离不开演绎。

二、媒介传播效果研究的特点

媒介传播效果调查是一门应用科学,涉及自然科学和社会科学各个领域。这就决定了传播学的交叉学科性质和研究方法的跨学科性。早期的传播研究就具有这个特色,而威尔伯·施拉姆则较早将新闻学、社会学、心理学和政治学等学科综合起来进行研究。

概括地说,它具有如下特点。

1. 科学性

它具有一般科学研究的基本特征。具体地说,这一研究总是从理论或实际的课题入手,依据一定的法则和程序,系统地收集与分析相关的现象性资料,从而得出有意义的研究结论。它与日常人们对传播现象的直觉性认识或经验性摸索的主要区别就在于,它是一种有理论指导、有控制手段的程序化的科学认识活动。

2. 操作性

传播效果研究与传统新闻学研究的一个显著区别就在于它摆脱了传统思辨哲学的影响,非常注重对实际问题的探讨,以操作性见长。事实上,现代传播学正是在面向实际、注重操作的社会背景下,于20世纪20年代以后逐步创立和发展起来的。传播学研究的这种操作性的特色具体表现在其研究目的的三个梯次分布上:

(1)描述。即对研究对象的现实状况做出符合实际的描述,回答"是什么"或"怎么样"的问题。譬如:传播者传播了什么? 传播内容的构成与特点是什么? 特定传媒的受众是由哪些人构成的? 人们对传播内容、传播方式有何评价? 传播的效果如何? 等等。这些课题的目的都是要通过收集有关资料,以若干基本的特征指标或统计指标来描述研究对象的现实状况或过程。描述性研究虽然相对比较简单,处于研究序列的较低层次,但它却是其他一切研究的基础。

(2)解释。即对研究对象的活动过程及特点做出解释。如果说,描述性研究仅仅是说明传播现象"是什么"的话,那么解释性研究则是要说明传播现象为什么会产生、为什么会发生变化,研究对象之间为什么会出现差异,等等。解释就是在"知其然"的基础上探求"其所以然"。这类传播学研究的课题有:为什么不同的受传者在利用大众传播的质量方面会存在明显差异? 为什么大众传播在不同的社会架构下所承担的社会角色会如此的不同? 等等。对传播现象的解释不像描述那样仅停留在经验层次上,而是已经上升到了理性认识的阶段,从描述到解释,是传播学研究注重操作性的一种必然的内在逻辑。

(3)预测与控制。从实际情况看,传播学研究在绝大多数情况下并不仅仅是为了"解释世界",而且也是为了"改造世界"。因此,它所追求的是根据描述与解释的结果,预测在采取某种措施或创设一定条件以后,对象可能发生的变化,或者根据现有的测量指标,预测一定时间间隔以后对象的发展,并据此向有关方面提出相应的、趋利避害的对策性建议。

3.综合化与定量化

现代传播学研究由于其面向实际的操作性要求,越来越强调测量的可靠性(信度)和研究的有效性(效度)。这就要求研究方法和手段更加综合化、定量化。

所谓综合化是指在传播学研究中尽可能采用多重设计和研究手段。传播学作为一门交叉学科,它的研究视野是相当广泛的,对象的多样性,要求研究手段的多样性。另一方面,一个传播过程往往包含着社会政治、经济、文化、物质技术手段以及人的心理等各个层面因素的交互作用和影响,因此,必须广泛吸收现代科学所提供的一切适用的方法和手段,从而互相补充和促进,实现传播学研究成果的可操作性。这一点,从传播学现有的资料收集方法和理论分析模式的多样性和高度开放性便可以明显看出。

三、媒介传播效果调查的一般过程

科学研究的逻辑方法是假设演绎法,或称试错法,它由演绎和归纳两种方式构成,克服了单纯演绎或单纯归纳的局限性。假设演绎法是从问题出发,为解答问题而提出尝试性的假说或理论解释,由这一理论假说推论出相应的研究假设。根据这些研究假设,科学研究就要通过合理的研究程序,制定科学的、系统的观察方案和方法,进而通过大量的实证观察获取数据和信息。如果观察到的数据和信息与事先的假设矛盾,就认为最初的理论是错误的,就需要修改原来的理论,进而提出新的理论假说,由这一新的假说再推论出新的研究假设,进行新的实证观察。科学研究就是这样周而复始、循环往复地进行的。它始终是处于演绎与归纳的无限循环之中,这一循环过程就是科学研究的逻辑过程,其中各个相互联系的步骤就称为科学研究的基本程序。

从逻辑推理的角度,科学研究的基本程序由以下几个步骤或阶段组成。

1.提出问题和研究假设

这一阶段首先是确定研究的课题和研究所依据的理论,然后通过对理论的演绎提出研究假设或研究设想。

2.制订研究方案

这一阶段是将研究课题具体化,确定研究方法和研究计划。

3.实证观察

即采用最恰当的方法去收集事实资料和数据。

4.整理和分析资料

即对观察到的事实和数据进行归纳,获取对所研究对象的感性认识,并检验研究假设。

5.得出研究结论

即通过分析和综合得出对所研究问题及研究对象的理性认识。

科学研究一般是从问题出发,是为了解答特定的问题而进行的,但是对问题的解答可能不是一次能完成的。即使观察数据不能否定事先假定的理论,通过科学研究也得出了研究结论,它们的正确性也只是暂时性的,还需要在实践中具体应用和检验,并要根据新情况、新问题,及时进行新的研究。只有这样才能不断发展理论认识,逐渐认识问题的本来面目。因此,科学研究是个循环往复、无休止的过程。

科学研究的一般过程只是科学研究中最一般性、共同性的程序和步骤。但对于具体的各项研究来说,其并不一定与这个基本过程完全一致,也不一定必须经历这样一个完整的过程。有些研究仅仅停留在理论阶段,它们致力于探讨和澄清一些理论概念,这种情况下并不一定需要收集大量的实证信息;有些研究只是想要描述特定的研究对象是什么样子,往往直接进行实证观察,收集数据资料,而并不需要提出研究假设和检验研究假设;还有些研究不直接去调查,而是利用别人提供的统计资料和文献资料进而分析与概括。各种具体的科学研究在研究目的和研究方式上是不同的,因而它们的具体程序也会有所不同。但科学研究的一般过程可以作为具体研究的操作指导,它可以使研究者了解科学研究的具体步骤或基本程序,了解自己的研究在整个科学过程中的位置和作用。

四、媒介调查研究设计概说

1.媒介调查研究设计的概念

媒介调查研究设计的基本任务有两项:第一,选择、确定收集和分析研究数据的方式方法,保证研究采用的方式方法是合理的、可靠的和经济的。第二,构思、制定实现研究目的的操作程序和控制方案,保证研究是有效的、客观的和明确的。研究设计的核心内容是保证回答研究的问题和达到研究目的。研究方式方法是合理的,指针对一定的假设或研究内容,采用的方式方法能够满足检验、论证和解释研究内容。研究方式方法是可靠的,指研究所采用的方式方法是可以信赖的,可以重复的,即使换了他人来做同样的工作也能得到基本相同的结果。研究方式方法是经济的,指对经费、人力、物力、时间的整体考虑和精打细算,既要力所能及,又要以较少的投入争取最大的效益。保证研究是有效的,首先指研究所使用的变量之间存在着真实的确定的关系,这种关系可能是因果关系,也可能是相关关系。例如,教学方法和学习成绩、社会责任感和学习能力。其二是这种关系的想象和构思是科学的,源于理论的支持、实践的启发以及灵感的萌动,对关系中的变量进行适当的操作化定义,能够有效控制和检验。其三是对于这种关系的统计意义,采用的数学推论工具是否适宜和数据的质量是否达到需要的标准,以及样本容量是否合适。其四是研究结果的适用范围,教育科学研究必须保证有一定的适用范围,如果仅是对某一个人适用,对于教育科学研究来说其意义不大。保证研究是客观的,指研究的程序和控制必须要保证研究变量之间的影响能以真实关系发生变化,不能是虚构的或随心所欲的,收集的数据是反映真实关系的、准确的。例如,以信息类型与传播效果作为两个研究变量,媒介传播效果除了受媒介的信息类型影响外,还可能会受到受众的动机、兴趣等内在的心理因素或者是某种社会或物质鼓励等多方面的影响,所以,必须设计相应的操作程序和控制方案保证反映的是信息类型与媒介传播效果的真实关系。保证研究是明确的,指设计要使得研究所反映的关系能以比较突出和鲜明的形式表现出来,或者说,使得只产生最大的反映关系量,同时,研究结果不能含糊不清或似是而非,而是以明白无误的、有说服力的、可靠的数据或材料表述出来。

2.媒介调查研究设计的一般定义

为实现以较少的人力、物力和时间获取客观、明确、可靠的研究结论,依据确定的研究项目,对研究方式方法、研究操作程序和控制方案进行周密、科学、完整的构思、确定、规划和表述。在这个定义中,前一部分是设计的目的,后一部分指研究设计的工作内容。

3.研究设计的功能

任何一项研究,人们总是想使有关的资源得到合理的分配和有效利用,并追求最大效益。研究设计如同一份工作蓝图,能够提供研究者符合逻辑的推理流程,突出研究工作的重点,指引研究者明确、顺利、经济地完成研究任务。

研究设计不仅是一项规划,也是一种策略。事先严密的研究设计,有助于使研究具有一定的效度和信度。效度是指研究结果在回答课题提出的问题方面的正确程度,及研究结果反映事物间存在的因果关系或特征的真实程度。信度是指研究所得结果的可靠、精确与稳定程度。效度与信度的高低是研究自身价值高低的反映。没有效度、信度的研究是没有实际价值的研究。任何具有高水平的研究工作依赖于研究的客观性、系统性和科学性,涉及理论构思与科学方法、周密规划与严谨实施等诸多问题,不能是随意性的,需要进行研究设计。

同时,研究设计本身是否科学、合理和完善,直接关系到研究的进程、代价,研究结论的可靠性、科学性等,所以,在进行媒体调查研究之前,严密、审慎地做好研究设计工作是十分必要的。一个好的媒介调查研究设计,对调查研究工作具有一定的保证作用,如同事物有了好的开头和发现了一条顺利达到目的的科学捷径,能够收到事半功倍的效果。

第三节　媒介调查研究设计

一、对前人研究工作的借鉴

研究设计作为一种策略考虑,首先要查阅有关的文献,分析、借鉴前人的研究工作,以此作为新研究或更深层次研究的条件,并对这样一些问题做出选择和决策:

(1)能否找到类似方法可借鉴? 例如,是否有解决类似或相同问题的研究? 即将研究的问题与其他领域的问题有哪些成分相似?

(2)过去的研究在解决此类问题上使用了哪些方法? 这些方法的效果如何? 例如,哪些可以借用、哪些可以修改或替代? 哪些部分需要增加或删掉? 研究步骤能否减少? 研究中的变量能不能剔除或替换?

(3)可否从其他方面进行研究? 问题能否重新形式化? 如何变化才能更有效地达到目标? 例如,哪些部分可以重新安排、推倒或重新组合? 时间顺序可否重新安排? 能不能再增加一些条件、假设? 有没有办法获得更高水平的资料,使资料与未知事实更接近? 是否遗漏了一些资料?

以上思路,对开展设计工作研究或优化设计方案都是十分有益的。

二、研究设计的内容

1.研究目标的设计

设计研究目标的依据是研究假设(或者说,研究的理论构思)。研究假设是一种理论构思,为验证假设,需要把它进一步转化分解成可以验证、可以操作和系统化的若干目标内容,即设计一定的研究目标。任何性质的研究假设(一定的假设)都可以划分成若干个相应的研究目标,不同的研究目标,所采用的研究类型也不同。例如,"进行两种不同的排版策略的传播效果对比实验"和"使用问卷方式调查受众对某个社会事件的态度"两项研究,由于其研究目标不同,因而在研究变量与指标、被试选择等方面也自然随之不同。同样,对于相关性的研究假设和因果性的研究假设,因其性质不同,需要设计不同的研究目标,用不同的研究方式加以验证。

一个好的研究目标设计,能够满足专门价值、研究实力、研究条件和研究兴趣四个方面的要求。专门价值是指它对假设证明的科学性、有效性、简明性和可重复性。研究实力涵盖三方面的内容:研究者的知识结构,包括知识的核心与边缘,可扩展的方向和可深化的层次;研究者的思维特征,包括思维品质特征和思维路线特征(演绎与归纳、积累与推测等);科研的经验,包括运用各种研究方法的熟练程度和相关的经历。研究条件是实现研究目标所需要的人力物力的大致估计和简单的筹划。研究兴趣指研究者在理智选择的基础上,按兴趣进行第二次选择,属于一种情感上的选择。研究活动是一种较之其他实践活动更为需要发挥主体能动性、创造性的活动,选择了感兴趣的内容,必然能够使整个研究活动成为一种追求满足的过程,激发人的创造性思维。

研究目标直接关系到被试的选取、研究变量的确定、收集资料的具体方法与方式等的采用。例如,"使用新的排版策略能提高报纸的订阅率15个百分点"这样一个假设,其研究目标可以设计为"按照对比实验方法进行新旧排版策略的新闻实践、记录和测量"和"用统计方法分析测量数据,并用统计结论说明两种排版策略的效果"两项内容。根据研究目标可以界定、确认研究对象、研究变量,并选取相应的、具体的资料收集方式与方法。因此,设计研究目标是选择假设证明方式和操作环节的前提条件。科学研究经验表明,假设最好以书面的、可以操作的形式进行陈述,而研究目标则必须是可以操作、可以检验(或测量)、可以重复的,并用书面形式简要说明。这样做的优点是:使研究者在思想上更明确,学术上更严密,并且帮助合作者或科研助手完整、深刻地了解研究课题,日后经过修改还可将其作为研究报告的前言。

2.研究方法的设计

在传播研究中,可供选择的搜集事实与数据的具体方法是多种多样的。例如,实验室实验法、现场实验法、访谈法、观察法、问卷法、测验法、文献法等,每种方法又可以有不同的设计方式或分成许多不同的类型,例如,实验法有真实验设计与准实验设计不同方式之分;观察法有时间取样和事件取样等不同的类型之分。各种具体的教育科学研究方法都有其优点、局限性和其特定的适用条件,同时,其各自搜集事实资料与数据的形式、类型、设计方式也不尽相同。在设计研究方法时,应根据研究的目标,研究对象的特点(例如儿童与成人),研究的主客观条件(如研究者的科研方法素养,研究的时间、人力、经费),各种方法的优缺点与适用条件,选用最适当的研究方法去解决研究课题所提出的具体问题。由于同一研究课题往往可以用多种方法搜集数据,而每种方法又有其优点与不足,因此,提倡在研究设计中,采用多种方法的综合运用,以相互取长补短,提高研究的整体信度、效度。

在确定研究方法时,需要对以下四个方面的问题综合加以考虑:

(1)研究被试的取样方法(明确研究的总体、样本的大小、取样的手段等)。

(2)研究的控制方法(操纵、控制变量的方式,实验处理,仪器的配备和程序的安排,等等)。

(3)收集研究资料的方法(确定测量指标、测定方法,设计量表,规定数据记录方式,等等)。

(4)资料的统计分析方法(根据资料特征,选择数据量化处理和检验假设的方式)。

三、研究取样的设计

1.取样的意义

依据取样理论,随机抽取的有代表性和足够多数量的样本,可以推论出总体的情况。取样设计的优势主要有:

(1)解决总体研究的困难。

(2)节省人力、时间、费用。

(3)提高研究结果的准确性和深度。

2.取样的原则

取样的基本原则是随机性原则。所谓随机性原则,是指在进行抽样时,总体中每一个体是否被抽选的概率(即可能性)是完全均等的。由于随机抽样使每个个体有同等机会被抽取,因而有相当大的可能使样本保持和总体相同的结构,或者说,具有最大的可能使总体的某些特征在样本中得以表现,从而保证由样本推论总体的信度和效度。此外,遵循随机性原则进行抽样,可以对抽样误差的范围进行预算或控制,使研究者能够客观地评价研究结果的精确度并按照所要求的精确度决定样本的容量大小。

3.取样的一般过程(程序)

完整的取样过程一般包括以下三个步骤:规定总体、选定抽样方法、确定样本容量并选取样本。

取样的方法很多,对不同的研究内容、研究条件,大都可以提供适合其需要的方法。五种主要的随机取样方法是:简单随机取样法、等距随机取样法、分层随机取样法、整群随机取样法、多段随机取样法。

4.样本大小的确定

样本容量的大小取决于许多因素,其中主要有以下四方面:

(1)资料的统计分析方法(根据资料特征,选择数据量化处理和检验假设的方式)。

(2)研究对象总体的性质。总体的大小及其分布的离散程度是决定样本大小的首要条件。一般来说,总体越大,相应需要的样本容量越大。总体的离散程度越大,相应需要的样本容量也越大。

(3)研究目标、方法和研究者的经费、经验、时间、精力等主客观条件。例如,进行访谈法调查只能选取容量有限的研究样本。

(4)研究结果的统计分析方法。一般情况下样本容量不小于30,这是根据样本分布的原理确定的。而因素分析等多元统计方法,所需的样本容量一般理论条件下样本容量的 $10\sim20$ 倍,最少不能少于5倍。若是为了检验误差和推论可能出现的错误的概率,需要用公式计算样本数目。例如由样本平均数估计总体平均数时样本容量的计算公式是:

$$N = (ta/2 \; s \; /\delta)2$$

但是上式中 $ta/2$ 不是常数,它随自由度 $df = n - 1$ 的大小而变化,在样本容量未确定之前,自由度无法确定,于是 $ta/2$ 也无法查出。在这种情况下,一般采用尝试法。首先将自由度 df 为无穷大的 $ta/2$ 值代入上式,求出 n_1,然

后将 $df=n_1-1$ 的 $ta/2$ 值代入上式，求出 n_2，再将 $df=n_2-1$ 的 $ta/2$ 代入上式，求出 n_3，以此方法重复下去，直至先后连续两次所求得的 n 相等为止。这时 n 就是所要确定的样本容量。

例　拟对某市某电视栏目的收视率的总体平均数进行估计。根据城市规模相等且观众爱好程度大致相同的另一城市类似电视栏目的收视率算出的 $s=11.4$。若要求估计的最大允许误差 $\delta=3$，可信度为 99%，问样本容量应为多少？

首先查得自由度 df 为无穷大时的 $t0.01=2.5758$，将 $s=11.4$，$\delta=3$ 及 t 值代入公式，求得 $n_1=96$。

然后根据 $df=96-1=95$，查 t 值表，找到双侧 $t(95)0.01=2.629$，将之代入公式，求得 $n_2=100$。再根据 $df=100-1=99$，查 t 值表，找到双侧 $t(99)0.01=2.627$，并将之代入公式，求得 $n_3=100$。因为最后连续两次计算出的 n 相等，故样本容量以 $n=100$ 为宜。

四、操作设计

1.信度

研究的信度是指研究所得事实、数据的一致性和稳定性程度。通常，研究的信度高低说明研究和研究结果是否可重复，是否具有前后一贯性，或研究的前后是否具有一致性以及研究能在多大程度上重复。所以，正确研究的结果必定是稳定、一致的，否则便是不可信的。一个不可信的研究可比作一根"可伸缩的橡皮材料的尺子"，在重复研究时，会产生不同的研究结果。因此，研究结果的稳定性和一致性是保证研究科学性的重要先决条件。

研究的信度分为内在信度和外在信度。

内在信度指在给定的相同条件下，资料收集、分析和解释能在多大程度上保持一致。例如，使用多个人收集的资料，内在信度的问题是：研究的材料收集人之间能达成一致吗？如果对受众进行媒介使用行为研究，使用观察方法收集资料，内在信度的问题便是：两个或更多的观察者在看待同一受众的表现时，能产生相同的看法和观点吗？观察者之间的协同程度如何？如果缺乏内在信度，资料仅是收集者个人意义上的一种看法，不能客观地反映真实发生的情况。外在信度涉及的是研究者能否在相同或相似的背景下重复同样的研究，如果能的话，那么结果是否总能够保持一致？如果研究者在相同方法、相同条件下可以多次得到与先前研究相同的结果，则该研究是可信的。

如果反之,则说明外在信度差。影响研究信度的随机因素主要有:被试方面的因素(有身心健康状况、动机、注意力、持久性、对待研究的态度等)、主试方面的因素(有不按规定程序实施研究、制造紧张气氛、给予特别关注、评判主观等)、研究设计方面的因素(有研究材料取样不当、问题陈述不清等)和研究实施方面的因素(有研究环境的各种难以控制的变化条件等),在传播研究中,提高研究的信度,就必须注意对上述各种因素的控制。

要保证研究的信度,研究工具首先必须准确、可靠,即具有较高的信度。无论何种研究工具和仪器,如果其自身信度较低,就谈不上研究的信度的高低。当然,研究工具的信度高,并不一定能保证研究结果的信度高,因为研究结果的稳定性、一致性还会受到研究实施过程中各种因素的影响。

判定信度的方法

判定研究工具或研究结果信度的方法主要有三种。

(1)重复法

采用相同条件、相同方法进行重复测量、重复研究(两次以上)的方法。考察研究能否被自己和他人重复进行? 若能被重复进行,每次研究结果的一致性程度如何,能否取得相同结果? 可以对研究过程、研究工具、研究结果的信度水平做出直观的判定。因此,它是判定研究信度的基本方法。

(2)相似法

选择同质的、类似的或同类的研究活动,然后对这些活动的研究工作和研究结果进行分析比较,考察判断它们的一致性程度,以判定研究工具、研究过程和研究结果的可靠性的方法。实际上,由于种种原因,传播学研究领域的具体研究活动很多并没有被人们重复进行,在这种情况下,相似法(例如,将某一特定研究的结果与国内外同类研究的结果进行比较)被作为判定研究信度的一种常用方法。

(3)独立评判法

这是对研究的操作者的一致性的判定方法。让参与研究活动的多名研究者同时对某一研究工具或研究内容(例如,一组被试的行为、操作水平等各种表现)进行独立判断或评价,然后对评价结果的一致性程度进行分析比较,从而判定研究者是否具有一致性的方法。在使用观察法、问卷法、访谈法、测验法、实验法等研究方法进行的研究中,都可以使用此种方法评判观察者、评定者或记分者的信度。

2.效度

研究的信度和效度是教育科学研究设计中应该遵守的标准,也是评价研究设计乃至整个研究结果科学性水平和质量的标准。就整个研究而言,研究的效度是指研究在揭示所研究内容的本质或其规律方面的准确、客观、科学程度,或者说研究结果符合客观实际的程度。研究必须有效才有意义,所以,科学研究设计要以研究的效度为前提,并将其作为评价研究设计与结果的基本标准。

(1)内部效度的概念

研究的内部效度是指在研究的自变量与因变量之间存在一定关系的明确程度。如果自变量和因变量之间关系并不会由于其他变量的存在受到影响,从而变得模糊不清或复杂化,那么这项研究就具有内部效度。它所涉及的问题是:

①所研究的两个或多个变量之间是否存在一定的关系?

②是否确实是自变量的变化引起了因变量的变化?

研究设计要对可能涉及的各种变量进行有效的控制与消除,使与研究目标无关的变量对研究结果的影响很小或没有影响,因而,研究变量之间(如自变量与因变量之间)的关系是确定的和真实的,意味着一项研究的内部效度高。

影响内部效度的因素

影响内部效度的因素比较多,归纳起来,主要有历史、研究被试、研究手段方法和程序、统计回归效应四方面因素。

内部效度的条件

研究的内部效度不会自动形成。内部效度的获得,主要是通过研究设计,认真细致地选择变量,切实控制好各种变量,保证研究变量之间的确定关系,消除与研究目标无关的变量对研究结果的影响。上述四方面的因素,都是在研究中应特别注意控制的,最有效的途径是采用随机化程序。对于教育科学研究的各种具体情况(例如不同的研究活动),影响内部效度的因素种类、数量、作用大小会有一定的差别,应该根据具体情况加以分析、预估、识别,并采取适当措施予以控制或消除,以提高研究的内部效度。

(2)外部效度

研究的外部效度是指研究结果能够一般化和普遍适用到样本来自的总体和到其他的总体中的程度,即研究结果和变量条件、时间和背景的代表性和普遍适用性。外部效度可以细分为总体效度和生态效度两类。

总体效度指研究结果能够适应于研究样本来自的总体的程度与能力,或者对总体的普遍意义。要使研究结果适用于总体,就必须从总体中随机选取样本,使样本对总体具有代表性。如果研究所选样本有偏差或数量太小,不足以代表总体,其结果就难以对总体特征进行概括。

生态效度是指研究结果可以被概括化和适应于其他研究条件和情景的程度和能力。要使研究结果能够适用于其他研究条件和情景(例如,自变量与因变量、研究程序、研究背景、研究时间和研究者等方面的不同),就必须特别设计研究条件与情景,保证其对其他条件、情景有代表性。

一般认为,内部效度是外部效度的必要条件,但不是充分条件。内部效度低的研究结果就谈不上对其他情景的普遍意义;可是内部效度高的研究,其结果却不一定能够一般化到其他总体和背景中去。传播研究的重要意义是要发现传播活动的普遍规律,指导传播工作的开展。因此,提高研究结果的外部效度十分重要。一项研究的内部效度再高,如果其结果仅适应于特定的范围、特定的测量工具、特定的研究程序和特定的研究条件等,那么,从获取一般知识和揭示普遍规律的角度来看,其价值、意义不大。因此,研究的外部效度与内部效度相比在重要性上毫不逊色。

影响外部效度的因素

影响外部效度的因素主要有四个方面:研究被试方面、变量的定义和测试方面、研究手段和程序方面、实验者方面。

上述四方面因素,有时单独存在,有时同时存在若干方面的影响。要提高研究的外部效度,必须注意在研究中消除和控制上述各种影响因素。外部效度的要求是研究能够符合客观情况,适用于更大的总体。其中,关键的一环就是做好取样工作。取样工作不但包括被试的取样,而且也包括有代表性的研究背景(工作场所、学校、家庭、实验室)、研究工具、研究程序和时间等的选择。取样的背景与实际情景越接近,研究结果的可用性、适用性、推广性就越强。一般来说,随机取样,提高模拟现实情景的程度,采用多种相关的研究方法,变化研究条件寻求具有普遍意义的结论,是获得外部效度、提高研究结果可应用性的重要条件。

3. 研究信度与研究效度的关系

信度和效度是任何一种社会科学研究的两个相互关联的重要标准。信度是研究结果所显示的一致性、稳定性程度,也是对研究结果一致性和稳定性的评价标准。一个具有信度的研究程序,不论其过程是由谁操作,或进行多少次同样的操作,其结果总是非常一致的。效度是一个研究程序的性质和功能,也是对研究结果正确性的评价标准。一个具有效度的研究程序,不仅能够明确地回答研究的问题和解释研究结果,而且能够保证研究结果在一定规模的领域中推广。把两者的作用结合起来看,信度和效度是一项科学研究的活动与结果具有科学价值及意义的保证。研究的信度是研究的效度的一个必要的前提,没有信度,效度不可能单独存在,也就是说,一项研究不可能没有信度却具有效度。

信度对于效度是必要条件,但不是充分条件,有信度不保证一定有效度。一个可靠的研究程序并不证明其内容一定有效,而一个有效度的研究一定是一个有信度的研究。有效度必定有信度,效度高信度必定也高,因为不可能存在唯有效度而没有信度的情况。信度是为效度服务的,因而效度是信度的目的;效度不能脱离信度单独存在,所以信度是效度的基础。

明确研究变量、拟定具体的研究指标、选择指标的测量水平,直接关系到研究的信度、内部效度和外部效度,需要在进行研究设计时予以认真、周密的考虑和采取相应的措施。

五、研究变量的设计

选择、确定研究变量的工作,主要包括以下几个方面:

第一,分析、确定研究变量的性质和特点。例如,通过分析,确定研究变量之间是因果关系还是相关关系? 它们分别是主体变量还是客体变量? 是直接测量变量还是间接测量变量? 等等。

第二,辨明无关变量。明确研究变量的过程也是辨明无关变量的过程。对于无关变量,不仅要认真分析,考虑哪些无关变量可能对研究结果无影响,哪些可能有影响。而且对那些有影响的,还需要考虑如何在研究过程中加以控制。

第三,确定研究变量的数目。不同的科学研究所含的变量数目是不同的,一般来说,问卷法、观察法、访谈法所探讨的变量数目比实验研究多。但是,即使在实验研究中,也包含了多种变量和有关的因素。选择研究变量时,需要根据研究目标和研究条件,客观地确定研究变量的数目,并列出研究变量表。

第四,考虑变量的测量水平。研究变量的测量可在不同水平进行。对于不同的研究变量,其测量水平可能是不同的。有的在多级水平上进行测量,有的却只能在某一水平上进行测量。考虑研究变量的测量水平,应该将研究变量的性质、可以选用的测量工具的性质、拟采用的分析数据的统计方法等结合作整体的考虑。

六、研究指标的设计

设计研究指标应当注意遵循下述原则。

(一)以理论假设为指导

设计研究指标,收集有关数据与资料,目的在于检验研究提出的理论假设,因此,研究指标必须支持理论假设的内容。在研究中,应当重视理论对设计研究指标的指导作用,杜绝主观、随意罗列指标的做法。指标设计工作常采用演绎方法,由理论假设到研究目标,从研究目标到研究变量,再由研究变量到研究指标。研究指标设计的过程,实际上是一个由"研究假设→研究目标→研究变量→研究指标"的分解过程。设计时,应首先明确理论构思与假设,然后确定研究目标,弄清所涉及的各种研究变量,最后根据这些变量的客观要求,来制定收集实际数据与资料的指标,并由此构成一个有内在逻辑联系的、完整的研究指标体系。

(二)完整性

在科学研究中,设计研究指标时,要注意使指标能全面、完整地反映理论假设与研究变量的主要维度。比如,用自陈问卷法了解受众的媒介使用动机时,所选的几个指标(即项目)应当能较全面地代表研究对象在实际生活中的媒介使用动机的一般、典型、有代表性的表现情况。了解某一地区的媒介环境或状况,所设计项目应当能反映实际媒介环境的各种状况。贯彻完整性原则的方法是,注意从理论和实际两个方面分析研究变量的各个测量维度,检查所设计指标是否具有完备性、互斥性,保证既完备无残缺、没有遗漏,又不互相交叉、不互相重复。

(三)简明、可行性

研究指标不是越多越好,更不是越复杂越好。复杂、繁多的研究指标,不但增加数据收集与分析的工作量,而且还可能影响研究完成的质量。在设计研究指标时,应尽可能删去一切不必要的多余指标,注意使研究指标简化。在实际研究过程中,所设计指标的可行性,是特别需要考虑的问题。有的研究指标虽然简单、明了,但被试由于种种原因可能不知道如何准确回答,或不愿意如实回答。在这种情况下如强求被试回答,所得结果可能是不真实的。在实际研究工作中,研究者可通过理论分析、自己或他人以前的有关研究、日常生活经验、预试等方法来制定所设计的研究指标的可行性。

(四)使用操作定义

使用操作定义明确的表述研究指标,保证它能够被观察、测量和重复操作。

(五)操作定义设计的基本方法

1.方法与程序描述法

方法与程序描述法是通过描述特定的方法或操作程序来定义变量的方法。在教育科学研究中,特别是在实验研究中,研究者常常要采用一定方法或程序去引起拟研究现象或状态的发生。如通过一定方法或程序使被试产生挫折、紧张、焦虑状态。在这种情况下,设计操作定义的关键不是对挫折、紧张、焦虑等心理状态本身做出描述,而是要创造或找到一种能引起上述状态的特定方法或程序。也就是说,按照特定方法或程序去操作,就可以保证某种拟研究现象或状态的产生和存在。例如,"挫折"在操作上可以定义为,通过阻碍一个人达到其渴望的、近在咫尺的目标,而使该个体所发生的一种心理状态;"饥饿"在操作上可以定义为,剥夺个体进食 24 个小时后个体存在的状态。

2.动态特征描述法

动态特征描述法是通过描述客体或事物所具有的动态特征,来给变量下操作定义的一种方法。在教育科学研究中,作为主要研究对象的人,具有许许多多的动态特征,并通过行为客观地表现出来,因此,动态特征描述法在设计操作定义时应用得比较普遍。例如,按照此方法,"一个体格健壮的人"的操作定义为"举起 100 千克杠铃、连续长跑 15 千米、跳高 1.7 米、游泳横穿长江、一年四季从不生病……"的人,等等。

3.静态特征描述法

静态特征描述法是通过描述客体或事物所具有的静态特征,来给变量下操作定义的一种方法。在传播研究中,研究者常采用静态特征描述法,通过描述客体或事物的静态构造性质、内在品质和特征等,来给变量下操作定义。该方法与动态特征描述法的区别在于,动态特征描述法主要描述客体或事物具有的能动的、动态的行为表现,侧重过程,而静态特征描述法则主要描述客体或事物已经具备的静态特征和内在性质,侧重结果。例如,按照此方法,在操作上可将"一个聪明的人"定义为知识渊博、词汇丰富、运算技能熟练、记忆东西多的人,或用思维品质的深刻性、独创性、批判性、新颖性、敏捷性、灵活性来定义。静态特征描述法适用于采用问卷、测验等方法进行的研究,可以用来定义各种类型的变量。许多测验量表、研究问卷中的具体问题、项目的陈述,都是按照这种方法设计的。

4.无关变量的两种影响

无关变量可以引起"研究结果不准确、研究结果不一致",二者通称为研究误差。误差分为随机误差和系统误差。随机误差又叫可变误差,是由偶然、随机的无关变量引起的。因为其方向和大小的变化完全是随机的、无规律的,所以较难以控制。它可以造成对同一事物、现象或特征的多次测量与研究的结果不一致。随机误差同时影响研究结果的准确性和研究结果的一致性,所以,既影响研究的效度,又影响信度。系统误差又叫常定误差,是由常定的、有规律的无关变量引起的。它稳定地存在于每一次测量和研究结果之中,它可以造成对同一事物、现象或特征的多次测量与研究的结果虽然一致,但是不准确,其方向和大小的变化是恒定而有规律的。系统误差只影响研究结果的准确性,但不影响研究结果的一致性,所以,只影响研究的效度,但不影响信度。

第二章
内容分析法

第一节 内容分析法的意义及其步骤

内容分析法是传播学研究的一种专门方法。内容分析法原为社会科学家借用自然科学的定量分析的科学方法,对历史文献内容进行分析而发展起来的。后来,美国的一些传播学研究者利用这种方法去分析报纸的内容,了解信息发展的倾向,随后,内容分析渐渐扩大到对各类语文传播,如报纸、电视、电影、广播、杂志、书刊、信件、演讲、传单、日记、谈话等等的分析,以及对各类非语文传播,如音乐、手势、姿势、地图、艺术作品等的分析,成为传播学的一种重要的研究手段。它是一种重要的文献资料分析、研究方法。内容分析法将非定量的文献材料转化为定量的数据,并依据这些数据对文献内容做出定量分析和关于事实的判断及推论。它可适用于任何形态的材料,即它既可适用于文字记录形态类型的材料,又可以适用于非文字记录形态类型的材料(如广播与演讲录音、电视节目、动作与姿态的录像等)。就分析的侧重点讲,它既可以着重于材料的内容,也可以着重于材料的结构,或对两者都予以分析。内容指材料的具体论题与含义,结构指材料在时空维度上某些特性(如位置、占时间长短)。例如,要研究某一杂志上所发表文章的内容重点之变化趋势,研究者可将该杂志一年来发表的论文题目按专题分类,统计各类文章发表的数量和与总篇目的比例,统计每期之间的变化量,描述出研究课题的变化趋势,还可以依据这些统计描述做进一步的推论。内容分析法的一般过程包括建立研究目标、确定研究总体和选择分析单位、设计分析维度体系(依据测量和量化的原则,设计能将分析单元的资料内容分解为一系列项目的分析维度或类别系统)、抽样(按照分析维度严格地抽取有代表性的资料样本)和量化分析材料(把样本转化成分析类目的数据形式)、进行评判记录(对数据进行信度检验)和分析推论(统计推论)六部分。因此,它解决问题的过程是使文献或其他研究对象的内容直接量化,通过量化分析推论出科学事实。

一、内容分析法背景介绍

社会科学研究者默顿在 1983 年提出了一个内容分析的目标模式,如图 2-1所示,对这个模式,他做出这样的解释,内容分析不是孤立的分析,它与社会现实、传播者和受众之间存在着一定的联系。从表面上看内容分析是揭示传播内容的倾向、特征和趋势,实际上研究者不可能脱离社会现实去做分析,或为分析而分析。因此利用内容分析法不但了解社会现实,而且还可以从社会现实与媒介现实之间的差异为传播者提供反馈信息,为受众正确地认识社会提供帮助和指导。

通过内容分析我们获得的是媒介现实,前可以推论传播者的态度,后可以推论传播效果,所以说内容分析是对节目内容评价的最好方式。

社会学学者默顿认为在客观世界中有三种现实:一是社会现实、二是媒介现实、三是主观现实。但是如何了解这三种现实,用一个什么样的参照标准来认识,内容分析法提供了一个让我们了解媒介现实的方法。内容分析法原为社会科学家借用自然科学的定量分析的科学方法,对历史文献内容进行内容分析而发展起来的。后来,美国的一些传播学研究者,利用这种方法去分析报纸的内容,了解信息发展的倾向,随后,内容分析渐渐扩大到对各类媒介传播,如报纸、电视、电影、广播、杂志、书刊、信件、演讲、传单、日记、谈话等等的分析,以及对各类非语言传播,如音乐、手势、姿势、地图、艺术作品等的分析,成为传播学的一种重要的研究手段。

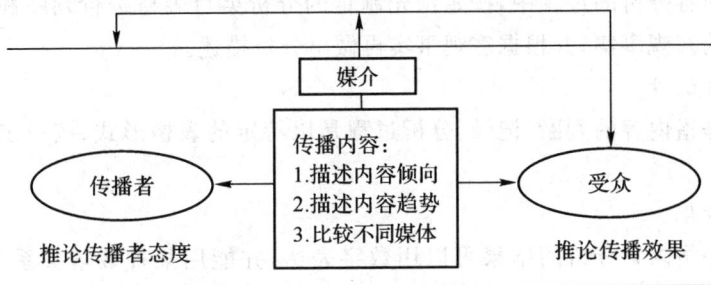

图 2-1　内容分析模式

从默顿的这个模式图(图 2-1)上看,利用内容分析方法构造出来的一个媒介现实,是处于传播者和控制者之间的,按照波普尔对客观世界的三分法——物质状态的世界、精神心理状态的世界、人类精神产物构成的世界的划分,媒介现实应该属于人类精神产物构成的世界,这个世界和精神心理状态的世界是存在一定的对应关系的。按照社会学的划分,我们人类生活在三个世界中:一个是物质世界,一个是由精神产物构成的世界,还有一个是主观心理世界。运用内容分析的方法可以从一个角度来为人类描述他所生活的由精神产物所构成的世界的面貌。

二、内容分析法的特征

内容分析法,就是对明显的传播内容,作客观而有系统的量化并加以描述的一种研究方法。内容分析法的特征表现在明显、客观、系统、量化等四个方面。

1. 明显的传播内容

被分析的对象应该是以任何形态被记录和保存下来,并具有传播价值的内容。

任何形态包括有文字记录形态(如报纸、杂志、书籍、文件)非文字记录形态(如广播、唱片、演讲录音、音乐)、影像记录形态(如电影、电视、幻灯、图片)等。同时,明显的传播内容是指它所表现的直接意义,而不是指其包含的潜在动机。内容分析就是通过对直接显示的内容的量化处理来判别其间接的、潜在的动机和效果。

2. 客观性

在内容分析的过程中,按照预先制定的分析类目表格进行判断和记录内容出现的客观事实,并根据客观事实再做出分析描述。

3. 系统性

这是指内容的判断、记录、分析过程是以特定的表格形式、按一定的程序进行的。

4. 量化

这是指内容分析的结果可以用数字表达,并能用某种数学关系来表示,如用次数分配、各种百分率或比例、相关系数等方式来描述。

由此可见,内容分析实际上是以预先设计的类目表格为依据,以系统、客观和量化的方式,对信息内容加以归类统计,并根据类别项目的统计数字,做出叙述性的说明。它不仅是资料的收集方法,也是一种独立、完整的专门研究方法。

内容分析与文献分析,都是把用文字、图形、符号、声频、视频等记录保存下来的资料内容作为分析的对象,但是它们具体的分析处理方法是有所区别的。

文献分析是按某一研究课题的需要,对一系列文献进行比较、分析、综合,从中提炼出评述性的说明。

内容分析则是直接对单个样本做技术性处理,将其内容分解为若干分析单元,评判单元内所表现的事实,并做出定量的统计描述。

我们可以把内容分析与文献分析的区别用表 2-1 来说明。

表 2-1　文献分析与内容分析的区别

	文献分析	内容分析
分析对象	对某课题一系列文献的分析综合	直接对单个样本做技术性处理
内容处理	鉴别评价文献内容,并做归类整理	把内容分解为分析单元,断定单元所表现的客观事实
分析程序	文献查阅,鉴别评价,归类整理	预先制定分析类目,并按顺序做系统评判记录
结果表述	对事实资料做出评述性说明	定量的统计描述

三、内容分析的程序

(一)内容分析的步骤

内容分析法包括两方面的工作,一是如何对一份内容资料进行分析以取得量化的结果;二是如何根据课题的需要,设计选择系统化分析的模式,合理地把各种内容分析的量化结果加以比较,并定量地说明研究的结果。本节着重介绍把内容资料进行量化处理的步骤。

内容分析的步骤可归纳如图 2-2 所示。

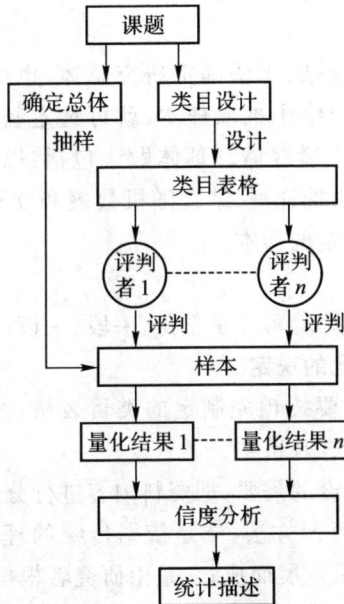

图 2-2 内容分析的基本步骤

(二)内容抽样

内容抽样就是选取进行内容分析的样本。

内容分析抽样首先要决定总体,在确定总体时,必须注意总体的完整性和它的特殊性。完整性是指要包含所有有关的资料,特殊性就是指要选择与研究假设有关的特定资料。

内容抽样通常涉及 4 种方式。

1.来源抽样

这是指对资料来源的取样,如选择怎样的报纸、杂志、教育电视节目、书本、演讲、学生作业等等。

2.日期抽样

这是指选择哪一段时间的资料进行分析,例如要研究某一种教育理论的思想发展规律,需要对几十年有关刊物论著进行内容分析。这就需要按日期抽样。但在按日期抽样时,必须注意某种资料的周期性的特征。如果以日报为研究对象时,间隔抽样就必须避开 7 及它的倍数,假如以 7 为倍数,则会使全部样本都集中在同一个"星期×"。

3.类别抽样

如果研究对象过于庞杂,无法确定研究总体,也可选择其中的某一类或几类进行抽样。比如在网络中抽取样本,就可选定新闻、图片和视频三者中最为主要和典型的信息传播载体。具体做法包括:以新闻、图片和视频首页显示的第一层链接内容为抽样框,结合随机数表和立意抽样在固定的时间进行抽样,每次抽出固定数量的样本。

4.单元抽样

即确定抽取资料的单元,可能是整份、一段、一篇、一页。

(三)类目与分析单元的决定

内容分析工作,就是要按预先制定的类目表格,按分析单元进行系统判断,记录各类目所表现的客观事实。

类目,即根据研究假设的需要,把资料内容进行分类的项目。

通常类目的形成有两种方法,一是依据传统的理论或以往的经验,或从某个问题已有的研究成果发展而成;二是由研究者根据假设自行设计而成。

为了保证内容分析工作的客观性,在设计确定分析类目时必须注意:

类目必须是在进行内容分析判断之前预先制定,不能一边分析,一边适应性地修改补充。

类目的意义要有明确的限定范围,而且彼此不能重叠,避免出现对分析单元的判断既可放入这一类目,又可放入另一类目的现象。

分类方法要使每一个分析单元都能有归口处,不能出现有某些分析单元无处可放置的现象。

分析单元是指在判断分析时判定的最小单位,它可以是时间间隔、文章段落、句子或字数,也可以是电视节目的镜头、场景等等。

　　例如想了解网络环境中以百度搜索为例所呈现的泛性化程度,内容分析的展开程序如下。

　　1. 样本与分析单位

　　由于个人研究能力的限制,样本局限于百度的新闻、图片和视频三个部分,首先将每天的社会新闻和娱乐新闻首页作为抽样框,结合随机数表和立意抽样在抽样日当晚 8：00 进行抽样,分别抽 5 条社会新闻和娱乐新闻,共获得 610 条新闻样本。接着以百度图片中每天的热门主题词为抽样框,利用随机数表每天选取一个主题词作为图片主题,然后在这个主题词下的图片库中再次按照随机数表选取图片,每个主题词选取 5 张图片,共获得 305 张图片样本。最后以百度视频首页为抽样框,以视频中的电影、电视剧、动漫、娱乐和综艺为研究对象,利用随机数表在每一类视频中分别选取一个样本,共获得 305 个视频样本。因此,本文以百度首页为抽样框,样本时间为两个月,通过简单随机抽样,共获得 1220 个样本量。

　　2. 类目建构

　　本研究中的分析类目主要是借鉴国外学者的研究,同时根据本研究的目的和需要,以及对样本初步检测时的归纳和提炼,对国外学者的类目进行修正和补充。具体编码表见本章附录。

　　编码表分成三类,一是文字内容分析编码表;二是图片内容分析编码表;三是视频内容分析编码表。

　　编码表总体上包括三个部分,第一部分是管理信息,包括编码员姓名和时间;第二部分是资料的组织信息,包括新闻标题、图片主题、节目名称、时长、新闻类型等;第三部分是文本信息,包括分析的各个维度和指标(Krippendorff,2006)。

　　主要维度和指标的设计意图及编码说明如下:

　　视频的主要维度包括性内容背景、性内容类型、性内容性质、性内容主题以及角色性别。

　　性内容背景这个维度体现的是涉性人物之间的关系,根据前人研究和实际情况分为已确定的婚姻关系、已确定的未婚关系、婚外情、非情侣关系、非法关系以及其他 6 类(Millwood,1992)。

　　性内容背景的重要性在于,涉性人物之间的关系可能会形塑受众对于性关系状态、忠诚和婚姻制度的观念。如果媒介中涉性的人物关系经常表现为不稳定、背弃婚姻、离婚、堕胎、非婚怀孕等,有可能会使观众认为真实的世界与媒介中描述的一样。

性内容类型这个维度反映的是性内容的表现方式,是通过人物的行为举止表现出来,还是通过口头讨论表现出来(Kunkel,Cope,&Colvin,1996)。性行为举止在国外研究中有不同的定义,有研究将它分为 13 个种类,从性化程度最大的身体亲密行为(性交)到随意、偶然的行为(牵手、拥抱)都囊括尽(Franzblau,1977)。但有的研究将这 13 类合并归类成 6 个种类(Kunkel,1996)。综合这些观点,本研究将性行为举止分为肢体型调情、牵手、拥抱、亲吻、暗示性行为、明显性行为以及其他 7 类。与性相关的口头讨论分为对性兴趣的评论、对发生过的性活动的讨论、讨论性犯罪、与性相关的专家意见以及其他 5 类。

性内容性质这个维度反映的是性内容中描述了些什么,是仅仅展现了关于"性"的过程和场景,还是在其中表现了关于"性"的风险和责任因素(Kunkel,Cope,&Colvin,1996)。性的风险和责任因素是指通过人物的讨论或行为传达出性行为可能会带来消极后果或不利影响的讯息,例如堕胎、离婚、犯罪的风险,并对此采取某种措施和处理方式,例如避孕、防范等。如果性内容中包含了这些风险和责任因素,那么媒介反而在引导、教育青少年有关性的方面能起到良性作用。国外有学者认为,关注媒介性内容都描述了些什么比仅仅关注描述了多少性内容更重要。这一因素对青少年而言尤其重要,因此,风险和责任因素也是测量性内容的一个关键的背景特征。

性内容主题这个维度反映的是性内容表达的模式和规范,通过人物传达如何看待性的问题,包括标准模式、暴力模式和理想模式三类(Winick,1985;Abeel,1987;Burt,1980)。标准模式强调的是性的物理性方面,很少触及主人公的情感或心理,性被描述成仅仅是娱乐或快乐的活动。暴力模式强调性活动中的暴力因素,通常女性处于被强迫地位,并且施暴者很少受到非议或惩罚。理想模式涉及性活动中的情感因素,性的物理性方面则往往融入故事情节中,营造的是浓重的浪漫气息或情感背景,衬托出主人公之间的感情。

图片的主要维度包括性内容类型、是否暴露及其明显程度、背景关系以及角色性别。

性内容类型结合图片文本特点和前人的研究,把图片性内容的表现形式分为人物之间存在互动的性行为举止、不存在互动的身体外在表现以及其他3 个指标。存在互动的性行为举止又分为牵手、拥抱、抚摸、亲吻、暗示性行为以及其他 6 类(Sapolsky,1991)。不存在互动的身体外在表现包括服饰、整体外貌和身体部位 3 类,服饰是指图片的着眼点和落脚点为角色的服装,例如"镂空装";整体外貌是指从整体上表现角色的身材形象;身体部位是指具体的性别特征。这三者以受众看图片时的视觉中心为评判依据,即图片中最吸引眼球的部分。

是否暴露及其明显程度涉性图片最重要的一个特点是包含有裸露人体,即存在皮肤暴露。暴露的明显程度结合 Kunkel 等 1999 年的研究和实际的可操作性从低到高分为服饰虚设、部分皮肤暴露、大面积皮肤暴露、性别特征暴露以及人体裸露 5 个级别。

上述判断标准结合计算机图片识别技术手段的低级特征和图像表达的高级语义。计算机识别对暴露的判定标准是皮肤裸露区域大于图片中人体面积的 10%,或最大皮肤裸露区域大于图片中人体面积的 5%。非性别特征区域皮肤裸露小于人体面积的 1/2,视为部分皮肤暴露;裸露面积在 1/2 到 3/4 之间,则为大面积皮肤暴露;包含性别特征的大面积皮肤裸露则视为性别特征裸露;人体裸露指的是接近色情的裸体图片;服饰虚设是指服装形同虚设,虽没有皮肤裸露,但可以辨认人体躯干。

但仅仅根据计算机识别的裸露比例还无法完全判定一张图片是否涉性,因此还需要人为判断图像内容的倾向和内涵是否包含不良信息。如果只对照图像的低级特征来判别,可能会因机械性的标准误判或漏掉一些有问题的图片,例如有些图片虽然没有大面积皮肤裸露,但可以依据其身体状态、姿势等判定为涉性图片。总之,要将暴露的比例标准和主观判断图片内涵结合起来考察暴露及其明显程度。

背景关系包括无背景、背景虚化和具体场景。国内有研究者分析男性杂志的封面图片时认为,背景关系在更深层次的程度上暗示了女性的社会地位。无背景和背景虚化的图片更加突出了女性的身体和外貌,进一步将之符号化。而即使是有具体场景的背景,女性暴露的衣着、姿态和神情也不曾改变。因此,背景与图片性内容中的女性形象有关。

文字的主要维度包括性内容性质、性内容类型和角色性别。

性内容性质这个维度反映的是新闻中所报道事件的性质,是否有暴力、是否越轨,据此分为非暴力性行为、非暴力越轨行为、暴力性行为、暴力越轨行为以及其他 5 类。暴力性行为是指性行为举止中包含明显的肢体暴力元素;越轨性行为是指与当下社会价值观不符的行为,如婚外情、偷窥、强奸、卖淫等;非暴力性行为是指不包含暴力和越轨的一般性行为举止。国外研究者认为,性内容中的暴力是一个重要的考察因素,因为带有暴力成分的性内容危害性更大,性与暴力的结合比任何一种单一的性内容都更具消极影响。而且,观察目前的社会新闻,近几年关于未成年人猥亵、卖淫等的新闻层出不穷,基于心理学中的学习理论以及新闻的模范效应等理论,这种特点也值得分析和关注。

结合初步测样的结果和前人研究,性内容类型分为与性相关的行为举止、身体描述、相关知识和观念以及性心理描述 4 类指标。以标题、句子及所用词汇为判断依据,如出现牵手、拥抱等一类行为动词则视为与性相关的行为举止,如果是关于身体或性别特征的一类名词或形容词则为身体描述,以教育和引导为目的的对与性相关事情、事物的讨论为第三类范畴,描述当事人或其他人性心理尤其是不良心理的为第四类范畴。

(四)评判记录

内容分析的评判记录工作,就是按照预先制定的类目表格,按分析单元顺序,系统地判断并记录各类目出现的客观事实和频数。在评判时一般做法是:

1. 评判只能记录某类目的有或无、长或短、大或小等明显的客观的事实,必须避免使用主观的、价值性的词语,如好与坏、善与恶等来对内容做出判断。

2. 对于相同内容类目的评判,必须要有两个以上的评判员进行评判记录。

3. 对于分析类目事实的出现频数,只需按分析单元,依顺序在有关类目栏中以"√"做记号进行记录。

4. 对于具有评论成分的内容分析,通常对含赞扬性、肯定性的内容用"＋"符号记录,对含批评性或否定性的内容则用"－"符号记录。

(五)信度分析

内容分析的信度分析是指两个以上参与内容分析的研究者对相同类目判断的一致性。一致性愈高,内容分析的可信度也愈高;一致性愈低,则内容分析的可信度愈低。

因此,信度直接影响内容分析的结果。内容分析必须经过信度分析,其结果才可靠,可信度才能提高。

内容分析的信度显然与参与内容分析的人数多少有关,内容分析的信度公式为

$$R = \frac{n \times K}{1 + (n-1) \times K^*} \qquad \text{(其中 } R \text{ 为信度)}$$

$$K = \frac{2M}{N_1 + N_2}$$

K 为平均相互同意度,是指两个评判员之间相互同意的程度。

其中 M 为两者都完全同意的栏目,N_1 为第一评判员所分析的栏目数,N_2 为第二评判员所分析的栏目数。

通常,进行内容分析都是由研究工作者本人作为内容分析的主要评判员,同时安排另外一人以上的其他人物作为主力评判员,相互同意度是把每个评判员与主研究员进行比较而确定的。

例如一项研究中有十个类目,由 A、B、C 三个评判员进行评判,其评判结果登记如表 2-2 所示。

表 2-2　评判结果登记表(对应三名评判员)

项目 \ 评判	评判员 A	评判员 B	评判员 C
1	√	√	×
2	√	×	√
3	√	√	√
4	×	×	×
5	√	√	√
6	×	×	×
7	×	×	×
8	√	√	√
9	√	√	√
10	×	×	×

假定 A 为主评判员,评判员 B、C 均为助理评判员,我们可以按照表 2-2 给出的结果计算 AB、AC 和 BC 之间的相互同意度。

对于评判员 A、B 之间,除了第(2)项意见不一致外,其他 9 项都是意见一致的,因此它们之间的相互同意度为

$$K_{AB} = \frac{2 \times 9}{10 + 10} = 0.90$$

对于评判员 A、C 之间,第(1)和第(6)项的意见不一致,即共有 8 项意见

是一致的,因此它们之间的相互同意度为

$$K_{AC} = \frac{2 \times 8}{10 + 10} = 0.80$$

对于评判员 B、C 之间,第(1)、(2)和(6)三项的意见不一致,共有 7 项是意见一致的,因此他们之间的相互同意度为

$$K_{BC} = \frac{2 \times 7}{10 + 10} = 0.70$$

假如只考虑 A、B 两人的评判信度,则其信度为

$$R = \frac{2 \times 0.90}{1 + [(2-1) \times 0.90]} \approx 0.95$$

假如同时考虑 A、B、C 三位评判员的评判信度,则需要先算出三人的平均相互同意度

$$\overline{K} = \frac{K_{AB} + K_{AC} + K_{BC}}{n} = 0.80$$

三位评判员的评判信度 R 为:

$$R = \frac{3 \times \overline{A}}{1 + [(3-1) \times \overline{K}]} = 0.92$$

经过信度分析后,根据经验,如果信度大于 0.90,则可以把主评判员的评判结果作为内容分析的结果。

第二节 内容分析的应用模式

我们可以按照内容分析的基本步骤,对上述有关的内容资料,做客观、系统的量化处理,取得量化的结果;然后把这些结果,按一定的模式加以比较,可以从不同的角度,做多方面的研究用途,其中较常用的可归纳为如下几个方面。

一、特征分析

特征分析也称为意向分析。它是通过对某一对象,在不同问题上,或在不同场合上所显示出来的内容资料进行内容分析,把这些不同样本的量化结果加以比较,找出其中稳定的、突出的因素,从而可以判定这一对象的特征。

例如：

通过对某些优秀教学电影、电视教材的内容分析，研究它们的编制特色、艺术风格；

通过对某学者学术报告实况录像的内容分析，研究该学者的学术思想、意图和动机等。

特征分析的基本模式如图 2-3 所示。

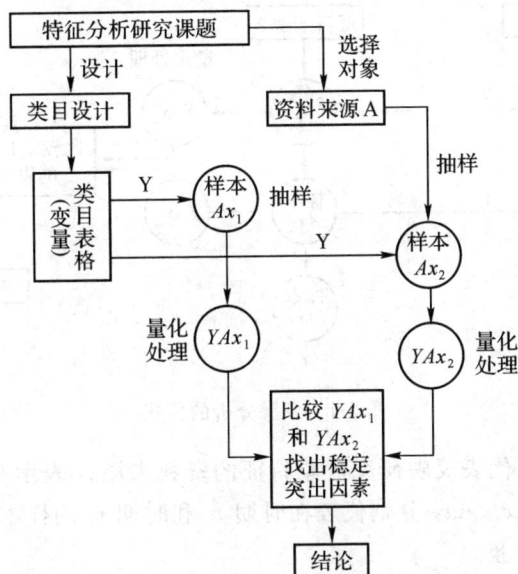

图 2-3　特征分析的模式

图 2-3 中，A 代表反映研究对象特征的资料来源，X 代表对象在不同情境、不同场合时所显示的资料内容，Ax_1、Ax_2 则分别代表在场合 X_1 和场合 X_2 时的资料样本。

图 2-3 特征分析的模式中，Y 则表示类目项，即为测量变量。

二、发展分析（又称为趋势分析）

发展分析也称为趋势分析。它通过对某一对象，在同一类问题上，在不同时期内所显示的资料进行内容分析，把这些不同样本的量化结果加以比较，找出其中发生变化的因素，从而可以判断这一对象在某一类问题上的发展倾向。

例如,通过对某个学者或学术流派的代表人物在不同时期所作学术报告的录音、录像资料的内容分析,可以研究该学术流派或某个学者的学术思想发展过程。

发展分析的基本模式如图 2-4 所示:

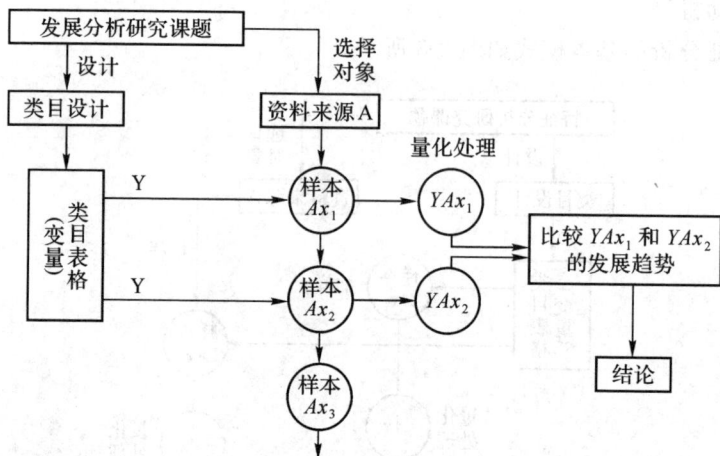

图 2-4 发展分析的模式

图 2-4 中,A 代表反映研究对象特征的资料来源;t 表示在不同时期所显示的资料内容;Ax_1、Ax_2 分别代表在时期 t_1 和时期 t_2 的样本资料;Y 则代表类目项,即测量变量。

三、比较分析

比较分析,它是通过对同一中心问题,但对象或来源不同的样本资料进行内容分析,把这些来自不同对象的样本的量化结果加以对比,从而找出它们之间的异同。

例如:

比较不同国家或地区电视节目设计思想和制作技巧上的异同;

比较全国性媒介和地方媒介在新闻理念和发布技巧上的异同;

比较两个学术流派学术观点的异同;

比较不同文化背景、不同制度下记者对新闻事件的处理方式的差异;

比较反映针对同一事件,不同形式媒介的差别等。

比较分析的基本模式如图 2-5 所示。

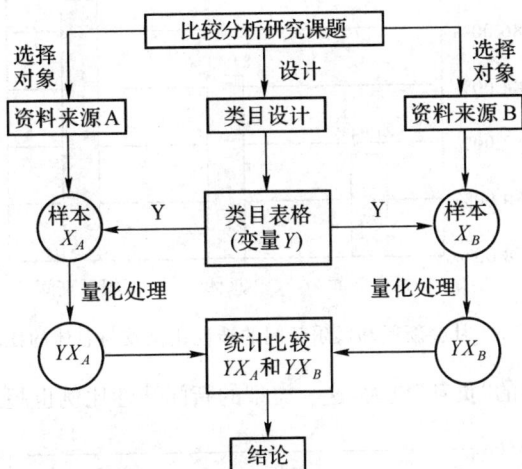

图 2-5 比较分析的模式

图 2-5 中 A、B 代表不同对象的资料来源,它们的样本用 X_A 和 X_B 表示;Y 则代表类目项,即测量变量。在比较分析中,尽管分析对象不同,但分析类目 Y 只有一个,即在共同的测量标准下才能做出有效的比较。

第三节 案例分析:网络新闻的泛性化性内容分析

一、描述性统计数据分析

首先从"整篇文章"这一分析单元来看社会新闻和娱乐新闻两类各自的涉性比例数,以及它们与样本总体的比较;其次在每一篇文章里,以"每个句子"为分析单元统计其涉性比例状况。

本研究各分析了 305 篇社会新闻和娱乐新闻,共计 610 篇文字新闻。如图 2-6,就总体而言,包含涉性内容的新闻有 515 篇,占所有新闻总数的84.43%。其中在 305 篇社会新闻中,涉性的新闻数量有 249 篇,占比 81.64%;在 305 篇娱乐新闻中,涉性的新闻数量有 266 篇,占比 87.21%。两种新闻类型相比较,娱乐新闻较之社会新闻涉及更多与性相关的内容;在总体涉性新闻的

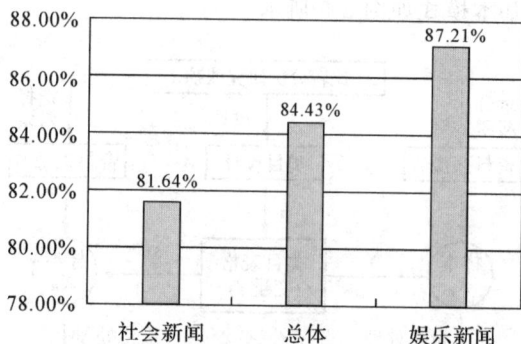

图 2-6　社会新闻和娱乐新闻的涉性比例及与总体的比较

比重中,娱乐新闻的"贡献"更大,这一类型的新闻涉性比例也超过了总体。

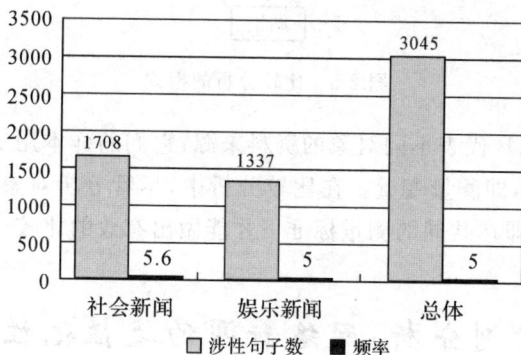

图 2-7　社会新闻和娱乐新闻涉性句子总数及频率

如图 2-7 在总共 610 篇新闻中,包含或描写性内容的句子数量共有 3,045
个,平均每篇新闻包含 5.0 个涉性句子。其中在 305 篇社会新闻中,涉性的句
子数有 1708 个,平均每篇社会新闻包含 5.6 个涉性句子;在 305 篇娱乐新闻
中,涉性的句子数量共有 1337 个,平均每篇娱乐新闻包含 5.0 个涉性句子。
据统计,中文里平均每句话大概有 24 个字左右[1],即一篇 500 字的文章大约
有 21 个句子。在这里,假设一篇新闻消息 500 字左右,那么意味着平均每篇
新闻有 1/4 内容直接或间接涉及性信息。

---

　　[1]　黄国营,陈墨. BBS 不同 ID 的字频和标点符号频率的研究[J]. 语言研究,2004,12(24). 转引
自北大中文论坛专题讨论区"语言文字漫谈",http://www.pkucn.com/thread-268086-2-1.html。

二、新闻性内容的文本解读

上节针对文本的总体特征进行了描述性分析，主要是从大的方面和概括性的维度上进行描述，例如把"暴力越轨行为"作为一类来分析，那么暴力越轨行为中具体都包含了哪些行为呢？这类行为中涉及的角色，尤其是女性，她们处于怎样的媒介地位，以及获得怎样的社会对待呢？另外，本节是从细节上对上节描述性分析进行补充和延伸，例如"身体描述"这一维度，那么这个维度中的一些具体词汇，例如"身体"、"身材"、"性感"、"女性的胸部"等等这些词具有哪些特殊意义呢？这些是本节所要讨论的内容。

采用的方法是通过筛选出现频率较高的关键词并结合句子和文章进行解读。首先通过汉语自动分词软件对610篇文章组成的大文档进行自动语义分词工作，得到每个独立的词语及它们的频次，共得到22649个独立词语。这么多词语中有许多是与文本无关的助词、代词及其他词汇，还有些词语虽与文本主题有关，但频次太低，因此没有列入筛选范畴。通过筛选，按词语频次高低将出现10次以上与性相关的词语进行排列，最终共筛选出256个与性相关的词语。然后再将所有筛选出的词语进行归类处理，归类的方式包括两种：一是个别字眼不同，但意思一样的词语，频次相加，归为一类，如"裸"和"裸露"合并；二是根据词语所表达的意思和内涵，以及本研究的需要，形成由关键词组成的三个主题簇，将"强奸"、"卖淫"等归为性越轨行为一类，"裸露"、"亲吻"等归为与性相关的非越轨行为一类，"性感"、"身材"等归为身体描述一类。归类处理之后，再用每一簇中频次最高的关键词通过编程开发工具（komodo IDE5.0）找出它们所在的句子和文章。各主题簇和关键词频次如下图所示：

1. 表示"与性相关的越轨行为"一类，共有35个出现10次以上的词语，经过合并归类后，得到频次最高的9个词，如表2-3所示：

表 2-3　与性越轨行为相关的频次最高的关键词

关键词	强奸	卖淫	色情	性侵	偷窥	出轨	猥亵	同性恋	性骚扰
频数	374	351	131	123	113	74	58	22	15

上述所统计的频数并不是表示这个词的绝对频数，而是与其同类合并后的频数。例如"强奸"一词频数374，是几个同一意思的词语的频数总和。

将这一类中频次最高的 3 个关键词作为检索词,从文章中找出与之相关联的句子进行分析。部分句子如图 2-8 所示:

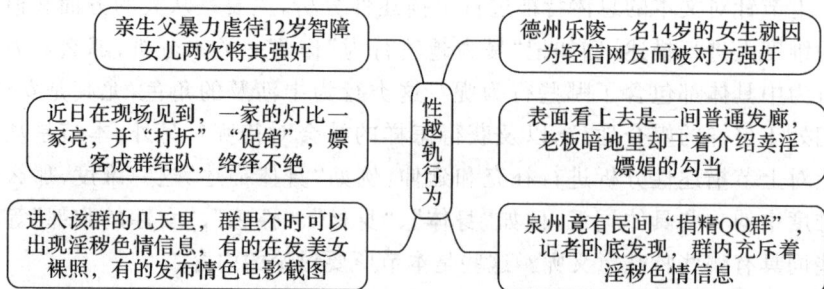

图 2-8

图 2-8 就是通过关键词"强奸"、"卖淫"、"色情",将与之对应新闻文本挑选出来,可以进行文本解读。这是一种技术支持下的文本解读方法。

社会学中将偏离正常行为规范和模式的行为称为越轨,因此本书借鉴这一概念将与当下主流性关系与行为模式不符的性行为举止称为"与性相关的越轨行为",简称"性越轨行为"。性社会学理论用"性的社会常模"来表示这种主流的性关系与行为模式,性越轨行为则是违反了性的社会常模。

性的社会常模的标准是由一个特定社会将占优势地位的性的社会阶层所遵守的性关系与行为模式规定为总人口的典范或准则。① 中国传统社会价值观里,正人君子即这样一类占优势地位的社会阶层,而失足者、流氓娼妓则是违反性社会常模的非主流社会阶层。在本书中对样本所筛选的各类性越轨行为,在中国传统和现代观念里都是不符合大多数人价值观的行为,其行为者也被归为应受批判和教化、挽救的一个社会群体和阶层。

从媒介眼球经济的角度来说,有理由认为网络上所充斥的这些违反性的社会常模的猎奇新闻是为了吸引大众点击量、博眼球。尤其是娱乐新闻中娱乐明星的花边新闻等,纯粹是在寻找各类事件中与性相关的元素,通过非普通人的不普通事使新闻学者华连所说的"性的价值"在新闻中无限放大,甚至引起网民狂欢,例如"艳照门"等事件。

但忽略这些新闻表面的围观戏谑意味,分析其反映的内容,我们可以从

---

① 潘绥铭,黄盈盈.性社会学[M].北京:中国人民大学出版社,2011:90.

性社会学的角度来讨论一些问题。以出现频率最高的强奸、卖淫嫖娼以及色情产业为例，从中可以发现上述所说的性的社会阶层和群体问题。性阶层是以性方面的特征为划分标志，不同的性阶层在社会中的地位不同，社会对其采取的态度也不同。例如强奸行为的实施者是被批判、惩罚的一个阶层，这从新闻报道中也可以看出来，其中都提到法律的审判和处罚，只不过由于网络新闻重点强调了事件本身和过程，提到的犯罪与判决在文章中比例不大，不够突出，因此淡化了整个事件的严肃性和社会意义；作为这一类行为的受害者又是另一个性的社会群体，获得了同情和帮助，例如对于未成年少女由于约见网友、轻信网友而遭强奸的事实，文章的内容暗示了这样一种网络行为的危险性，在事实陈述完后也明确提出了这样一种观点，告诫未成年人在上网交友这一日益普遍的社会交往形式中，不能轻信网友，以防上当受骗。

三、讨论

本节关于新闻文本的描述性统计主要分为两个部分，一是从总体来说社会新闻和娱乐新闻的涉性比例，以及涉性句子的比例；二是文本中性内容其他具体特征的描述，主要分为 5 个类目：性内容性质、性内容类型、性行为举止、身体描述和参与的角色性别（具体标准可参见后附的内容分析期表中描述）。

1. 对两类新闻总共 610 个样本分析统计显示，共有 515 个样本包含与性相关的内容，占总体样本的 84.43%。其中社会新闻和娱乐新闻在各自的样本中涉性比例分别占 81.64% 和 87.21%。娱乐新闻的涉性比例高于社会新闻的涉性比例，也高于总体的平均比例，可以看出娱乐新闻中包含更多涉性内容，一些娱乐明星的花边新闻做了很大"贡献"。社会新闻虽然涉性的篇数比娱乐新闻少，但每篇涉性的新闻中涉性的篇幅却比娱乐新闻多，平均每篇社会新闻有 1/4 的内容涉性，娱乐新闻有 1/5 的内容涉性，这与娱乐新闻更常用图片来表现涉性内容，而文字较简单有关。

2. 非暴力性行为的内容占首位，这一特征的原因是娱乐新闻中涉性的内容大多数是关于公众人物一些不存在暴力冲突的一般性行为举止。暴力性行为的内容并不是很多，主要出现在社会新闻诸如强奸等事件的报道中。从越轨行为这一特征来看，非越轨行为的比例高于越轨行为，说明目前的新闻中违背伦理、社会规范的越轨行为还未占主流，但数量却已不少，占了 42%。总之，总体上以冲突性较低、心理刺激性较小、违反社会公序良俗程度较低的非暴力、非越轨的一般性行为举止为主,但一些耸人听闻的暴力越轨行为的报道也不在少数,无法忽略。

3.在暴力行为中,有88％的施暴者都是成年男性,但不管是成年男性还是未成年男性,作为受害者的概率都极低。而成年女性虽然偶尔也会成为暴力的实施者,但更多的是以受害者的形象出现。尤其未成年女性也经常成为暴力性活动的受害者。男性作为施暴者,自己就是暴力性活动的行为主体,这一点与女性作为施暴者不同,女性施暴者是通过暴力强迫其他人成为性活动的主体。从中可以看出男性的确处于性关系中的主导地位,女性仍然处于男权主义秩序的控制之下,并且经常成为暴力的承受者。

4.性内容的描写中性行为举止和身体描述占前两位,共占了94％,而与性相关的知识和心理描写却很少。说明社会新闻和娱乐新闻仅仅是将性作为一种能吸引眼球的新闻价值要素进行呈现,而并非是以提高性认知、引导正确性观念为目的。对于性行为举止,从整体来看,对属于较深程度的明显性行为和暗示性行为的描写比较多,程度较浅的牵手、拥抱等行为较少,说明新闻文本的性化程度是比较严重的。

附录

文字内容分析编码表

编码员姓名 _____　　　　　　　　样本编码 _____

新闻类型:(1)社会新闻　(2)娱乐新闻

1.性内容性质:(1)一般性行为　(2)非暴力越轨行为　(3)性暴力行为
(4)暴力越轨行为　(5)其他

如选(1)、(2)、(5)请跳转至1.1;如选(3)、(4),请跳转至1.2

1.1　涉及的角色:(1)　成年人　(2)未成年人　(3)都有

主动者性别:(1)男性　(2)女性　(3)不确定或无法判断

被动者性别:(1)男性　(2)女性　(3)不确定或无法判断

1.2　性暴力行为中的角色地位:

施暴者:(1)成年男性　(2)成年女性　(3)未成年男性　(4)未成年女性

受害者:(1)成年男性　(2)成年女性　(3)未成年男性　(4)未成年女性

2.性内容类型:(1)性行为举止描述　(2)身体描述　(3)性相关知识描

述　(4)性心理描述(按主题单选)

如选(1)请跳转至 2.1;如选(2)请跳转至 2.2

2.1　性行为举止描述:(1)拥抱　(2)亲吻　(3)暗示性行为　(4)明显性行为　(5)其他_____(按主题单选)

2.2　身体描述:(1)身体状态　(2)身材描写(按主题单选)

编码说明:

1.一般性行为:不含暴力元素,也不属于越轨行为的正常性行为举止。

2.非暴力越轨行为:与当下社会价值观不符,但不含暴力因素的行为,如婚外情、偷窥等。

3.性暴力行为:涉性行为当中包含明显的肢体暴力元素。

4.暴力越轨行为:既含暴力元素,又与当下社会价值观不符的涉性行为。

5.性行为举止描述:所用词语表示与性相关的一种动作、行为或活动。

6.身体描述:所用词语表示一种状态,是身体或性别特征的展示。

7.性相关知识描述:以教育和引导为目的对与性相关事物的讨论。

8.性心理和观念描述:以教育和引导为目的讨论与性相关的心理和观念。

9.暗示性行为:用词隐晦,是对性的暗示或讽喻;明显性行为:所用词语与性活动直接有关,明显直露。

10.身体状态:强调身体的表现方式,例如"走光"、"裸露",一般为动词。

11.身材描写:描述整体外表或强调身体的某一部位或性别特征。

12.未成年、成年:18 岁以下为未成年,18 岁以上为成年。

13.主动者指主体具有行为或意识上的主动性;被动者指主体对行为或意识被动接受。

图片内容分析编码表

编码员姓名_____　　　　　　　　样本编号_____

图片主题分类:(1)人物　(2)事件　(3)事物

1.性内容类型:(1)与性相关的行为举止　(2)身体外在表现　(3)其他_____

1.1　性行为举止描述:(1)拥抱　(2)亲吻　(3)暗示性行为　(4)明显性行为　(5)其他_____(按主题单选)

1.2 身体外在表现:(1)整体外貌 (2)身体部位

2.是否暴露:(1)是 (2)否

2.1 暴露明显程度:(1)非性别特征暴露 (2)性别特征部分暴露 (3)性别特征大面积暴露 (4)全裸

3.背景关系:(1)无背景 (2)背景虚化 (3)背景为具体场景

4.涉及的角色年龄:(1)未成年人 (2)成年人 (3)都有

涉及的角色性别:(1)男性 (2)女性 (3)都有

编码说明:

1.与性相关的行为举止:指与性相关的肢体动作、行为或活动。

2.身体外在表现:与具体的性活动无关,是身体或性别特征的静态展示。

3.整体外貌指表现整体上的外表、形象;身体部位指具体的人体部位。两者以视觉中心为评判标准。

4.是否暴露的标准:皮肤裸露区域大于图片中人体面积的10%,或最大皮肤裸露区域大于图片中人体面积的5%,则认为是暴露。

5.非性别特征暴露:非性别特征区域皮肤裸露,例如腿、胳膊。

6.性别特征部分暴露:性别特征区域皮肤裸露,例如胸。

7.性别特征大面积暴露:包含性别特征的大面积皮肤裸露,例如穿比基尼的模特。

9.背景虚化:即模糊的背景,突出清晰的前景。

10.具体场景:背景有清晰可辨认的场所、事物等。

11.都有:图片中既有未成年又有成年人或者既有男性又有女性。

视频内容分析编码表

编码员姓名_____ 样本编号_____ 时长_____分钟

视频类型:(1)电视剧 (2)电影

1.涉性场景

入点:_____ 出点:_____

2.性内容背景:(1)夫妻 (2)情侣 (3)普通关系 (4)婚外情 (5)非法(卖淫或嫖娼) (6)其他_____

3.性内容类型:(1)与性相关的行为举止 (2)与性相关的口头讨论

3.1 与性相关的行为举止:(1)肢体型调情 (2)拥抱 (3)亲吻 (4)暗示性行为 (5)明显性行为 (6)其他_____(按照最主要表现来选择)

3.2 与性相关的口头讨论:(1)对自己或他人性兴趣的评论 (2)对已经发生过的性行为的讨论 (3)讨论性 (4)其他_____

4.性内容主题:(1)标准模式 (2)暴力模式 (3)理想模式 (4)其他____

5.涉及的角色年龄:(1)未成年人 (2)成年人 (3)都有

涉及的角色性别:(1)男性 (2)女性 (3)都有

5.1 主动者角色性别:(1)男性 (2)女性 (3)同时

5.2 被动者角色性别:(1)男性 (2)女性 (3)无

编码说明:

1.与性相关的行为举止:指身体上的亲密接触或举动,其中包含一种可辨识的浪漫或非浪漫气氛,不包括出于礼仪所进行的亲密互动。

2.与性相关的口头讨论:指任何有关性的叙述和评论,包括明显的以及暗示或讽喻的内容。

3.暗示性行为:无明显可视的场景,但根据情节可判断为暗示的性行为。

4.明显性行为:有明显可视的性行为场景出现。

5.讨论性:与性相关,但不属于2中前四类的议题或话题。

6.标准模式:强调性的物理性方面,很少触及人物情感或心理关系,以快乐和娱乐为目的。

7.暴力模式:性行为举止中包含暴力元素。

8.理想模式:强调性行为举止中的情感因素,涉及人物情感背景。

9.主动者指主体具有行为或意识上的主动性;被动者指主体对行为或意识被动接受。

第三章
问卷与量表

第一节 问卷调查

一、问卷法的含义与类型

(一)问卷法的含义

问卷法是通过书面形式,以严格设计的问题或表格,向研究对象收集资料和数据的方法。

问卷法既可作为独立的收集研究资料的方法,也可作为辅助研究方法。如新闻传播研究常常辅以问卷法收集材料。

问卷法已成为我国推广最快、应用最广的研究方法,这主要是由于它具有以下三个显著特点:

1.运用范围广。问卷调查可以研究的内容几乎不受限制,无论是内隐的思想、态度、观点和看法或外显的行为、举止,均可使用问卷法。

2.问卷法是一种高效调查手段。问卷调查可以在较大范围内进行,如全国、一个省或一个地区,且在较短时间内就可获得大量调查对象的材料,其费用通常也较其他方法低,因此可以说问卷调查是效率高、费用低的研究方法。

3.问卷调查结果具有较高的代表性。问卷调查的方法通常是经过科学方法选取的,且其样本量往往也大于其他研究方法。因此,只要问卷设计科学,其结果能较好地代表总体,有较强的说服力。

(二)问卷调查表的类型

问卷是由一个个具体的问题构成的,如何设计问题是问卷设计的首要问题。根据调查者设计问题的不同方式,问卷中的问题可分为三种类型:开放式、封闭式和半封闭式。

1.开放式

开放式指在问卷上只提出问题,不列出可选答案,由调查对象自由回答。由于开放式质量品种效益方式不同,又可分为三种类型。

(1)自由回答式

即提出问题让调查对象自由回答。例如"你为什么参加职后进修学习?""你所愿意的最佳毕业去向是什么?"这种问题的回答不受限制,回答者能充分发挥主动性、创造性,讲出自己的真实想法,但在回答时需考虑如何表达,因此不适合文化水平低的调查对象。此外,得到的回答五花八门,材料整理费时费力,容易受调查者主观看法的影响。不过,此类回答常可得到调查者未意料到的调查对象原因和动机。

自由回答式问题的整理一般是将回答加以分类,得到各类回答的数量和比例。分类时要做到:①类要细,以防止遗漏某些材料。②类要避免主观性。为避免分类的主观性,可同时由几个人分别归类,然后再集中讨论。

(2)言语联想式

即提出一个词,让调查对象回答联想到的东西。例如,一道言语联想题的题干是:"当我们看到一个词时会联想到其他一些词或事物。例如,看到'天空'易想起'云彩',看到'商店'会想起'糖'、'顾客'等等,当看到下列词时你会想到什么呢?"

这种提问方式能够了解调查对象对某事物的印象和看法,特别是能了解到他们无意中流露出的真实想法。

(3)情境导入式

即设计一个现场情境,把被试导入该情景中作回答。例如,了解企业管理干部管理水平的一个题目:"你所在企业的生产项目品种利润较薄,现在要上一个新项目,此项目有 0.5 的概率成功,可获得 200 万元的利润,但也有 0.5 的概率失败,要损失 100 万元。你认为应如何处理这件事情?"又如一个测查小学生爱劳动品德水平的一个题目:"上午老师通知我们,下午第二节课后组织同学们去看电影,片子是美国动画片《狮子王》。同学们早就听说这部电影了,大家都想一睹为快,我也和同学们一样,非常想快点看到这部电影。现在下午第二节课已经结束了,我迅速收拾好书包,激动地等着老师来发电影票。这时老师走进了教室,她手里拿着一叠电影票对我们说:'同学们,刚才突然接到学校通知,明天有日本朋友来我们学校参观访问,学校要求我们现留十名同学下来做大扫除。'你决定怎么办? 做完这件事,你内心对自己的评价是什么?"上述两道问卷题目都是通过模拟某种情境,引导调查对象以主体角色身份来回答问题。这种提问方式特别利于对某些内容,如品德内容的测查。

开放式的优点是提问较为容易,对象的回答也较为真实,往往可得到意想不到的材料。其缺点是一般只能作定性分析,难以作精确的定量分析。开放式中的自由回答式是使用较多的一种方式,它通常是在研究者不清楚研究结果或打算预测回答结果时用,因此经常用于探索性、预备性的研究。如要了解"当前教育存在的主要问题是什么?",而研究者只能列举出经费少、师资水平不高、学生负担重有限答案时,就应采取开放式问卷,以得到尽可能全面的答案。

2.封闭式

封闭式指不仅要提问,而且要列出可供选择的答案,限制回答的方向和数量,让调查对象选择其所赞同的答案。

(1)肯否式。或称正误式,列出的答案只有两个:正、误或对、错。例如,你喜欢高中分快慢班吗? 喜欢( )、不喜欢( )。

再如测量受访者对家庭生活的满意程度:

□1.非常满意 □2.满意 □3.马马虎虎 □4.不满意 □5.非常不满意
□6.不知道 □7.拒答

肯否式的缺点是:当调查对象持中立态度,或调查对象说不清自己的想法时,容易出现二者随便答一个的情况。弥补的办法是可以在答案中再加一个"不置可否"。其实肯否式往往给人以暗示,或回答者易产生从众反应。例如,对于"你喜欢自己的工作吗?","你知道吗?"这一类问题,调查对象往往认为喜欢总比不喜欢好,知道总比不知道好。因此,肯否式问题运用有一定的局限性。

(2)多项选择式。也称菜单式,即每个问题后列出多项答案,让调查对象选择,选择的数量可以限制也可以不限制。

多项选择式较少出现肯否式那种随便答的情况。但涉及范围广或比较抽象的问题时,多项选择式的设计就较为复杂。设计多项选择通常要注意两点:①答案要穷尽所有项目,否则就可能出现调查对象想答的答案没有。为保证所设计的答案能穷尽所有项目,通常使用的方法是:将该题目进行多级分类,即分成几个大类,然后再在各大类之下列举出若干项目,最后将各项目综合起来,去掉重复项目,即为所有可能的答案。如希望了解目前人们最迫切需要满足的是什么,由于不同群体的人需要满足的需求不同,因此可先将人分为工人、农民、干部、知识分子等,然后对其的需要分别研究,列举出若干需要,最后将答案综合起来,再去掉重复项目,即为该问题所有可能的答案。②给出的答案必须互斥,一是用同一标准分类,如对人分类可按年龄分,也可按职业分。二是给较复杂较抽象的问题设计答案时,应在同一抽象层次上进行分类,如研究人们对改革的社会心理承受力,首先要明确关于改革的提问是在哪个层次上,是在体制上、观念上、还是具体的做法上,然后在同一层次上设计答案。

(3)排序式。形式上与多项选择式相似,但不是让调查对象在答案中进行选择,而是将答案按一定的顺序排列。

如,把下列课程按你喜欢的程度依次编序:

语文、历史、英语、化学、生物、地理、数学、物理、政治、体育、音美

这种方式要求排列的答案不宜太多,一般不超过15项,否则回答所需时间太长,调查对象不愿回答或难于回答。在排列时可允许将几个答案并列作为同一选择。

(4)等级式。等级式是提出问题,让调查对象选择程度,由于表示程度的方式不同,可以分为数字式、线段式和文字式。

数字式,即用数字来表示其程度。如评价学生的注意力状况,以数字1至5依次表示"不集中、不太集中、一般、较集中、非常集中"五个等级,调查对象可任选一个数字表示学生注意力集中的程度,如"不太集中"就写上数字2。

线段式,即用可见的直线坐标表示其程度。如:"你认为你的父亲是:专

制的 ＿＿＿＿＿＿＿＿＿ 民主的。"该坐标图从左至右各点依次表示：很专制、较专制、有点专制、说不清、有点民主、较民主、很民主。调查对象在相应的坐标上圈一个坐标点以表示自己的看法。

一般来说，线段式比单纯数字式更有利于调查对象表示连续体的心理距离，有利于更准确地表示出其程度。

文字式，即用文字来表达其程度。例如，"你喜欢新编人教版小学数学教材吗？非常喜欢（ ）较喜欢（ ）一般（ ）较不喜欢（ ）不喜欢（ ）"，该例的选择项即为文字式。

等级式的特点是两端为对立概念，中间分成若干等级。设计这类答案要注意：①两个等级间隔程度相等。②不要漏掉中性项目。③一般采用能描绘出等级中间程度的奇数等级。④常采用 5 至 7 个等级，这样不会因等级数过多造成烦琐，也不会因等级过少导致不精确。

（5）定距式。所谓定距式，就是指可选答案不是一个点，而是一个区间。例如"您的月奖金是：4001 元以上（ ）、3001～4000 元（ ）、2001～3000 元（ ）、1001～2000 元（ ）、1000 元以下"。设计这类答案要注意：①划分的档次不宜太多，每一档的范围不宜太宽。档次太多，使得问卷容量增大，而且有的档次只有极少数人可填，意义不大。通常是在大多数人所属的范围内进行分档，将两端列为开放式就行了。②要尽量使档次之间的间距相等，这样利于分析结果时进行比较。③各档的区间应正好衔接，无重叠、中断现象。

封闭式问卷的数据处理可选用不同的统计方法，最通常的方法是：①求出各项选择的人数和百分数。为进一步了解获得的结果是否存在真正的差异，还应对百分数进行卡方（x^2）检验。②赋值法。赋值法是按照一定标准给各选择答案赋值，最后求得调查样本的平均分。例如学生对教材的喜爱度的评价问卷项目为"非常喜欢、喜欢、一般、不喜欢、非常不喜欢"五个等级，可从左至右依次赋值为 1、0.75、0.5、0.25、0（也可赋值为其他数字，如 5、4、3、2、1），以调查样本的平均分表示学生的喜爱度。样本平均分的计算方法是：将各个答案回答的频数分别乘以相应的等级分，得出各等级的一个分数，再把各等级分加总然后除以各频数之和，即得该项的样本平均分。如按上述 1 至 0 赋值，如果平均分为 1，表示样本中所有学生都"非常喜欢这本教材"；平均分为 0.5 等效于样本中所有分界线。因此用上述数字赋值，学生的喜爱度要达到 0.6 才说明学生比较喜欢。等级式一般用此种方式量化处理。③换值法。换值法一般用于排序式的量化分析。所谓换值法就是：第一步将每个选择的顺序值换成数值,即将第一选择换为最高数值,第二选择换为第二高数值……例如一共有 7 个选择项,那么第一选择的数值为 7,第二选择为 6……第七选择为 1。第二步是求出各个答案数值的总和,然后进行卡方检验,以考察各个选择项有无统计上的差异。

封闭式问卷的主要优点是:问题标准化,能得到较为精确的量化结果。其缺点主要是:①提问比较麻烦,需要调查者做大量的预备工作。②由于列出了答案,因此它很容易使一个不知道如何回答或没有看法的回答者猜着回答,甚至随便乱答。③难以了解调查对象选择答案的理由与动机。

3. 半封闭式

半封闭式也叫综合式。半封闭式兼有封闭式与开放式的特点。也就是说既列出答案,又留有被调查者自由回答的余地。

半封闭式有两种形式:一种是在选择答案中增加"其他"选择项。例如,"你的学习方法主要受哪种因素影响而形成":

①家庭或亲友的指导;②周围同学的影响;③学校老师的影响;④自学实践摸索形成;⑤其他。

值得注意的是,如果调查对象经常填写"其他"这一栏,说明这张问卷题目编得不好,因主要的项目未列出来。

半封闭式的另一种形式是在列出的答案后加上了解动机、理由类问题,以了解调查对象选择答案的原因与动机,弥补封闭式问卷的不足。

例如,"你平时在判断周围的人和事时主要标准的来源是":(限选一项)

1.权威思想( );2.舆论宣传( );3.传统习俗( );

4.团体倾向( );5.亲友意见( );6.个人好恶( )。

你这样做的理由是 ＿＿＿＿＿＿＿＿＿＿＿

一般在以下情况用半封闭式:

第一,调查者难以想到全部答案;第二,列出全部答案太烦琐;第三,需要进一步了解调查对象的动机、愿望或理由。如上例。

一张调查表可采用多种不同的问卷类型。某一类型占多大比重,应主要根据调查对象的特点来决定。一般对象多采用一些封闭和半封闭的问题。但是,向专家进行调查,就不应过多地采用封闭式问题,因为专家可能会对封闭式问题所给出的答案不满意,从而拒绝回答或不能提供有效协作。

二、问卷的编制技术

(一)问卷设计的一般程序

一份高质量的问卷设计,并不是随心所欲地想提什么问题就提什么,而是根据研究的目的,有总体框架设计,根据总体框架提出的每一个具体问题在问卷中都有其不可替代的作用,且各个问题之间有一种内在的逻辑联系。要达到上述要求,问卷设计就应遵循下列程序。

1.明确调查的中心概念,确定研究范围。如研究"中小学生的需要",首先应明确中心概念"需要"的涵义,在此基础上,根据研究的目的,确定研究哪些"需要"。尤其是一些抽象的、复杂的概念包含的内容多,不同人理解的层面或角度可能不一样,因此,更有必要根据研究的目的和对象对其操作化,以确定研究的内容与范围。事实上,研究者往往不可能也没有必要对一个复杂抽象概念的所有方面进行研究,而只能或是无原则研究其中某些方面或某几个部分。如"需要"可以列举出几十种或上百种,而研究受众的媒介使用满足的需要,只需研究其可能产生的主要需要即可。

2.构建问卷框架。构架问卷框架可从多方法入手:

(1)分解中心概念,构建问卷框架。例如我国研究者研究受众的媒介需要,根据我国受众使用媒介的实际情况,把需要分解为信息寻求的需要、安全与保障需要、交往与友谊需要、尊重与自尊需要、情绪宣泄的需要、学习与成长的需要、消遣的需要七个方面的需要,而建立起该问卷的结构框架;又如考察中学生的素质教育现状,可把中心概念"素质"分解为思想道德素质、心理素质、身体素质、文化科学素质等方面进行研究。

(2)以理论为根据,构建问卷框架。例如我国有学者研究人生价值观,就是根据著名心理学家(Rokeach)把"价值观分为工具性价值观(实现人生价值的手段)和终极性价值观(实现人生价值的目的)"的观点,而构建其问卷结构的,即把人生价值观的研究分为两大方面:实现人生价值的目的和实现人生价值的手段。

(3)设计开放性问题,做试探性的小规模调查,构建问卷框架。例如研究社会生活价值观,通过开放性问卷,可归纳出人们对待生活的态度主要有:享乐性、事业性、沉溺性等13类,以这13类构建问卷的框架。

（4）大多数的问题可以被分为事实性问题和主观性问题。

①事实性问题：

这种题目旨在探究说明个人在属性（不可先天改变，如男/女）及成就（后天会改变，如现在是业务员，但以后可能升经理）上的差异。

②态度与意见问题：

对事实的看法，没有对错。如选举中哪一党会获胜，没有对错之分。

③行为的问题：

如投票行为、消费行为，我们通过最终的行为问题，来分析判断它与自变量、中介变量的关系。比如说探讨对政党的认同态度与投票行为之间的关系，个人的不同属性比如说性别因素在其中产生的作用等，具体关系见图3-1。

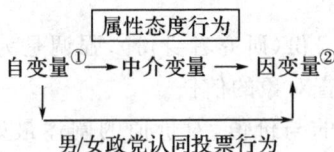

图 3-1　变量示意图

3. 在建立框架基础上，进一步将大问题分解，直至提出具体的问题。同时还应考虑问卷的形式，是用开放式、封闭式还是半封式？若采用封闭式，是采用肯否式、多项选择式或等级式、排序式？究竟采用何种形式根据研究者的时间、研究范围、对象、目的、分析方法和解释方法等方面加以综合考虑。

4. 广泛征求意见，修订题目。

5. 试测。试测样本一般30人至50人。试测是问卷设计的重要步骤。试测有两个目的：一是考察问卷的信度、效度。二是进一步发现具体缺陷，如问题的难度、分量、顺序是否合适，问题的内容是否合理，语言的表述是否确切等等细节，以便在正式测试前加以改正。

6. 根据试测结果，进行再次修订。即根据试测结果选择问卷题目。问卷

---

① 自变量（independent variable）：研究中本来就存在的，影响或决定因变量的变量。如果我们发现性别影响宗教虔诚度（女性比男性要虔诚），则性别是自变量，而宗教虔诚度是因变量。注意，任何变量在分析中都可以是自变量或因变量。例如，宗教虔诚度可以是解释犯罪的自变量。

② 因变量（dependent variable）：研究者希望解释的变量。

题目应选用具有代表性的题目(代表测量特征)和内部一致性高的题目(能反映研究目的一致性高的题目)。通过对题目的分析,保留相关的题目,删除相关度低的题目。

7.正式测试。

(二)指导语的功能与设计

一份问卷调查表,通常包括两大内容:指导语和问题。如何设计指导语,与其功能密切相关。

指导语即为问卷的开始部分,即开场白。它较大程度地决定着调查对象是否愿意认真地回答,因此必须予以足够的重视。

指导语之所以重要,因为它在问卷调查中担负着三项功能:

1.建立初步的心理融洽,引起调查对象回答的意向与动机,具体地说,应从以下三个方面给予说明:

第一,说明调查者的身份(研究者身份),强调是为了进行科学研究,而非其他私人目的,以取得调查对象的信任。

第二,说明研究的目的与价值,对价值的阐述最好能与调查对象的本人利益联系起来,以激发其回答的动机。

第三,说明需要调查对象的协作与支持的重要性。

2.消除调查对象的顾虑。要保证调查材料的真实、可靠,还必须消除调查对象的顾虑,使他们能无拘无束地畅所欲言。消除对象的顾虑可从两方面说明:①说明本问卷是匿名问卷或无须知道调查对象的姓名,以消除调查者对可能暴露隐私的顾虑。②说明调查对象的回答不存在对错,以减少调查者对回答是否愚蠢成不正常的顾虑。我们可以在指导语中恰当地指出。例如:我们无须知道您的真实姓名,我们感兴趣的是您本人的想法和事实的真实情况,因为这才是最主要的。您的回答只是概括的,在不记名的前提下使用。

3.通俗简明地阐述回答的具体要求。如回答的具体要求包括问卷填写的规则、回答的方式及回答问卷需要的大致时间等。要做到交代清楚、要求明确,使回答者心中有数、心中有底。

下面是两份基本符合上述要求的指导语:

①收集某地人民对可能影响他们的各种事情和问题的看法的指导语:

我们是洛杉矶加利福尼亚州州立大学调查研究中心的。在我们的研究中,我们请求洛杉矶人民告诉我们,你们对影响着你们的生活的各种事情和问题是怎么想的。这个信息对计划和对科学研究者是有价值的。你的家庭对这一调查是非常重要的,因为它代表着上百个其他不在我们的样本中的人。你告诉我们的每一个情况都将被严格地保密。你的姓名绝对不会与这项重要研究的结果连在一起。

②收集学生们的上网行为以及对性的看法的指导语:

亲爱的同学:

您好!我们是中央团校的研究生,这是一个为一项科学研究而进行的调查,我们无须知道您的姓名等个人信息,只希望您能提供最真实的想法,您的回答将对我们的学术研究有至关重要的作用,我们想通过这个调查了解您的上网情况以及对性的一些看法,目的是观察我国青少年受到的网络性内容影响。本调查所得数据将只用做学术研究,不会用于任何商业目的,我们也绝不会以任何方式泄露您的个人隐私,请放心作答,感谢您的支持!

此外,针对不同的调查对象,指导语强调的重点应有所不同。在向某个问题领域内的专家征求意见时,应突出表明专家意见对问题结论的重要性。例如,向专家就"对计算机在中小学应用前景的预测"这一专题进行问卷调查时,可采用下列指导语:

＿＿＿＿＿同志:您好!

我们谨邀请您参加"对计算机在中小学应用前景的预测"这一研究。我们非常希望依靠您在这方面已有的研究和知识与您一起讨论这些问题。您及其他专家的意见将为我们勾画出计算机在中小学应用的发展前景。毫无疑问,我们大家对这一研究都是非常关心的。如果您愿意了解这项研究的结果,我们很乐意向您提供方便。

谨致敬礼和谢意!

总之,在设计问卷调查表的指导语时,文字要简洁、亲切,但又不要太随便。要仔细推敲,不要遗漏所要传达的信息,更不能因表达之误,使回答者产生困惑或引起歧义。

(三)问题的功能与设计

1.问题的功能

问题是问卷调查表的第二部分内容,也是问卷调查表的主干内容,调查内容是通过问题来逐一揭示的。

不同的问题具有不同的功能,根据问题的功能,问题可分为三类。

(1)接触性问题

接触性问题也称首批问题。在调查对象对调查者的疑虑与戒心基本消除,同时又有了协作意愿的基础上,应该充分利用第一批问题帮助调查对象进一步做好回答的准备。接触性问题一般是一组几个彼此联系而又同所要研究的课题具有某种程度的接近的问题或有趣的问题。它主要是为建立接触、互相了解做准备的。在调查结果分析时可能不会被全部用到,甚至完全不用。第一批问题应简单明了,一般采用开放性问题。例如,要调查某一学校教师在安排生活、解决后顾之忧方面所花费的时间与精力时,可以用这样的问题作为接触性问题:"您家有几口人?您家由谁买菜和烧饭?"接触性问题并不是问卷调查必不可少的内容,一般调查比较敏感性的问题时可用一两个接触性问题。

(2)实质性问题

实质性问题是调查可用材料的主要来源,是为获得有益的事实材料而设计的,是问卷的核心。一般主要采用封闭式或半封闭式问题,形式可以是肯否式,菜单式,排序式或等级式等,有些与意向、动机或情感有关的实质性问题,必须注意采用适当的问题类型。

(3)辅助性问题

辅助性问题在问卷调查中起辅助作用。根据其作用类型的不同,辅助性问题可以分为四类:

第一种,过滤性问题,也称测谎题。它通常被安排在辅助性问题之前,配合实质性问题,用来鉴别调查对象对所回答的问题是否具备资格或回答是否真实。例如,"你喜欢课外体育活动吗?①根本不喜欢( );②不太喜欢( );③一般( );④比较喜欢( );⑤很喜欢( )"。如果调查对象的回答是"根本不喜欢",而其对后面的实质性问题"你在课外主要从事哪类体育活动?"就难以回答了,如果做了回答,其答案前后就矛盾了,因此其结果应不予统计。

第二种,校正性问题。为了检验对实质性问题所做的回答是否真实,也可以提出校正性问题,校正性问题通常安排在实质性问题之后。例如,第一个问题是"你经常看教育专业的报纸和杂志吗?①是的;②不是。"第二个问题是:"请你写出自己经常阅读的教育专业报纸或杂志(包括名称、出版单位)。"这里第一个问题是实质性问题,为了检验对这一问题回答的真实性还须利用校正性问题(即第二个问题)。若调查对象对实质性问题的回答是否定的,那么则不应回答第二个校正性问题,若回答了,显然答案是不可靠的,该结果应不予统计。

第三种，补充性问题。在实质性问题需要勾起回忆时，为防止可能出现的因回忆困难或失误带来的结果失真，通常可利用一些补充性问题加以帮助。例如：你开始对心理学感兴趣是在几年级？如果调查对象发生回忆障碍，可以补充提出你什么时候开始阅读心理学的书籍等问题。显然一些补充性问题在以谈话方式调查时很容易提出，而在书面问卷中，调查者主要通过预测来检验对于哪一些问题调查对象回忆起来会发生困难，以便能够将较大的问题分解，将较复杂的问题简化或采取其他措施。

第四种，调节性问题。它是用来消除枯燥、疲劳、紧张以及由于问题突然转移而产生的不适应感。例如在连续的枯燥问题中安排一个有趣的问题，以消除枯燥，减少疲劳与紧张。调节性问题既能起到调节作用，同时也能起到联结作用，当一组问题向另一组问题过渡时，可安排一个过渡的调节性问题。此外，为了使调查对象对调查活动持有一个有始有终的印象，也为了消除调查对象在调查卷结束时仍然可能存有的紧张疑虑感，以及为调查对象畅所欲言、表达某些个人的情感和意见提供方便，在问卷表最后，往往采用开放式的提问方式安排一个调节性问题。例如：在我们将结束这次调查时，我们很乐意知道您对这项调查的态度：①欢迎；②不欢迎；③无所谓。

又如：再次感谢您的协助。如果您对课外阅读还有其他的有益见解，请您写在下面，我们将乐于向贵校及有关方面转达。

这最后的调节性问题，可能超出了调查内容的范围，或者这些回答可能不会在分析整理时全部采用，但为了圆满地结束调查，为调查对象作心理上的调节，列上这样一个题目有时也是很必要的。

2.问题序列的设计

问题按照什么样的合理顺序加以编排，才能达到预定的目的呢？

(1)根据问题的功能安排序列。一般来说，接触性问题放在最前面，继之是实质性问题。在实质性问题的前后，根据需要穿插各种功能问题。当一个实质性问题转向另一个实质性问题，或者连续出现几个实质性问题时，其后则需提出调节性问题。过渡性问题与校正性问题都可检验回答的准确性，但过渡性问题一般放在实质性问题之前，校正性问题则放在实质性问题之后。同时要注意过渡性问题和校正性问题均不能与实质性问题靠得太近，以免调查对象察觉，而失去其意义。

(2)采用"漏斗形技术(funnel technique)"，即按漏斗形排列问题，先问范围广的、一般的，再问较具体的、特殊的问题。

（3）将内容上相互有联系的问题放在一起，即先问同一个框架内的问题，再问另一个框架内的问题。同一个框架内的问题，一般也按逻辑次序、时间次序或内容体系排列，以保证回答者的注意力和思维序列。但这样安排时，要注意避免建立反应倾向（即回答相互影响或一致）。避免建立反应倾向的措施主要有：以调节性问题作间隔，区分问题的形式。

（4）先问后面的问题所必需的信息。

（5）问题的形式和长短在排列时应适当变化，以保持回答者的注意力，同时也可以防止回答者对不同的问题产生相同的反应。

除了考虑题目的序列外，题目答案的序列也要精心设计。据研究，两者择一式问题答案的序列变化使回答结果的变化达到15％。对两者择一式问题是选择肯定还是否定的答案，这很大程度取决于两个答案哪一个排在前面。题中有多种答案的问题，调查对象一般倾向于选择肯定的答案，而不选择否定的答案。因此，问题的答案最好应随机排列或肯定、否定交替排列，而不应该以一种固定的顺序来排列。

（四）设计敏感性问题的技巧

当问卷题目涉及敏感性问题，或出于某种调查目的，调查者不愿意让回答者知道调查者的真正目的时，问题的设计就需要更高的技巧。如何设计这类问题呢？

1.迂回提问

迂回提问即指不直接测试的提问方式，而是以间接的问题，迂回获得所要测试的内容，以使受试者了解不到测试的意图，从而增强测验的效度。但要特别注意的是，以间接问题了解所要测的内容，常常容易导致测不到要测的内容。如一份了解学生数学学习兴趣的问卷中有个题目是："如果上数学课迟到了一会儿，你会感到遗憾吗？"实际上这个题目测的仅是学生对遵守纪律的看法，而不是学习的兴趣。若改为："如果你缺了一节数学课，会感到遗憾吗？"其测量的结果就是学生学习数学的兴趣了。

或者测试被访者的上网频率时，若只是采用"您平均每周有几天会使用网络（通过手机或电脑）？①每天都用；②五天及以上；③三天及以上；④少于或两天"，这样的常规问法未免有些老生常谈。不如利用一则最新新闻事件，调查被访者通过网络知晓新闻事件的及时性，而做出被访者的网络亲密度判断，如：

请阅读以下简讯回答(1)—(2)小题：

2015年10月8日，黄晓明和Angelababy在上海展览中心举办婚礼，多位明星齐聚现场，现场规模堪比颁奖典礼。有关这场世纪婚礼：

(1)请问您是通过何种方式知道的？

①手机或电脑；②电视或报纸；③听别人说；④现在才知道。

(2)请问您大概是什么时候知道的？

①婚礼发生前几天；②婚礼发生当天；③婚礼发生后几天；④现在才知道。

2. 投射式提问

投射式提问，即指不直接问被访者自己的看法，而是让被访者对周围其他人的想法做出评定。被试者常常会把自己的看法投射到周围其他人身上，做出真实反应。例如：向中学生了解"人们对于中学生能否谈恋爱，有不同的看法。请你对下面的不同看法做出评定"。

①应公开提倡；②应任其自然发展；③应对其进行淡化；④应旗帜鲜明地反对；⑤其他。

同时，为了尽可能地让被访者表达自己的真实想法，对题目的要求理解得更具体、生动，也可引用一段文字描述，设置具体场景，使被访者有"身临其境"的感觉，然后再列举不同看法，让被访者对列出的看法做出评定。如：当想要测试被访者对于网络色情信息对未成年人的影响的估计时，可设置如下形式的问题。

请阅读下则新闻，回答(1)—(2)题：

进贤某中学初二年级男生朱波在一个多月时间内两次强奸幼女。昨日记者获悉，15岁的朱波终于为自己的恶行付出沉重代价，法院一审判处其有期徒刑四年六个月……朱波在网吧门口遇到13岁的娜娜与其表妹清清。朱波拦住他们，以殴打相逼，迫使两人跟着他到附近的一个楼道里。之后，朱波叫娜娜脱裤子，娜娜不从，结果遭到朱波殴打，朱波之后将其强奸。在朱波强奸娜娜的过程中，清清一直在旁哭……

对以上新闻：

甲认为：目前中学生沉迷网络，朱波受到了黄色网站上不良信息的影响，所以才会做出上述犯罪行为。

乙认为：朱波的行为主要是青少年性成熟导致的，再加上没有良好的管教，才造成这样的后果。

(1)对于甲乙两方的观点，你更支持哪一个？

①甲;②乙。

(2)丙认为类似上述新闻可能以后会对性知识的普及有一定作用,而丁却认为有的青少年在看过这样的新闻之后会产生性冲动,对于丙丁的看法,你更支持哪一个?

①丙;②丁。

3.假定性提问

假定性提问指假定回答者做出某种不规范的行为,并使他不得不在确实做出该行为时承认。例如下面两例,第二例即为假定性提问,更可取。

例1:"你考试舞弊过吗?"有( );没有( )。若有,有几次? 是一次、两次还是多次?

例2:"你考试做过多少次弊? 是一次、两次还是多次?"

中国有句俗语:要想人不知,除非己莫为。假定性提问就是利用了这种心理。

4.情境性提问

前面在问题设计方式中提到,开放式问题可采用情境导入式以更好地把握被访者的主观心理倾向。而当涉及一些较为敏感的信息时,情境性提问也是一种十分有效的测量方法。如伊丽莎白·诺尔—诺依曼在其著名的沉默的螺旋中就采用了大量的情境性提问方式,将问题化为多个具体的场景,使被访者更为准确地表达自己的感受。下面两道题正是借鉴了诺依曼的提问技巧而设立。

当想要探测被访者是否接触网络色情信息以及接触情况如何时,这便涉及了十分隐私性的东西,而且被访者往往不愿意向外透露,在这种情况下,设置具体场景让被访者对这些场景在日常生活中的发生频率以 1～5 分量化表示,将更为有效地把握被访者对于类似这样的极具隐私性的话题的观点和态度。如:

请你分别对以下这些情景在日常生活中的发生频率进行 5 点量表评分,发生频率越高,评分越接近 5,反之,评分越接近 1。

不常见　　　　中度　　　常见

　1　　 2　　 3　　 4　　 5

场景描述	发生频率
1.你在浏览网页时,不小心点到哪里,结果蹦出了一个黄色网站	
2.你打开网页想搜点资料,搜索过程中看到衣着暴露的性感美女图	
3.你自己或身边有同学经常上网找黄色信息看	
4.电视剧或电影中有时出现一些"少儿不宜"的场景或对话,你并不是十分理解	
5.当遇到让你觉得困惑的涉及性的事情时,你试图在网上搜索答案,但最终还是一知半解	
6.你了解到,有个你认识的人是"萝莉控"(对6～15岁的小女孩有好感)	

另外,为使问卷中问题形式更为丰富,吸引被访者的答题热情及兴趣,情境导入不一定只能用文字表达,还可采用图片的形式。

如下题是想使被访者针对"第三者"现象做出自己的评价,相比用文字直白地表达"第三者"这一概念,采用了图片式的情境导入法,更清晰明了地呈现了这一现象。

图片题:请观看图 3-2 回答 (1)—(2)小题:

(1)如果你是图中最左边女性的好友,她对你说他和图中男性是真心相爱,希望得到你的支持,你是否会支持她?

①会;②不会。

(2)对于以上图片所呈现的情况——

图 3-2

甲认为:只要右侧男女没有婚姻关系,这种行为就可以被谅解。

乙认为:无论右侧男女有没有结婚,左侧女性和右侧男性的行为都不可被原谅。

对甲乙的观点你更支持哪一个?

①甲;②乙。

5.委婉性提问

委婉性提问指用婉转的令人愉快的方式或言辞提问,易于使回答者接纳。如称环境卫生技师而不称垃圾清扫工人,称管理员而不称守门人或门卫,称老大爷、老人家而不称老头子等。当调查敏感问题时,应尽量使用委婉性提问,解除调查对象的心理防线。

(五)问卷的信度、效度考察

考察问卷的信度和效度,一般是评估每个问题或每组问题的可信度和有效度,而不是把问卷表作为整体来评估的。因为一份问卷表一般由多个内容框架所组成,而每个内容框架均包含大量的问题。如了解"生活情况"的内容部分至少可能涉及婚姻史和职业史方面。要评价问卷中每一项的测量效度是非常困难的,通常的做法是只评价若干重要项的测量效度。

信度(reliability):以相同的测量步骤重复测量同一现象,会得到相同的结果,也就是测量的稳定度、可靠度。一项测量的结果是:

$$Xo = Xt + Xe$$

式中:

Xo:测量值;Xt:真值;Xe:误差

例如:一个人测量身高 $Xo = 175\text{cm}$,而其真正身高是 $Xt = 174\text{cm}$,误差 $Xe = 1\text{cm}$。

误差由来:

1.系统性误差

每个人都会产生的误差,如身体状态、心情好与不好、不同时段测量值不一样。

2.测量误差

测量时所产生的误差。

信度 $= \delta Xo^2 - \delta Xt^2 / \delta Xo^2$ 具体如何考察问卷的信度和效度见第二章。

为保证问卷调查表设计的科学性,可从多方面来增强问卷的信度、效度。最通常的做法有以下几种:

①借助观察和访谈法验证;

②对问题本身进行信度、效度考察;

③加大样本容量;

④设计测谎题和校正题。

三、问卷设计的常见问题分析

问卷法具有操作简便易行、花费时间少、获得样本量大、费用较为经济等优点,因此受广大研究者所喜爱,得到了广泛运用。但与此同时,也出现了滥用的情况。尤其是一些略知问卷皮毛的人,轻视问卷编制的科学性,认为仅是提几个问题而已。其实,如前所述,问卷设计需要相当高的技术。为引起读者的警惕与注意,下面列举一些常见的问题进行分析。

(一)问卷的结构

问卷的结构方面主要存在三个方面的问题:

1.问卷内容定义不明确。由于定义不明确,使问卷涉及的内容要么过宽,要么过窄。例如中学生素质现状调查,如果把素质定义为身体素质或心理素质,调查内容显然太窄;如果把中学生的各种现状都包括进去,未免又显得太宽。因此在编制问卷之前,一定要把问卷内容想清楚,定义明确,围绕定义设计题目。

2.问卷编制的随意性问题。有的问卷编制根本不考虑结构,想到哪编到哪,这样编制的问卷既缺乏完整性、整体性,又不利于以后的分析。

3.问卷长度不适当。一是问卷过长,少则 100～200 题,多则 300 题以上。研究表明,问卷题目数量一般不要超过 60～70 个。如果题目过多,调查对象易产生疲劳感,注意力下降,影响问卷调查质量。尤其是问卷后半部分所受影响甚大。二是问卷过短,问题太少,不足以充分反映调查内容。特别应注意的是:如果一个问卷由几个子项内容构成,虽然整个问卷题目不少,但各项所包括的题目太少。像这种由几个子项题目组成的问卷不仅每个子项不能太少,且几个子项包括的题目最好要大致相等。

(二)问卷设计应避免的问题

提高问卷调查表答案真实性的基本前提,是回答者能正确地理解问题,要使回答者正确地理解问题,问卷题的设计应避免以下问题:

1.对笼统、抽象、含混概念不加操作地定义,造成问卷设计者与调查对象或调查对象之间的理解不一致或相矛盾。如一个想了解人们对家庭布置审美倾向的题目:"你的家庭布置网格是:①现代化;②学术气氛;③时髦;④整洁;⑤一般(1985 年)。"问卷设计者把有电冰箱、电视的家庭视为现代化家庭,而把选择这一选项的人数估计过高,而实际回答此项的人数在几百人中只有几人。这是由于调查对象把有音响、钢琴、地毯等东西的家庭才视为现代化家庭。其他几个选择项"学术气氛"、"时髦"、"整洁"、"一般"也都含混不清。人们各自的标准不同会导致理解的千差万别。例如一个家庭,丈夫认为属"整洁",妻子则可能视为"一般"。这种问卷科学性差,其结果不仅会由于人们的审美标准不同而不同,而且会随着人们审美标准的变化而变化。因此设计问卷时,对不可避免要用到的笼统、抽象、含混的概念一定要加操作定义,如"现代化家庭指…",这样才能保证调查对象回答的依据一致,调查对象与问卷设计者理解趋于一致。

2.两个以上的问题在同一题中出现。如一个了解"家长对子女早期教育的内容倾向性"的问卷题目是:"你经常教你的小孩识字和算术吗?"这种问题使那些只经常教孩子识字或只经常教孩子算术的家长很为难,不知道该怎样回答。像这种题目最好分为两个小题目,从而避免被试者"半同意"或"半不同意的"的犹疑想法。

3.使用专门术语、行语、俗语(如"社会整合"之类的词,并不是人人知道的)。某些行语、俗语可能仅为一个群体所知,或者可能不同的群体有不同的理解,因此要避免非大众化、非普及性的术语的使用。

4.漏掉综合性的选择项目。如"你在为孩子选择书包时,首先重视的是:①书包的容量;②质量;③价格;④色彩"。该设计漏掉了综合项目:质量既好,价格又合理或价格既合理、色彩又好,或者应设"其他"项,供调查对象自己填。

5.出现带有某种倾向的暗示性问题。如:"你喜欢饮誉中外的小说《红楼梦》吗?"既然"饮誉中外",显然暗示回答者不喜欢似乎不应该。因此问题的设计应尽量避免贬义词或褒义词。此外引用名人的话也容易包含暗示。如塞尔蒂兹等人 1959 年曾对问题中出现名人的调查结果进行了分析,发现出现名人的名字比不出现名人的名字其肯定的答复增加 35%。

6.使用不肯定的词。如"某些"、"相当"、"非常"、"经常"这一类模糊语词,各个人的理解很不一致,如果要使用,也要予以某种解释或定义。例如,你去图书馆,还是不去? ①很经常(每天);②经常(隔三五天去一次);③不经常(一个月去一两次);④很少去(几个月去一次);⑤不去。

7.使用可做多种解释,意义含糊的词。如"你的父亲属哪一个社会阶层?"由于"属于"一词的含义含糊不清,一些回答者理解为父亲目前是在哪一个社会阶层,而有些则理解为最终或应该属于哪一个阶层。以至两个父亲同属中等阶层的人,一个回答中等阶层,而一个回答上层阶层。又如:"假若市场上有一种有利于健康、科学性强、质量好、价格合理的书包,您将①为孩子买一个;②看看再说;③已经有了不必再买;④其他。"选择项③"已经有了"含糊不清,是指已经有了书包呢,还是已经有了题干所指的书包呢? 使回答者迷惑不解。

8.问卷中出现调查对象未经历过的或不知道的,导致问卷结果的虚假性。例如,一个旨在了解什么内容的电影最受农村学生喜爱的问题,罗列了六七部内容不同的电影,让农村学生回答。殊不知其中有好几部电影学生都未看过,学生只能从自己看过的有限电影中做出选择,因此所回答的最喜爱的电影并不一定是自己最喜欢的。其实,只要预先在所要调查的对象群众中作了解,或以"你看过哪些电影"的开放式问卷进行预测,就可杜绝这种情况的出现。

9.问题的陈述中使用否定句(特别是双重否定句),使答卷人因忽略其中的否定词而误解题意,造成回答不真实。

10.问题带有刺激性的词,伤害调查对象的感情,使人受窘,引起不满。如:"你家里有人是酒鬼吗?"酒鬼这种贬义词,常引起反感,易导致调查对象拒绝回答。

11.问题表达无前提格式、前提模糊。如了解高等师范学校学生职业理想变化情况的一个问卷题目是"你从事教师职业的态度有所变化吗?"这一问题缺乏时间限制,问题不明确,调查对象无从答起。若改为"入学以来,你从事教师职业的态度有所变化吗?"问题就清楚、明朗了。

12.题目中供选择的项目未包含所有情况。例如,调查学生对某门选修课的喜爱程度,列举的选择项目是:①很喜欢;②喜欢;③较喜欢;④不够喜欢;⑤不喜欢;⑥很不喜欢。这些项目虽然包含了喜欢与不喜欢的所有变化程度,但却忽略了中性项目"一般",致使一些持中性态度的学生只得偏向一极,做出选择,这就势必会一定程度影响结果的真实性。

(三)对问卷内容科学性的考察问题

要保证问卷调查的科学性,问题编制完成后,应对问卷作必要的项目分析,预测以及信度、效度分析,通过项目分析、预测的信息再次修订项目。只有当信度、效度均达到一定的标准,才能进行正式调查,否则尚需进一步调整、修订,直到符合要求为止。但遗憾的是,许多问卷对此信息只字不提,如果研究者未按要求对问卷内容的科学性进行考察,其获得的数据根本没有效度可言,而研究者又把这些数据当成科学事实加以分析、讨论,岂不使人误入歧途?

(四)问卷的统计分析问题

1.样本容量:问卷调查表从内容结构上通常可以分成事实性问题部分和态度性问题部分。事实性问题可分为人口学资料和一些实际行为、事件。人口学资料与问卷内容本身关系不大,但对于进一步的资料分析和整理是不可少的,研究者通过人口学资料的差异可说明问题内容和项目的差异及原因。人口学资料主要涉及性别、年龄、文化程度、经济状况、职业、籍贯等项目。而且每一项目又可细分,如性别之分、年龄之分,文化程度有文盲、小学、初中、高中、大学、研究生等。如果要考虑以上各个方面,那么这各个方面的组合数便相当可观,少则几十,多则几百。如果我们要对这每种组合的情况进行研究,每种组合的样本容量就值得考虑。通常情况下,要使调查的样本能代表总体,一个组合至少应在100人上下。现在许多调查样本在500人左右,如果只分析5个左右的组合,其数据还能满足要求,但若组合数超过5个,就应考虑增大样本容量,否则有些组合人数很少,就会直接影响分析结果。目前的许多研究,虽说总人数不少,但由于涉及的内容广泛,具体到某一个方面人数却不多,使代表性受到影响,这是研究中值得注意的。

2.调查项目的可加性和加权值问题。一些研究者不作项目分析,在不知道所编制的问题是否为同类问题时,便想当然地根据自己的主观设想把一些项目合在一起进行分析。有的研究者不论项目在问卷调查中的重要性程度如何,简单地赋予各项目以相同的分值,其结果降低了调查的效度。

3.以单因素分析代替多因素分析的问题。在新闻传播研究中,常常是多因一果,而不是一因一果。因素分析往往是将其他变量控制起来,只让一个因素发挥作用。而问卷法难以像实验法那样进行控制,因此,若以单因素分析代表多因素分析,这种统计结果是值得怀疑的。例如,有研究表明,会龄为4年以上的工会会员无种族偏见的比例显著[分别为49.2%(126人)和50%(256人)],然而实际观察结果发现,工会会员的种族态度是有差异的,那么除了会龄以外是否还有第二个影响因素呢?根据经验,可能是年龄因素与会龄之间有交互作用存在,因而干扰了结果,引入了年龄变量后,其分析结果如下:

表 3-1　工会会员的种族态度与会员年龄及会龄的关系

年　龄	小于 29 岁(含 29 岁)		30～40 岁		41 岁以上	
会　龄	小于 4 年	大于 4 年	小于 4 年	大于 4 年	小于 4 年	大于 4 年
无种族偏见(%)	56.4%	62.7%	37.1%	48.3%	38.4%	46.1%
人　数	78	51	35	116	13	89

4.运用计算机软件包进行统计分析。随着计算机的发展,运用计算机软件包做分析越来越普遍。运用计算机软件包(如 SPSS 和 SAS)进行统计快速、方便、简单。然而运用计算机软件进行统计分析,也要特别注意正确的操作与选择,否则其结果的科学性将大打折扣。例如,做因素分析,首先要求相关矩阵,然后是抽取共同因子,最后是转轴,确定各因子在变量上的负荷量。这里的每一步都有一些选择,这些选择的好坏,自然也影响统计结果的优劣。首先是相关矩阵,对于不同类型的数据显然应使用不同的方法求相关;其次在抽取因子时,要选择合适的因子抽取方法,计算机提供的方法有主成分分析法、主轴因子方法、a 方法、映像因子法、极大似然法和广义最小平方法等;最后转轴方法有方差极大正交转轴、等向方差极大法正交转轴、方差四次幂极大法正交转轴和斜交转轴等。这些环节若选择不当,都会影响统计结果。

第二节　量表

一、量表概述及常用的量表种类

1.量表的定义

量表是参照点和单位的连续载体。它是测量的工具,是表示数量的方式。如天平是权衡质量的量表,尺子是度量长短的量表,而受众测量则是以文字试题、图形、符号、操作等方式来测量受众由于媒介的影响而产生的情绪、认知及行为方面的表现。

(1)量表与维度:维度属于理论范畴,它表示现象的某一层次或某一方面,或者说,它在抽象层次上表示从某一角度看待现象时的某种连续统一体。维度与理论分量的概念常常被看作是同义的。与维度不同,量表与指数都是用来捕获和再现理论维度的经验工具，即是对理论维度的一种代表。可以说，量表和指数是用在经验层次上对现象的连续统一体的测量。

（2）量表的内涵：①社会研究中，量表的概念最经常地用来表示包括判断或主观判断的测量。在社会科学中，某些测量仪器不称作量表，因为他们不包括判断。②量表通常是由多项测量内容综合而成的。每一项内容都可看作是经验变量的一个指数或指示标志。一个量表可由两个或更多个指标所构成。因此，我们也可以把量表视为衡量概念（或变量）的综合指数，它不同于一个单项指数。

（3）量表和指数：在社会研究中，两者区分不严格，但不完全相同。指数也可由一组指标综合而成。这组指标分别对一个复杂概念的不同部分进行测量，然后对这组指标的数值进行累加或其他运算就可综合为一个指数。而主要区别在于：量表必须由一套问卷问题所构成，指数则可以依据其他的资料。一般来说，指数是由几个数量指标的运算综合而成的；而量表则由对一组问题的回答"计分"综合而成，它常用于测量人们的态度。

（4）量表的作用：相当于一把尺子，作用在于精确度量一个较抽象的或综合性较强的概念，特别是度量态度和观念的不同程度或差异。

（5）量表的缺点：设计比较复杂，测量的信度和效度还不太高。

2. 量表的种类

量表的类型（北大 2002〈简〉：为什么要区分调查量表和测验量表）：量表可分为调查量表和测验量表。它们分别用于问卷调查和测验中。在问卷调查中，使用量表的主要目的是要精确了解总体的状况，它的分析重点是群体而不是个人。而在测验中通常是要精确地观测个人的某一特征，它的分析重点是个人，因此量表设计要严格、精确且具有较高的信度和效度，这就需要设计大量题目。与此相反，问卷调查中的量表题目较少，效度要求不高。研究目的不同，量表的设计也不同；对于目前尚不能精确量度的事物，可以通过对大量题目，也可以通过大量样本的主观判断来间接地近似地反映。

（1）鲍氏社会距离量表（Bogardus Social Distance Scale）

社会距离量表是一个态度评定量表，用于测评团体中成员间的相互关系（远近、亲疏等）。具体的评分点数应根据考评的目的和实际情况确定。下面表 3-2 就是社会距离量表的形式之一：

表 3-2　社会距离量表

问题\个体	1 愿意与他做最好的朋友	2 愿与他在一起，但不是最好的朋友	3 是否与他交往对我无所谓	4 可以与他共事，但不想与他来往	5 不愿与他在一起
张三			+		
李四				+	
王五	+				

"＋"表示团体成员的选择，同时，也作为各人的得分。据此可以计算两种分数。

①团体的社会距离分数＝团体中某成员所有得分之和除以总人数。得分越高，表明社会距离越大，团体排斥此人的程度越高，此人可能越坏。

②个人的社会距离分数＝个人对团体内每一成员评分之和除以总人数。该项得分越高，表示个人与团体成员的距离越大，主动疏远团体的程度越高。

如果个人的社会距离分数大于团体的社会距离分数，说明此人主动疏远团体的程度大于群众排斥他的程度，此人可能较骄傲，合群性较弱；反之，如果个人的社会距离分数小于团体的社会距离分数，可能说明此人较自卑，讨好团体却不易被接纳。

这种用来测量人际亲疏程度的测量工具，在美国为最早发展出来用来测量黑白种族歧视的态度量表。假设你有意探讨台湾人与美国人的亲疏程度，你可以询问台湾人下列问题：

你愿意跟美国人做伴侣吗？☑

你愿意跟美国人做姻亲吗？☑☑

你愿意跟美国人做邻居吗？☑☑☑

你愿意跟美国人做同学吗？☑☑☑☑

你愿意跟美国人做同行吗？☑☑☑☑☑

上述的问题逐步加强了受访者愿意与美国人亲近的程度，一开始要测量与美国人交往的意愿，然后逐步地发展，设计了一些不同交往强度的问题。如此建立起来的项目，就称为鲍氏社会距离量表（Bogardus Social Distance Scale）。本量表的项目结构，建立在强度的明显差别上，假设一个人有意接受一个特定强度的项目时，这个人应该愿意接受所有该项目之前的项目，因为它们的强度较弱。

（2）李克特量表（Likert Scale）

这种量表是由一组与研究主题有关的项目或句子（题干 item 与题项 option）所集合而成的，它假设每一项目具有同等的数值，且项目间没有差别量值的存在，根据受测者反应同意与不同意的程度给予分数，所有项目分数的总和即为个人的分数，总分数的大小即表示个人对此主题的同意（接受）之程度的强弱。本量表有 3、5、7 等级，通常使用五个以上等级的配分。李克特量表（Likert Scale）也叫做累加量表（Summative Scale），它是最常用的定距量表，常用于测量观念、态度或意见，它需要构造大量的陈述或说法（Statement），它使用 5 级记分的方式来测量同意的程度，如：

"非常同意"、"同意"、"说不准"、"不同意"、"很不同意"

例如：对目前工作的满意程度

非常满意　满意　普通　不满意　非常不满意

1. 对目前的薪资□□□□□

2. 对目前的工作环境□□□□□

3. 对目前的人事升迁□□□□□

……

10. 对目前的同事间关系□□□□□

设定给分标准答非常满意给 5 分，答满意给 4 分，答普通给 3 分，答不满意给 2 分，答非常不满意给 1 分。上述量表 10 个题目累加计分的总分，就是对目前工作的满意度。

表 3-3　现代化观念量表（转引自《大众媒介对儿童的影响》）

你同意下列说法吗？　（请在相应的格内画"√"）	很不同意	不太同意	说不准	比较同意	非常同意
1. 因为爸爸妈妈爱我，所以我要听他们的话	1	2	3	4	5
2. 我长大一定要离开家乡去闯天下	1	2	3	4	5
3. 花钱旅游不如买些东西实用	1	2	3	4	5
4. 如果有一种新的物品，即使有点冒险我也愿第一个试用	1	2	3	4	5
5. 订计划是我生活中的一件很重要的事	1	2	3	4	5
6. 人类总有一天会有这样的本领，叫天出太阳，天就出太阳；叫天下雨，天就下雨	1	2	3	4	5

构造李克特量表的主要步骤和要点是什么？

①收集和编写大量围绕研究问题的陈述或说法；

②各种陈述和说法应当比较分散，以覆盖所研究问题的足够宽的范围；

③应当有一定的把握使大部分被访者不至于只选中间点；

④有些说法是正向表述的，有些是负向的；在需要计算累加的态度总分时，需要对负向说法的得分作逆向处理；

⑤随机地抽取一个小样本进行试调查；

⑥根据试调查的数据进行量表的信度和效度分析；

⑦根据分析的结果，去除影响信度和效度的陈述或说法，从而得到有较高信度和效度的李克特量表。

（3）语意差异量表（Semantic Differential）

经由要求受访者在将对比形容词置于两边的极端值尺度量表上显示他的评量，来测量受访者对各个对象成概念的反应。假设我们要研究受访者对政府施政的满意度。在每一对字组中间有六条测量线段，越往左端的线段意味着政府公务员越有效率，接下来在其旁边的线段味意味着还算不错，以此类推，越往右端的线段意味着政府公务员越没有效率。

非常有效率　　　　　　非常没有效率

语意差异量表的优点：

• 编制和使用都相对比较简单；

• 可以清楚地、有效地描绘和比较形象。

缺点：

• 确定形容词的反义词常常并不是容易的事。

形容词核对名单是另一种形式的语意差异量表，它是定类量表（生成二分数据），用于测量某种事物、概念或实体在人们心目中的形象，比如说一份报纸、一个电台、一个电视台、某个电视节目、某个广告、某个明星、某个机构/部门、某种概念等。具体的量表如表3-4所示。

表 3-4　形容词核对名单

请在下面的词汇或短语中,选择能描述您的工作的那些项目(选项不限)		
1.容易的	2.技术性的	3.烦人的
4.有意思的	5.低报酬的	6.紧张的
7.常规的	8.没有出路的	9.变化的
10.重要的	11.苛求的	12.临时性的
13.安全的	14.使人筋疲力尽的	15.困难的
16.值得做的	17.安定的	18.慢速度的
19.愉快的	20.严格的	21.合意的
22.令人满意的	23.使人降格的	24.冒险的

使用形容词核对名单的主要步骤和要点:

确定描述、判断或评价所研究对象时使用的重要属性。

例如,评价工作的主要属性可能包括难易性、趣味性、安全性、报酬、价值、社会评价等等。尽量确保既不遗漏重要的属性,又不包括与所测概念无关的属性。确定若干描述这些属性的形容词,每一个属性可以用一个或几个形容词,被访者按照对所测对象的第一印象,勾选相应的答案。

形容词核对名单语意差异量表的优点:编制和回答都相对简单;可以包含大量的形容词。

缺点:只知道是否选择了某个形容词,不知道该形容词描述形象的程度(二分数据)。

(4)舍史东量表(Thurstone Scale)

• 也叫间隔均等出现量表(Equal-appearing Interval Scale)。是一种定距量表,主要用于测量被访者对特定概念的态度(见表 3-5)。

表 3-5　舍史东量表

你同意下列说法吗？　　　（请在相应的说法后面的"同意"格内画"√"）

同意

1.赠品券是伟大的

2.我希望每个商店都附赠品券

3.赠品券是购买者的福利

4.赠品券还不错

5.赠品券有好处,也有坏处

6.赠品券是羊毛出在羊身上,能省则省之

7.赠品券抬高了价格

8.赠品券是令人讨厌的

9.我痛恨赠品券

注:左边一列的数字为各种说法的编号;对应"同意"的得分分别为 9、8、7、6、5、4、3、2、1。

构造舍史东量表的主要步骤和要点是什么?

收集和编写大量与所测概念有关的陈述或说法(至少 100 种),其表述应有正向的、中间的和负向的。

选定 25~50 位评分者或裁判,按照 11 级的定距量表给出他们对每一种说法的赞成程度的得分,其中 1 表示"最不赞成"、11 表示"最赞成",得分越高,赞成该说法的程度就越高。

计算每种说法的平均得分和标准差,按平均值的大小分布将这些说法分成若干组,有些学者建议要分成 20~30 组;有些认为可以少一些。

从每一组中筛选出一种说法,原则是评分差异较小的(标准差小)能代表某种态度的说法;同时这些说法的平均得分之间的差异间隔是相近的。例如可考虑取平均得分分别接近 1.5,2.0,2.5,3.0,…,10.5 的 19 种说法。

以筛选出来的说法组成新的定距量表,其中每一种说法对应一个"同意"的得分("不同意"对应 0 分),被访者只需选出其同意的说法,则所有说法得分的平均值即为该被访者对所测概念的态度得分。

舍史东量表的优点:使用定距量表测量;方便被访者回答。缺点:编制太麻烦。在社会调查研究中较少应用,多用于心理学和教育学的研究。

(5)古特曼量表(Guttman Scale)

• 也叫作累积量表(Cumulative Scale)

- 可看成是一种定距量表或定序量表
- 也要通过相当复杂的程序才能编制成功

古特曼量表的特点：

- 按被访者的态度强度来排列各种说法的次序
- 如果某位被访者同意或接受某种说法,那么也会同意或接受该说法之前(之后)的说法
- 被访者的答案呈阶段型或金字塔形

古特曼量表举例：

- 电视剧中的不良情节有害无益
- 不应该让儿童观看有不良情节的电视剧
- 电视台不应该允许播放有不良情节的电视剧
- 政府应该禁止电视台播放有不良情节的电视剧

古特曼量表的特点是编制和测试十分复杂,一般性的社会调查研究中很少使用,在社会学和人类学的研究中比较常用。

(6)斯塔普量表(The Stapel Scale)

- 是定距量表
- 用于测量某种事物、概念或实体在人们心目中的形象,比如说一份报纸、一个电台、一个电视台、某个电视节目、某个广告、某个明星、某个机构/部门、某种概念等。

表 3-6　斯塔普量表

对于下面的每一个词,请从量表中选择一个适当的数字来描述您的工作,并将该数字写在对应词的前面的横线上

完全不是1　2　3　4　5　6　7 完全是

__容易的	__技术性的	__烦人的
__有意思的	__低报酬的	__紧张的
__常规的	__没有出路的	__变化的
__重要的	__苛求的	__临时性的
__安全的	__使人筋疲力尽的	__困难的
__值得做的	__安定的	__慢速度的
__愉快的	__严格的	__合意的
__令人满意的	__使人降格的	__冒险的

使用斯塔普量表的主要步骤和要点：

确定描述、判断或评价所研究对象时使用的重要属性。例如，评价工作的主要属性可能包括难易性、趣味性、安全性、报酬、价值、社会评价等，尽量确保既不遗漏重要的属性，又不包括与所测概念无关的属性。确定若干描述这些属性的形容词，每一个属性可以用一个或几个形容词，被访者按照对所测对象的第一印象，针对每一个形容词，根据其符合所评价对象的程度，从 1 到 7 中选择一个适当的数字，数字越大，符合程度越高。

斯塔普量表的优点：不需要正、反义词（与语义差异量表相比）；可以提供更高质量的数据（与形容词核对名单相比）。缺点：比较复杂。

二、量表编制的步骤

1. 拟订编制量表的计划

当研究者决定编制一份量表时，首先须拟订编制量表的计划。此份计划包括决定应搜集哪些相关的资料、编制的进度、样本的选取、经费预算、编制完成所需的时间等。

2. 搜集资料

不同的量表所涉及的资料当然有所不同，譬如选手的《成就动机量表》和教练的《领导行为量表》，在文献的搜集上当然有很大的差别。编制者必须先了解量表的性质，然后再决定搜集资料的方向。如《成就动机量表》是属于人格方面的量表，编制者就要根据人格心理学的理论或从既有的量表中去搜集。若是《领导行为量表》，因其是属于社会心理方面的量表，编制者就要在社会心理学中去搜集。

3. 拟订量表的架构

编制者可以参考某一个学者的看法，或是综合数个学者的理论拟出所要编制量表的架构。假如此量表有若干个分量表，编制者应先将其定义写出来，以利以后编制题目之用。以下是台湾学者编制的大学生个人需求量表的结构范例：

卑逊性：自觉不如别人，对自己的行为常有愧怍之心，在尊长面前有畏缩不安的倾向。

成就性：会尽个人的努力以求取成功，完成一些自认为有意义的工作；有解决问题或接受挑战的倾向。

　　亲和性：乐于交友，愿意参加团体活动，并有忠于朋友的倾向。

　　攻击性：会抨击相反的意见，公开批评他人，遇攻击时必谋报复；发生问题时，常有责怪他人的倾向。

　　自主性：倾向于自由行动，自作主张，不喜欢接受规则或习惯的约束，不愿为责任或义务所规范。

　　防卫性：受到攻击、批评、责备时会起而辩护，或是对自己所犯的过错会加以遮掩。

　　支配性：喜欢领导团体活动，有支配或影响他人的倾向；常为个人的主张辩护，希望能为他人所接受。

　　表现性：常借语言或行动的表现以获得别人的注意；喜好谈论本身的成就和功绩。

　　避败性：会停止行动或逃避某种活动以免遭到失败。

　　乐善性：待人宽厚仁慈，富同情心；对于遭遇困难或不幸的人，有乐于帮助的倾向。

　　秩序性：喜欢将自己的东西摆设整齐；做事时喜欢事先有计划，凡事按部就班实施。

　　求援性：希望获得他人的帮助、鼓励与支持；遇有困难时，渴望获得别人的同情与关心。

　　4.编制题目

　　当量表的架构定出来之后，编制者即可参考所搜集来的其他的量表资料来编题。通常为了将来有删题的空间，编制者大约要比预定的题数多编二分之一的题目。如一个分量表若需要 10 题，此时就需编 15 题。

　　5.预试

　　当题目编好后，编制者即需进行预试。即编制者要找一些受试者先试做此份量表，以了解哪些题目是可用的。预试的样本至少应有 200 人，以利以后的项目分析之用。

　　6.项目分析

　　项目分析(item analysis)的主要目的是针对预试的题目加以分析，以作为正式选题的参考。进行项目分析时，通常有两种方法可以使用，第一种方法是用 t 考验法，第二种是用相关法。在做项目分析时，这两种方法都是以单题为单位来进行分析。以 t 考验而言，在进行项目分析时，是对该分量表总得分的高分组(前 25% 的受试者)和低分组(后 25% 的受试者)在每一题得分的平均数进行差异比较。所得的值称为决断值(critical ratio,简称 CR),必须高于查表的临界值,才具有鉴别力,有的学者建议 CR 值至少应达 3 以上。在进行相关法时,有两种方式,一种是含本题在内所得的相关,另一种是不含本题在内的相关系数。进行第一种相关法时,首先将每个受试者分量表的总得分算出来,然后以题为单位,计算每一题与总得分的相关。一般而言,相关系数至少应达 0.4 以上。进行第二种相关法时,以每一题和该题所在的分量表的总得分(不含该题)求相关系数。一般而言,相关系数应达显著水准才算是具有鉴别力的题目。

7. 编制正式题目

编制者可根据项目分析的结果来进行选题,只要鉴别力合乎标准的题目都可以选为正式的题目。若项目分析所得各题的决断值都合乎要求,则由高而低选出预定要的题数。

8. 建立信度与效度

一份好的量表必须具有相当的信度和效度。所谓信度即是指可靠的程度,而效度则是指有效的程度。有信度的量表通常具有一致性(consistency)、稳定性(stability)、可靠性(dependability)及可预测性(predictability)等。一份稳定可靠的量表,几次所得的结果一定是相当一致的,而且可利用此量表对受试者做预测用。

效度是指一个量表能够有效地测量到它所要测量的特质的程度,譬如一份有效的《成就动机量表》应该能确实反映出受试者的成就动机,高成就动机者在此量表的得分应该比低成就动机者的得分显著要高。

量表的信度和效度应该如何建立,在后面的部分即会有详细的说明。

三、如何确定量表的结构

1. 决定量表的因素

一个量表究竟需要多少个分量表,主要视其所根据的理论而定。譬如 Chelladurai 和 Carron 的运动情境领导理论将教练的领导行为分为五个向度,这五个向度即可成为五个分量表。若是属于探索性的研究,并没有理论的基础,则其因素的多寡就需要用探索性的因素分析来决定。一般而言,若抽出的因素其特征值大于 1 的话,此项因素即可保留。

2. 确定正式量表的题数

一份量表究竟需要多少题,并没有一个定论。大约有几个指标可供参考：可用的时间（时间越长，题目就可越多）、所测特质的灵敏度（较不灵敏的特质通常需要较多的题目，才能区分出不同的群体）、分量表的多寡（分量表越多，所编的题数就会随之越多）。

3. 决定预编的题数

预编的题数通常都要比正式的题数多一些，对于常常编制量表的专家而言，预编的题数大约比正式的题数稍多几题即可。如正式的题数若定为 10 题，则只要预编 12 或 13 题供筛选。但对于初学的编制者而言，最好多编几题，以免有太多不具鉴别力的题目出现。一般而言，预编的题数至少需比正式的题目多一半。

4. 决定量表的标准

通常量表的标准以五点或四点的形式为多，如五点标准为"非常同意、同意、没意见、不同意、非常不同意"，四点标准则将"没意见"去掉。究竟五点标准还是四点标准为佳，学者们各有不同的意见。有的学者认为比较不认真作答的人会有选"没意见"的倾向，结果造成所得的资料没有太大意义，因此四点标准较能看出作答者的态度。而有的学者则认为四点标准有强迫作答者表态的意思，事实上有的问题是作答者所不了解的，"没意见"一项还是值得保留。这两种标准都各有其优缺点，编制问卷的人可视其需要而采用其中的一种。有的学者将量表分成六点、七点或甚至九点。由于人类的感觉知觉并不是那么灵敏，将标准分得太多，其实并没有太大的意义。

有的学者认为将标准分为"非常同意、同意、没意见、不同意、非常不同意"或是"非常同意、同意、不同意、非常不同意"，然后用加权计分可得分量表的总分。如在五点标准时，"非常同意"得 5 分，"同意"得 4 分，以下依此类推。可是事实上，从"非常同意"至"非常不同意"之间并不是等距变量，而是次序变量。如"非常同意"至"同意"之间的距离，并不等于"同意"至"无意见"之间的距离。因此，在语意上不等距的情形下，予以等距的加权计分，并不符合统计的原则。对此，笔者认为只标示两端的语意，中间不标示各个标准的名称，而只显示出数字即可。

如"非常不同意_____ 1 2 3 4 5 _____非常同意"。

以此种方式来表示标准，当可避免不等距的加权计分，比较能符合统计的计分原则。

四、信度的考验

1. 稳定性系数(重测信度)

重测信度是以同一批受试者做同一份量表,然后以前、后两次测验的分数做积差相关。通常两次测验的间隔多以两周为度,有的量表甚至因需要也有间隔长达一个月或数个月的情形。若两次测验的相关越高,则代表其越具有稳定性。一般而言,0.7~0.9 属高相关,0.4~0.6 属中度相关,而 0.3 以下则属低相关。

2. 内部一致性系数(Cronbach α、折半信度)

只根据一次的测验结果来估计信度的方法是属于内部一致性的信度。最常用的系数是 Cronbach α 系数,其公式如下:

$$\alpha = \frac{n}{n-1}\left[1 - \frac{\sum S_i^2}{S_x^2}\right]$$

α:估计的信度

n:题数

S_i^2:每一题目分数的变异量

S_x^2:测验总分的变异量

所得的 Cronbach α 系数越高,则代表其测验的内容越趋于一致。内部一致性系数还可用折半信度来求得,但由于折半信度是将题目分成两半分别求得两个总分(通常是分为奇数题和偶数题),然后再以积差相关求两个分数的相关。由于题目被分为两半,常会造成信度偏低的现象。因此,需要再加以校正。较常用的有斯布(Spearman-Brown)、福乐兰根(Flanagan)、卢隆(Rulon)等校正公式。

五、效度的考验

1. 效标关联效度

为了要验证所编的量表是否具有效度,最常用的一种方法即是效标关联效度。此种方法是针对所编的量表找一个可参照的效标,如针对选手所编的《运动成就动机量表》,可请教练以此量表对其选手加以评分(此项分数即为效标),然后与选手自评的分数求积差相关。假如所得的积差相关系数达中度相关以上(0.4 以上),即代表此份量表具有相当的效标关联效度。

一般而言,适当的效标需具有相当的可靠性,否则无法有效预测所编制的量表。如以上述的《运动成就动机量表》而言,若以资深的教练对选手加以评分,所得分数当然可以作为效标;若是资浅的教练,因为对所有的选手还不是非常了解,其所做的评分就不是可靠的效标。

2. 建构效度(团体差异的分析、因素分析)

团体差异的分析:以前述所编的《运动成就动机量表》而言,编制者可请教练从其团队中选出高成就动机及低成就动机的选手,然后以高、低成就动机组的选手成就动机得分的平均数进行差异性考验。假如高成就动机组的平均得分显著高于低成就动机组的平均得分,即代表此份量表能有效地区别高、低成就动机组的选手。

又如考验《运动攻击态度量表》的团体差异性分析,可以比较男、女选手此量表得分的平均数,若男选手的得分显著高于女选手的得分,即代表此量表具有良好的效度。因为在一般心理学的研究中,男性的攻击性都显著高于女性,因此男选手的得分显著高于女选手的得分符合了心理学的研究,可由此说明此量表具有建构效度。

因素分析:因素分析用在效度的考验方面可分为探索性因素分析(exploratory factor analysis)和验证性因素分析(confirmatory factor analysis)两种。当编制者在编制量表而没有理论作为根据时,只是由编制者依其概念将有关的题目编制出来,然后透过探索性因素分析了解所编的题目中究竟含有多少个因素。而当编制者根据某个理论来编制量表时,因为一个理论通常都会包含几个向度,即所编的量表相对地也会包含这几个分量表。为了验证此项量表所包含的分量表是否和所用的理论一致,验证性因素分析就可用来考验其效度。

在用探索性因素分析时,通常量表的编制者并不会预先知道会有几个因素,而是看特征值(eigenvalue)大于1的因素有几个,就决定有几个分量表。此外,虽然在统计软件包(如 SPSS)上有多种方法可抽取因素,但是一般用主轴法(principal axis method)。至于在转轴方面,有正交转轴(varimax,一般较常用最大变异法)和斜交转轴(oblimin)两种。通常可先用斜交转轴试做,看其各因素之间的相关,若各因素之间是零相关,可改用正交转轴。若各因素之间有低相关(0.1~0.3),当然是用斜交转轴。此时,对以斜交转轴所抽取的因素就可加以命名,并将各因素中因素负荷量较小的题目剔除(一般小于 0.4 的题目可剔除),然后重新再跑一次因素分析,直至各因素所有题目的因素负荷量都达到 0.4 以上。假如是用正交转轴,也是同样的方式,先将各因素命名,然后剔除因素负荷量未达 0.4 的题目,再重新跑因素分析。

另外在进行探索性的因素分析时,若是编制者综合若干个理论而合成一个量表(其中有几个分量表),此时亦可先用斜交转轴做,但可指定因素的数目。如编制的量表有五个分量表,就可指定以五个因素来做因素分析。因素分析后的各因素间没有相关存在,可改用正交转轴。若各因素间的相关是低相关(0.1~0.3),就以此斜交转轴的结果呈现各题的因素负荷量。若有两个因素间的相关达 0.4(含)以上,即表示这两个因素有很大的重叠,应该将这两个因素合并为一个因素,然后再重新做斜交转轴,直到没有因素间的相关达 0.4 以上为止。

至于验证性因素分析则是量表的编制者根据某一个理论编出一个量表(其中有若干个分量表),为了验证所编的量表是否符合原先的理论,此时可用验证性因素分析加以验证。在进行验证时,有 SPSS 的 LISREL(linear structural relations)软件包可以使用。譬如所根据的理论若有五个因素,而验证性因素分析所做出来的结果也证明是这五个因素,此时即可说此量表具有建构效度。

六、问卷与量表的差异

问卷与量表都是研究者用来搜集资料的一种技术,也可以说是对个人行为和态度的一种测量技术。它的用处在于量度,特别是对某些主要变项的量度。虽然问卷和量表都可以用来搜集资料,但这两者基本上还是有一些差异存在。

(一)在编制架构上的差异

1.量表需要理论的依据,问卷则只要符合主题即可

通常量表的编制都是根据学者所提的理论来决定其编制的架构,譬如若要编制教练的领导行为量表时,可根据运动心理学者 Chelladurai 和 Carron 的运动情境领导理论来编制。此项理论将教练的领导行为分为"训练和教学的行为"、"民主的行为"、"权威的行为"、"社会支持的行为"及"奖励及赞赏的行为"等五个向度,因此编制者可依照这五个向度编成一份有五个分量表的领导行为量表。在编制问卷时,只要研究者先将所要研究的主题厘清,并将所要了解的问题罗列出来,然后依序编排即可。

2.量表的各分量表都要有明确的定义,问卷则无此要求

在编制量表时,若没有分量表,编制者就直接将此量表的定义加以说明。

若所编制的量表包含有若干个分量表,各个分量表亦需将其定义界定清楚。一方面让编制者在编题时能切合各个分量表的主题,另一方面是让阅读者能了解此量表的各个分量表究竟作何解释。

(二)在计分上的差异

1.量表是以各个分量表为计分的单位,问卷是以各题为单位来计次

假如一个量表有若干个分量表,其计分的方式是以各个分量表为单位。由于量表通常是以点标准的形式呈现,研究者只要将分量表中每一题的分数相加即可。问卷则和量表不同,它是以单题为计算单位,亦即是以每一题的各个选项来计算其次数。

2.量表的计算单位是分数,而问卷的计算单位是次数

由于量表是将各题的分数相加而得到一个分数,因此所得的分数是属于连续变量。而问卷是以各题的选项来计次,所得的结果是各个选项的次数分配,此乃属于离散变量。

(三)在统计分析上的差异

1.量表在描述统计方面有平均数、标准差、积差相关;在推论统计方面有 t 考验、变异数分析、共变量分析、回归分析等。

2.问卷在描述统计方面有次数分配、百分比;在推论统计方面有 χ^2 考验(如适合度考验、百分比同构型考验、独立性考验、改变的显著性考验等)。

第三节 问卷设计质量的检验和分析

信度和效度的概念来源于心理测试中关于测验的可靠性和有效性研究,当建构和评估测量时,通常使用信度和效度这两个技术性指标。因此我们采用问卷的信度和效度分析来评估其测量能力,进而实现对问卷设计质量的检验。

一、问卷设计质量的信度检验

所谓问卷设计质量的信度检验,指的是对问卷测量结果准确性的分析,即对设计的问卷在多次重复使用下得到的数据结果的可靠性的检验。在实际应用中,信度检验多以相关系数表示,常用的方法有:重测信度、复本信度、折半信度、克朗巴哈信度、评分者信度等。国内外已经有很多关于介绍这些

信度分析方法的文献,在这里,笔者不再一一详述,仅列出相关公式作为参考。

1. 重测信度,也叫稳定系数,对同一组调查对象采用同一调查问卷进行先后两次调查,采用检验公式 $r=\dfrac{\sigma_{x1x2}}{\sigma_{x1}\sigma_{x2}}$,其中 σ_{x1x2} 为两次调查结果的协方差,σ_{x1} 为第一次调查结果的协方差,σ_{x2} 为第二次调查结果的协方差。系数值越大说明信度越高。

2. 复本信度,也叫等值系数,对同一组调查对象进行两种相等或相近的调查,要求两份问卷的题数、形式、内容及难度和鉴别度等方面都要尽可能的一致。检验公式同稳定系数公式,系数越大,说明两份问卷的信度越高,具体调查时使用哪一份都可以。

3. 折半信度,也叫内在一致性系数,将调查的项目按前后分成两等份或按奇偶题号分成两部分,通过计算这两部分调查结果的相关系数来衡量信度。当假定两部分调查结果得分的方差相等时,检验用 Spearman-Brown 公式来表示:$r=\dfrac{2r_{半}}{1+r_{半}}$,其中 $r_{半}$ 表示折半信度系数;当假定方差不相等时,采用 Flanagan 公式:$r=2(\lg\dfrac{\sigma_a^2+\sigma_b^2}{\sigma^2})$,其中 σ_a^2、σ_b^2 分别表示两部分调查结果的方差,σ^2 表示整个问卷调查结果的方差。如果折半信度很高,则说明这份问卷的各项题之间难度相当,调查结果信度高。

4. 克朗巴哈信度,是对折半信度的改进,检验公式是:$\alpha=\dfrac{k}{k+1}(1-\dfrac{\sum\sigma_i^2}{\sigma^2})$,其中 k 表示问卷中的题目数,σ_i^2 为第 i 题的调查结果方差,σ^2 为全部调查结果的方差。α 信度系数是目前最常用的信度分析法。

5. 评分者信度,包括 θ 信度和 Ω 信度,将问卷中的每道题看作是一个变量,然后通过调查的结果得分对所有问题做因子分析。得到 $\theta=\dfrac{N}{N+1}(1-\dfrac{1}{\lambda})$,$\Omega=1-\dfrac{N-\sum h_i^2}{N+2r}$,其中 λ 是最大特征值,N 是问题数,h_i^2 是因子分析法的第 i 个问题的共同度。

二、问卷设计质量的效度检验

所谓问卷设计质量的效度检验,指的是问卷测量结果有效性的分析,即对设计问卷的测量结果反映它所应该反映的客观现实的程度的检验。具体来说,效度检验必须针对其特定的目的功能及适用范围,从不同的角度收集各方面的资料分别进行。常用的效度检验有内容效度、结构效度、鉴别效度、难易效度、准则效度等。有关效度分析方法的详细内容,笔者也不再一一赘述。

1.内容效度,也叫单项和总和的相关效度分析,指的是调查问卷所采用的题项能否代表所反映的内容或主题。通常是用单个问题的得分与总得分的相关系数来反映,如果相关系数不显著,表示该题的鉴别力低,就不应该再将该题纳入调查问卷。

2.难易效度,在调查反映观念、态度的问题中采用检验公式:难易效度 $=\dfrac{P_H}{2m_H}+\dfrac{P_L}{2m_I}$,其中 m_H、m_L 分别代表高分组和低分组样本数,P_H、P_L 分别代表高分组和低分组通过该题的样本数。计算结果越大,表示该题越容易,反之该题难度较大。

3.鉴别效度,在对观念、态度问卷单个题的评价中采用公式:鉴别效度 $=\dfrac{P_H}{m_H}-\dfrac{P_L}{m_L}$,符号含义同难易效度公式。一般我们总是希望调查问卷的每道题的鉴别效度高一些,这样可以很好地反映被调查者对问题看法的差异性。

4.准则效度,又叫独立标准效度分析。采用的是先根据已经掌握的理论,选择一个与调查问卷直接相关的独立标准,把它当作自变量。然后再分析调查结果的特性与该自变量的关系,如果对于自变量的不同取值,调查结果的特性表现出显著差异,与我们掌握的理论有很强的相关性,则说明调查问卷是有效的。

5.结构效度,该检验主要就是将问卷中的每道题看作是一个变量,然后通过调查的结果得分对所有问题做因子分析,提取一些较为显著的因子,通过各个问题在每个因子上的载荷将问题分类。其目的就是检验问卷中属于相同理论概念的不同问题是否能落在同一因子上,如果能够做到符合理论,即属于相同概念的题都归为同一因子,则说明问卷有着很好的结构效度。

三、问卷设计质量信度、效度检验间的关系

如果以 X 表示测量值,T 表示真实值,E 表示随机误差,则它们之间的关系式为 X(测量值)$=T$(真实值)$+E$(随机误差),测量值的总方差 σ_X^2 可分解为 $\sigma_T^2+\sigma_E^2$,信度可用真实值的方差,占测量值的总方差来表示,即信度 $=\dfrac{\sigma_T^2}{\sigma_X^2}=$

$1-\dfrac{\sigma_E^2}{\sigma_X^2}$。如果将 T 进一步分解为想要测量的目标真值 T_X，与测量目标无关的系统偏差 T_O，即 $T=T_X+T_O$。效率可用想要测量目标真值的方差占测量值总分差的比重来表示，即效度 $=\dfrac{\sigma_{T_X}^2}{\sigma_X^2}=\dfrac{\sigma_T^2-\sigma_{T_O}^2}{\sigma_X^2}=\dfrac{\sigma_X^2-\sigma_Z^2-\sigma_{T_O}^2}{\sigma_X^2}=1-\dfrac{\sigma_{T_O}^2+\sigma_Z^2}{\sigma_X^2}$。很明显 $\sigma_T^2=\sigma_{T_X}^2+\sigma_{T_O}^2$，$\sigma_X^2$ 大并不一定保证 $\sigma_{T_X}^2$ 也大，也就是说信度高时效度不一定高。反过来，在 σ_X^2 一定时，σ_T^2 大则保证 $\sigma_{T_O}^2$ 也一定大，也即效率高时信度一定高。所以信度检验是效率检验的必要条件，但不是充分条件。效度检验结果的好坏直接决定了整个调查研究的价值，如果设计的问卷不能充分反映所要研究的对象，那么整个研究也就失去了意义。高效度一定隐含着高信度，即如果问卷设计是有效的，那么一定是可信的。如果调查问卷有信度而没有效度，则意味着其调查结果可能并不是你原来研究设计中所要研究的问题。

四、如何提高调查问卷设计质量

(一)问卷设计信度、效度检验中的启示

1.信度检验的启示

调查对象的范围与信度的关系。由于信度检验采用的是相关系数的形式，因此受调查对象范围的影响。如果调查对象的特征分布范围较大，则变异性越大，信度系数就会越小；相反调查对象的特征分布较集中，则变异性较小，信度系数就会越大。

调查问卷设计长度与信度的关系。通常来说，采用折半信度分析方法时，由于同一份问卷不太容易分为等同的两部分，所以折半信度分析的效果不如采用整体分析的效果，这可以通过 Spearman-Brown 公式观察出，整体信度系数是折半信度系数的两倍还多。因此如果对于同一目的和同一调查对象所设计的两份调查问卷，其中一份是在另一份问题的基础上增加若干道同类型的问题，那么问题多的问卷的信度一定会较高。同时，问卷的信度会随着问卷同质问题的增多而增大。

调查问卷的设计与信度的关系。由于信度检验是在对调查问题答案编码打分的基础上进行的，如果调查问卷设计过程中存在偏差，例如正向问题偏多或逆向问题偏多、备选答案易让被调查者打高分或低分的问题偏多等都有可能造成信度分析的偏差。所以科学的问卷设计是保证信度的一个前提条件。

影响信度检验的其他因素:调查对象的持久性、合作态度等;调查实施者是否按规定实施调查;调查环境与条件是否适当;调查内容是否恰当、问题数目是否适中;等等,这些也都是影响调查问卷设计信度检验的主要因素。

2.效度检验的启示

调查问卷的问题设计与效度的关系。问题是构成调查的要素,调查问题的性能就成为影响调查问卷效度的因素之一。从前面的效度检验可以看出问题的取材、长度、鉴别力、难度及编排方式都和效度有关。如果调查的问题设计合理,即如果问题的取材合理、长度适中、有相当的鉴别力且难度分布适当、编排也较合理,那么调查结果的检验就会有很高的效度。

调查的实施和效度的关系。问卷调查的效度检验要得到保证,调查督导员应该适当控制调查情况,而调查员应当严格按照访问手册的规定实施调查。在调查过程中,如果场地的选择、调查材料的准备、调查方式的说明、调查时间限制等不按照调查手册程序进行,则必然降低问卷调查测量的效度。

被调查者的态度和效度的关系。被调查者的兴趣、动机、情绪、是否合作以及合作程度等都影响到问卷结果的可靠性和正确性。无论是什么调查内容,只有借助调查对象的真实反映,才能了解到真正的调查情况。

关联效度准则的选取与效度的关系。适当地选取关联准则是关联效度分析的先决条件,如果选择的准则不当,就会导致效度分析的错误,问卷调查的真实效度就会受影响。进行一个问卷的准则效度分析时,选择的准则不同,其效度分析的结果会相差很大。从统计分析的观点来看,一个准则关联效度受以下三个因素的影响作用最大:问卷的信度、准则变量的信度、准则变量和调查变量之间真正的相关程度。

调查对象的选取和效度的关系。在调查中,最注重的是选取样本的代表性。好的样本代表性能够提高问卷调查的效度。一个调查应用于不同的调查对象,由于对象在性别、年龄、教育程度、背景上的差异,调查的效度也会随之产生差异。

(三)改善问卷设计质量,提高调查数据的质量

通过以上得到的信度和效度检验的启示,可以很明确的是,一个问卷调查测量能力的好坏,最关键的还在于整个调查问卷的设计阶段。通过分析具体调查指标的特性,正确设计有针对性的调查问题;问题的措辞恰当、长度安排合理;问题对于所要了解的调查内容有相当的鉴别力和适当的难度;并分别给予每一个问题适当的答案选项;问题的前后顺序编排合理;等等,这些设计要求的满足,有助于明显提高问卷的信度和效度,使得我们能够用一份完善的调查问卷去收集所要调查的数据内容,从而为得到高质量数据创造了前提条件。

在调查实施过程中,严格地按照调查方案选择调查对象,确定合理的调查时间、地点、环境;在调查过程中积极争取调查对象的合作;访问过程中严格按照计划实施;等等,是对收集高质量调查数据的保证。

通过以上的分析和论述,可以看到通过问卷调查收集到准确的、有效的高质量数据,完善的问卷设计是前提,而周密的按照调查方案实施数据收集是保证。此外,对调查结果的正确汇总、整理、分析,以及选用适当的信度和效度检验方法也是提高问卷调查数据质量不可或缺的条件。

第四节　媒介调查问卷设计的几类常见错误及纠正

问卷调查法是目前媒介调查中的一种常用方法,它是通过所设计的调查问卷,直接对单位或个人进行调查的一种方法。由于它具有简明、通俗、客观、真实、反馈快、保密性好等特点,已被越来越多的媒介研究与咨询机构等所采用。如何通过问卷调查活动获取准确、全面而又有价值和符合要求的资料,关键在于能否设计出一份高质量的调查问卷表。然而,问卷设计需要很高的技巧,它是一门科学,也是一种艺术。缺乏理论和经验往往不能设计出完美的调查问卷,从而使调查无法搜集到准确而全面的资料,不能正确地分析和说明媒介的变化情况。在这里我们把调查问卷设计中经常出现的错误作一归纳,并提出相应的对策,希望对大家有所帮助。

一、问题定义不准确

一个问题对于每个被调查者而言,应该代表同一主题,只有一种解释。定义不清的问题会产生很多歧义,使被调查者无所适从。例如,"您使用哪个牌子的洗发液?"这个问题表面上有一个清楚的主题,但仔细分析会发现很多地方含糊不清,假如被调查者使用过一个以上的洗发液品牌,则他对此可能会有4种不同的理解或回答:①回答最喜欢用的洗发液品牌;②回答最常用的洗发液品牌(最常用但并不一定是最喜欢用的,例如受支付能力的影响);③回答最近在用的洗发液品牌;④回答此刻最先想到的洗发液品牌。另外,在使用时间上也不明确:上一次?上一周?上一月?上一年甚至更长时间?

都可由被调查者随意理解,这样的问题显然无法搜集到准确的资料。因此明确定义你的问题极其重要,以下几条或许会对你有所帮助:

1.采取六要素明确法,即在问题中尽量明确什么人、什么时间、什么地点、做什么、为什么做、如何做六要素。问题的含糊往往是对某个容易产生歧义的要素缺乏限定或限定不清引起的。因此在设计问题或在检查问题时,可以参照这六要素进行。如上的问题明确几个要素后改为:"在过去的一个月中,你在家中使用什么牌子的洗发液? 如果超过一个,请列出其他的品牌名称。"这样的问题显然定义明确多了。

2.避免使用含糊的形容词、副词,特别是在描述时间、数量、频率、价格等情况的时候。像有时、经常、偶尔、很少、很多、相当多、几乎这样的词,在不同的人看来有不同的理解。因此这些词应用定量描述代替,以做到统一标准。下面这个例子中。②显然比①精确得多。"在普通的一个月中,你到百货商店的采购情况如何?"①A.从不;B.偶尔;C.经常;D.定期。②A.少于1次;B.1到2次;C.3到4次;D.超过4次。

3.避免问题中含有隐藏的选择和选择后果,使隐藏的选择和后果明晰化。无论是是非式问题还是选择式问题,都是在几个备选选项中做出选择,因此必须使被调查者清楚所有的备选选项及其后果,否则不能全面地搜集信息。如下面这个例子,②显然比①好得多。一家航空公司想分析旅客对短途飞机旅行的需求量,①"在做300公里以内的短途旅行时,您喜欢乘飞机吗?"②"在做300公里以内的短途旅行时,您喜欢乘飞机呢,还是喜欢坐汽车或者其他交通方式?"同样,问题中有新的后果也应该尽量明晰,以便被调查者进行合理的选择。"你喜欢喝纯净水吗?"(纯净水中缺乏人体所需的微量元素)。这个问题中有无括号内的部分,结果大为不同。

二、问题形式不妥当

问题的形式多种多样,大的可分为开放式、是非式、选择式、排序式、评分式、联想式等等;小的则涉及一些语言技巧的运用和处理。问题形式的选择具有相当的艺术性,合理的形式选择与处理应使被调查者愿意,并且以最小的努力就能提供客观真实的答案。不恰当的形式选择会导致被调查者不愿意或不能够提供问题所要求的信息。例如,①"请问你家每人平均每年的食品支出是多少"? ②"请问你个人每月的工资收入是多少?"③"人们都说A牌电视机比B牌电视机好,您是不是也这样认为?"这3个问题都存在形式运用不当的问题。第一个问题要求被调查者付出额外的努力,进行复杂的计算:首先把每月的食品支出估算出来,然后乘以12,最后再除以家庭成员数以得出结果。这样烦琐的计算可能使被调查者单方面结束访问。第二个问题涉及敏感的个人隐私,直接提问容易遭拒绝。第三个问题则带有引导性倾向,会影响被调查者的选择。问题形式的选择应注意以下几点:

1.避免问题中包含过多的计算。问题的设计应着眼于取得最基本的信息,计算应在数据处理阶段通过计算机程序进行,这样可以减少被调查者的负担。例如上面第一个问题可以改为"请问你家每月食品支出大概是多少"和"请问你家有几口人"两个小问题。取得这两个数据后,计算人均年食品支出也就容易多了。

2.避免单纯依靠被调查者的记忆回答问题,应提供一定的提示或选择。在当今信息过度的时代,遗忘和记忆的差错导致被调查者无法提供全面和准确的资料。例如,很多人都不能直接回答"昨天晚上你看了哪个牌子的洗发液广告?"这个问题,但要是提供可供选择的选项,回答则容易并准确得多。因此这类问题应采用选择式,而非填空式。

3.避免直接提问窘迫性问题。窘迫性问题指应答者不愿在调查人员之前作答的某些问题,如私人问题、不为一般社会道德所接纳的行为或态度问题、有碍声誉的问题。这类问题直接提问往往会遭拒绝,因此应改为采用非直接、联想式提问。如上面第二个问题,可以提供几个收入段"1000元以下,1001元至2000元,2001元至3000元,3001元以上"作为选项,在一定程度上会降低窘迫性。此外还可通过说明信息的正当用途降低敏感性。

4.避免出现诱导性倾向,提问尽量客观。在有外界压力存在的情况下,被调查者提供的是符合压力施加方偏好的答案,而不是他自己真正的想法。因此,提问应创造被调查者自由回答的气氛,避免诱导性倾向。如上面第三题的结果会夸大A牌比B牌好的比例,应改为"您认为A牌和B牌电视机哪个更好",这样更为客观。

三、问题顺序不正确

问题顺序的安排有一定的规律可循。正确的排序应该合乎问题之间的逻辑,前后连贯,先易后难,避免因顺序的安排不当而导致对被调查者的访问中止。现在有很多问卷在顺序安排上存在错误,比如问卷开始就要求被调查者填写姓名、性别、年龄、婚否、职业等等,好像在填申请表,而不是调查,这样很容易招致被调查者的反感和拒绝。这就是明显的顺序安排上存在的错误。在进行问题顺序安排时可参考以下几点：

1.基本信息应安排在最前，分类信息居中，鉴别性信息放在最后。调查信息主要包括了3种信息类型：一类是基本信息，是达到研究目标所必需的信息。如对产品、价格、分销、促销信息的调查。第二类是分类资料，即将被调查人按年龄、性别、职业等予以分组归类的资料。第三类是鉴别性信息，如被调查人的姓名、住址等。一般来说，应将最主要问题（基本信息）置于最前面，然后列举后两类问题，只要前面的问题得到回答，那么后面的问题如果被调查者不愿回答或因事中止也就无关大局了。

2.先易后难。容易、直观、清楚的问题置前，困难、复杂、敏感、窘迫的问题置后。随着调查的进行，调查人员与被调查者交流的深入，被调查者可能降低或消除原有的戒备心理，愿意回答一些复杂、敏感的问题，从而使调查获得尽可能多的信息。这一点的目的与第一点目的相同，它可作为第一点的补充。

3.总括性问题应先于特定性问题。总括性问题指对某个事物总体特征的提问。①"在选择冰箱时，哪些因素会影响您的选择"？就是一个总括性的问题。特定性问题指对事物某个要素或某个方面的提问。如②"您在选择冰箱时，耗电量处于一个什么样的重要程度？"总括性问题应置于特定性问题之前，否则特定性问题在前会影响总括性问题的回答。如把②放在①的前面，则②的答案中"耗电量"选择的比例会偏大。

四、问题取舍不合理

问题的数量必须合理，应该既能保证搜集到全面的资料，又尽量保持问卷的简短，同时也尽力使问卷整体连贯、和谐、生动，能调动被调查者的积极性。现在有的问卷过于冗长，其中充斥着一些与调查主题毫不相关的问题；有的虽然短小，却不能全面搜集所需资料，而且过于严肃、死板，全文贯穿一问一答的形式，压抑被调查者的主动性。问题的取舍应注意以下几点：

1.按调查主题组织问题，每个问题都应有益于调查信息的取得。首先要明确调查的主题是什么，这是整个调查的基础，也是问卷设计的灵魂和核心所在。应绝对避免为节省费用而附带调查主题之外的问题。问题东拉西扯，会使被调查者产生调查组织不严密的印象，影响他们的答卷态度。

2.为了融洽调查气氛，不至于过于严肃、呆板，可以设置一些表面上与调查主题无关，但实质上有益于调查的问题。当问卷的调查主题较为敏感时，这点尤其有效。如在问卷开始,可以设置一些轻松的开放式问题,请被调查者畅述自己的看法,有利于调动被调查者的积极性;在各类信息的连接处,可以设置一些过渡性问题,使被调查者的思维顺畅。

3.为节省调查时间,保证被调查者符合调查对象的标准,可以在问卷开始设置一个过滤性问题,检查被调查者的合格性。如想调查掌上电脑的不足之处,则必然要调查掌上电脑的使用者。可以在问卷开始时提问"您使用过掌上电脑吗?"这样就可检查被调查者是否合格,及时过滤不合格者了。

附录

问卷编号_____

(大学版)网络环境泛性化对青少年性价值观的影响研究

亲爱的同学:

您好!我们是中央团校的研究生,这是一个为科学研究而进行的调查,是教育部社科基金课题之一,我们无须知道您的姓名等个人信息,只希望您能提供最真实的想法,您的回答将对我们的学术研究有至关重要的作用,本调查所得数据将只用于学术研究,不会用于任何商业目的,也绝不会以任何方式泄露您的个人隐私,请放心作答。所有问题均为单选,请您在所给选项中选择最接近您真实想法的一个,感谢您的支持!

中央团校
2015 年 11 月

若您对本调查的内容、结果感兴趣或有独到的见解,欢迎您留下联系方式,或者联系我们,以进行更深入的讨论和探讨,我们十分欢迎您的参与。

我们的联系方式是:Tel:×××××××××× QQ:××××××××

您的联系方式:(移动电话/QQ 号)

1.基本资料

1.1. 你所在的城市是_____。

1.2. 你的年龄是_____。

1.3. 你的性别是_____。

①男　②女

1.4. 你的年级是_____。

　　①大一　②大二　③大三　④大四

1.5. 你的家乡所在地是_____。

　　①农村/乡镇　②县级市/县城　③地级市城区　④省会城市

1.6. 你所读的专业是_____。

　　①艺术类　②文史类　③理工类

2.青少年上网情况

2.1. 请阅读以下简讯回答1—2小题

2015年10月8日,黄晓明和Angelababy在上海展览中心举办婚礼,多位明星齐聚现场,现场规模堪比颁奖典礼。有关这场世纪婚礼:

2.1.1 请问您是通过何种方式知道的?

　　①手机或电脑　②电视或报纸　③听别人说　④现在做问卷才知道

2.1.2 请问您大概是什么时候知道的?

　　①婚礼发生前几天　②婚礼发生当天　③婚礼发生后几天　④现在才知道

2.2. 若你熟悉的朋友在微信朋友圈发一条信息,你一般多久能看到?

　　①立即看到　②几分钟看到　③几个小时后看到　④几天后看到　⑤不确定

2.3. 以下三件事,您在上网的时候最经常做什么?

　　①看新闻　②找图片　③看电影或看电视剧

3. 青少年性价值观状况

3.1. 图片题:请观看下图回答1—4小题

3.1.1 你认为图片中的男女是谁先主动牵对方的手？

　　①男　　　②女

3.1.2. 有人因为自己的身材不如类似图中男女那样而感到烦恼,你觉得这种想法很常见吗？

　　①常见　　　②不常见

3.1.3. 有人在发朋友圈或微博时,使用的都是"修过"的照片,对这种行为你是否赞同？

　　①赞同　　　②不赞同

3.1.4. 有人认为选择男/女朋友时,颜值及身材的好坏是第一位的,对这种说法你是否赞同？

　　①赞同　　　②不赞同

3.2. 图片题:请观看下图回答 1—2 小题

3.2.1 如果你是图中最左边女性的好友,她对你说他和图中男性是真心相爱,希望得到你的支持,你是否会支持她？

　　①会　　　②不会

3.2.2 对于以上图片所呈现的情况

　　甲认为:只要右侧男女没有婚姻关系,这种行为就可以被谅解。

　　乙认为:无论右侧男女有没有结婚,左侧女性和右侧男性的行为都不可被原谅。对甲乙的观点你更支持哪个？

　　①甲　　　②乙

3.3. 场景题:请阅读以下文字回答以下问题

　　他大概已经能猜得出她接下去所要表达的意思。于是当机立断地做出了刚才就想进行的举动。与其废话过多,倒不如来点实际的！他用唇重重地压着她,借着这一吻尽情表达着一份迟来的真心,只为了赢得她的谅解和重新接受。天,他居然……难道他真的如他所说的那样喜欢我吗？她睁大了眼睛看着他的脸庞紧贴着自己,短暂的惊愕过后,她开始喘息着,挣扎着,用手推他、眼里噙着泪拼命捶打反抗他霸道的侵犯,努力地只想挣开他的怀抱但这一切都只是徒劳,他根本不为所动,只是紧紧搂住她,继续吻着她。"不要……"不顾她的软语哀求,他硬是吻她的唇,吞没了她微弱的抗议,紧紧箍住她仍然不断反抗的身躯……

对于以上情节:

甲认为:现在的偶像剧里或小说里经常出现以上片段,所以不管是男女也都喜欢或效仿像上面这种男生有点强势、霸道的表达爱意的方式。

乙认为:上述情节中的男主人公行为,就算是出自对女主人公的喜爱,也是违背女主人公意愿的行为,不应推崇。

3.3.1. 对甲乙两种观点,你更支持哪一种?

①甲　　②乙

3.3.2. 以上所描述的类似故事场景,你认为是否真实发生过?

①是　　②不是

3.3.3. 你认为上述场景中的男女主人公是什么关系?

①男女朋友　　②普通朋友

3.4. 请阅读下则新闻,回答 1—3 小题

进贤某中学初二年级男生朱波在一个多月时间内两次强奸幼女。昨日记者获悉,15 岁的朱波终于为自己的恶行付出沉重代价,法院一审判处其有期徒刑四年六个月……朱波在网吧门口遇到 13 岁的娜娜与其表妹清清。朱波拦住他们,以殴打相逼,迫使两人跟着他到附近的一个楼道里。之后,朱波叫娜娜脱裤子,娜娜不从,结果遭到朱波殴打,朱波之后将其强奸。在朱波对娜娜强奸的过程中,清清一直在旁哭……

对以上新闻:

甲认为:目前中学生沉迷网络,朱波受到了黄色网站上不良信息的影响,所以才会做出上述犯罪行为。

乙认为:朱波的行为是由于自身正处于青少年的性成熟期,再加上没有良好的管教才造成这样的后果。

3.4.1. 对于甲乙两方的观点,你更支持哪个?

①甲　　②乙

3.4.2. 你是否认为上述新闻对犯案过程的性行为描述过于详细?

①是　　②不是

3.4.3. 丙认为类似上述新闻可能会对性知识的普及有一定作用,丁却认为有的青少年在看过这样的新闻之后会产生性冲动。对于丙丁的看法,你更支持哪个?

①丙　　②丁

3.5. 请你分别对以下这些情景的熟悉度进行 5 点量表评分：

熟悉度：指你感觉这个情景在真实生活中的发生频率,发生频率越高,评分越接近 5,反之,评分越接近 1。

<table>
<tr><td>不常见</td><td>常见</td><td>非常常见</td></tr>
<tr><td>1　　2</td><td>3　　4</td><td>5</td></tr>
</table>

场景描述	熟悉度
1. 你在浏览网页时,不小心点到哪里,结果蹦出了一个黄色网站	
2. 你打开网页想搜点资料,搜索过程中看到衣着暴露的性感美女图	
3. 当面临与性有关的,难以当面向别人请教的东西时,可以在网上得到帮助	
4. 电视剧或电影中有时出现一些"少儿不宜"的场景或对话,你并不是十分理解	
5. 当遇到让你觉得困惑的涉及性的事情时,你试图在网上搜索答案,但最终还是一知半解	
6. 有个 8 岁的小女孩打扮得很性感,这是女孩子自然美的体现	
7. 你听人说性行为的发生是一时兴起,情之所至	
8. 你身边的女性朋友十分羡慕某个女性领导人或企业家,期待自己日后能拥有自己的事业	
9. 你身边的女性朋友十分羡慕某个女明星,颜值高、身材好	

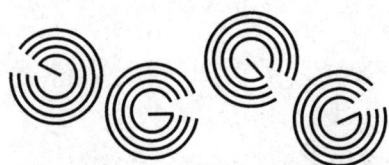

工具篇之一：调查工具

第四章
电话调查

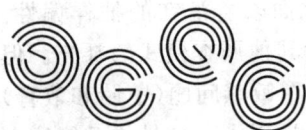

调查研究是社会研究中一种常用的研究方法,在传播学、社会学、管理学及人口学等学科领域都有着广泛的应用。调查研究在功能上描述性与解释性兼顾,操作上科学性和规范性相统一,过程中高效性与及时性兼备,这些特点满足了研究者探讨各种社会行为、社会现象和社会问题的需要。在媒介调查过程中,研究者要充分掌握一手信息,这就要求调查人员所使用的调查方法具备科学性,科学的调查方法将大大节约调查的人力、物力、财力,在提高工作效率的同时,也可以确保调查结果的可靠性。随着时代的进步和科学的发展,调查研究方法本身也在不断地完善和改进中,并且不断发展出一些新的调查方式,例如,借助电话所进行的电话调查,借助网络所进行的网络调查,并出现了计算机辅助电话调查的形式,在接下来的两章中我们将对电话调查和网络调查这两种常见的媒介调查手段进行详细的阐释。

第一节　电话调查概述

电话调查是一种重要的信息搜集方式,在社会经济生活的现代化管理中发挥着极其重要的作用。20世纪二三十年代起,电话调查就开始走入人们的视野。1936年美国总统竞选前,美国的《文学摘要》杂志就曾采用电话调查的方式,就谁能够当选总统进行了民意调查。这可以算作在较大范围内,对重要的问题使用电话调查方式搜集信息的较早的事例之一。随着家庭电话的普及,如20世纪70年代美国电话普及率达到93%左右,电话调查作为单独的调查方式,其调查数据可独立地用于推算总体,已得到社会科学家们的普遍认同。目前在电话普及率较高的国家,电话调查已经独立地应用于社会经济调查的诸多方面,如健康、就业状况、商品需求、各种民意测验等领域。

电话调查在我国有着广阔的前景。作为一种搜集社会信息的现代化方式,电话调查在现代社会中具有十分重要的作用。但是在电话访问产生的初期,由于电话还没有覆盖到所有地区和人群,因此面临着潜在的抽样偏性。当时的人们因为担心这种偏性,只把电话调查作为其他调查模式的补充。但1972年Wiseman对信访、电话访问、面访三种模式在敏感问题(堕胎和节育)方面的差别进行研究,发现电话访问和面访的结果呈现了一致性,而信访有所不同。另一组学者也进行了类似的研究,Hochstim在1967年设计了严格的实验,通过这项实验来比较面访、电话访问和信访三种数据收集模式的差别,研究结果说明,在回答率、回答完整性、结果可比性和反应变量的有效性方面,这三种模式在实际应用上是基本一致的,其主要差别在于费用方面。1971年Janofsky研究了关于健康方面的问题,发现在电话访问受访者和面访受访者之间没有显著性差异。大量的实验和研究都表明电话访问方法是可靠的。

随着我国家庭电话普及率的进一步提高,电话调查作为一种单独的调查手段在经济比较发达的地区已经具备条件,截至2014年我国的手机用户已达到12.86亿,平均每百人拥有94.5部手机,因此我国完全具备通过电话这一现代通信工具对不同类型的复杂总体进行调查的条件。

电话调查有着明显的优势。首先,电话调查成本低廉,快速便捷,适于快速调查。电话访问无须和受访者直接接触,可以方便快捷地开展访问,从而大大节省时间和费用,即使是远距离访问也容易实现,即使访问对象分布广泛,也无须支付大量的成本,这是电话访问最大的优点之一。

其次,电话调查覆盖面广,可以对任何有电话的地区、单位和个人进行访问。随着电话覆盖率逐渐增高,通过电话调查有可能访问到整个人群。

第三,对于某些特殊的被访者,如知名人物,或不易通过面访调查接触到的被访者,也可以通过电话调查的形式进行访问。这是因为电话具有需要立即处理的性质,人们总是会放下手中的事情,急切地去接听电话;另一个原因是电话能解除被访者对陌生人的心理压力,相对于入户调查,人们更愿意在电话里交谈。现在人们的工作繁忙,自我保护意识强,电话访问会有更高的应答率。

当然电话调查也有着其劣势,首先,也是最显而易见的缺点是,电话调查不能访问到没有电话的人群。在电话还未普及的年代,电话调查的代表性问题一直是学界和业界争论的焦点。

其次,电话调查法的不足之处是只能得到简单的资料,无法深入了解情况。因为电话访问内容全部依赖访问员的语言解释,如果内容过于复杂,难于解释,就容易引起受访者的误解,使回答不准确,甚至引起反感导致拒访。

第三,电话调查不能出示图片等视觉材料,不能进行对有形产品的调查,无法了解被访者对未接触过的产品的态度,如刚刚面市的新产品及其包装、颜色、口味等。

第四,在电话调查中,调查人员难以辨别答案的真伪,访问的过程中,访问员无法观察受访者的动作、表情等非语言信息,无法了解被访者当时的情绪及所处的环境状况等,被访者所提供的资料可能不准确,而访问员又不能借助某些方法来判断。

20世纪六七十年代电子通讯和自动化技术的发展强化了电话访问调查的优点,促进了该方法的发展。70年代形成的计算机辅助电话访问调查技术更是使电话调查方法得到了进一步的完善,因为CATI(计算机辅助电话调查系统)操作简便,实现了机械工作自动化,如自动抽样和拨号、访问调查结果在访问调查过程中同步录入等,这些自动化工作可以减少错误,减轻后期工作量,而且在访问调查过程中的同步监测可以监督访问员的工作,所以质量控制非常好。在本章中我们也将向大家介绍使用CATI软件的基本程序和步骤。

第二节　电话调查的程序与步骤

如今在引进了计算机辅助电话调查系统(CATI)后,更有利于电话调查的进一步推广和应用。CATI系统通常的工作形式是:访员坐在计算机前,面对屏幕上的问卷,向通话另一端的被访者读出问题,并将被访者回答的结果通过鼠标或键盘记录到计算机中去;督导在另一台计算机前借助局域网和电话交换机的辅助对整个访问工作进行现场监控。下面我们将以 CATI 软件为例,介绍电话调查的基本步骤。

一、立项

建立一个新项目,设定为"标准项目",设定项目编号为"SHNK060810",设定项目名称为"呼叫中心满意度调查"。项目状态为"准备",设定项目分类为"电话调查类",在项目描述中填入项目经理、项目目标、规划信息和委托信息等。

在 CATI 软件中,我们把一次电话调查视为一个项目。针对立项项目可以进行的操作有:新建项目、编辑项目、删除项目、项目信息导出等。图 4-1 为管理主界面。

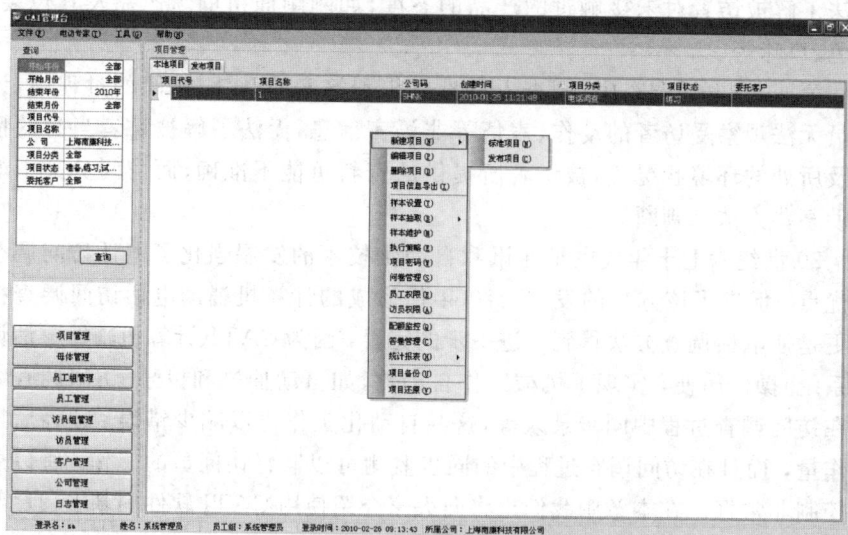

图 4-1　CATI 软件管理主界面

底部显示当前登录用户的信息:登录名、(员工)姓名、员工组、登录时间和所属公司。左上角是查询区,左下部是大类,右边为相应的明细。

登录后直接显示"项目管理"大类。在"项目管理"界面中显示本地项目和发布项目。鼠标右击某个项目出现一个弹出式菜单,其中包括所有可以对此项目的操作。如果当前登录的用户权限有限,那么这个弹出式菜单中某些项会相应变成灰色。

在"新建项目"中选择"标准项目",即弹出如图 4-2 窗口。

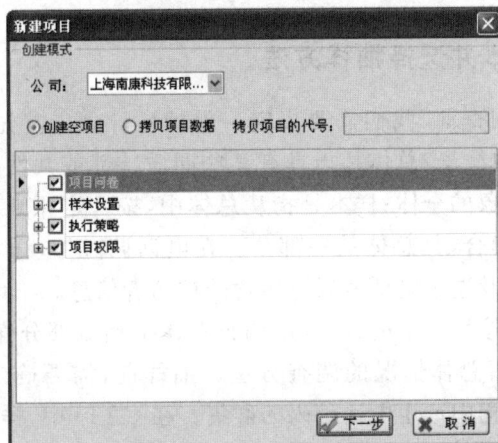

图 4-2　"新建项目"界面

新建标准项目可选择创建模式。创建项目模式有两种:"创建空项目"和"拷贝项目数据"。如果新创建的项目与已存在的项目比较类似,可以选择拷贝项目数据模式创建新项目,创建后对新项目进行局部修改。

选择"创建空项目",直接选择"下一步",出现如图 4-3 界面。

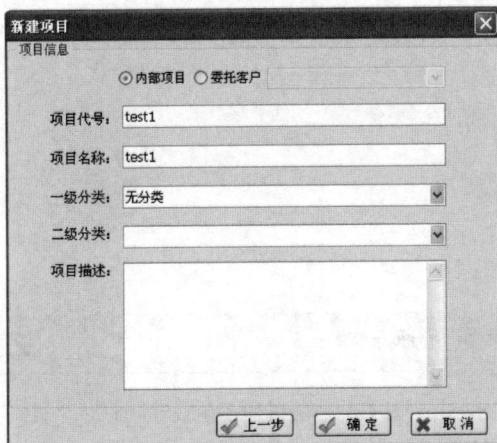

图 4-3　"创建空项目"界面

在项目信息中输入项目代号、项目名称,选择项目分类,并对项目进行描述,然后单击"确定",系统将会开始创建新项目的结构。至此,我们就完成了标准项目的创建。

二、准备样本并选择抽样方法

在进行电话调查前,我们需要决定一份抽样计划。首先,我们需要了解总体与样本的基本概念:总体是指具有某些同质特性或共性的所有元素的集合,也就是调查对象的全体;样本是指从总体中,按一定原则和程序抽取的部分个体所组成的集合,是总体的一部分。在电话调查中,样本代表了一个具体的电话号码,以及这个电话号码所包含的被访者信息。

抽样调查,是按照一定的方式,从调查总体中抽取部分样本进行调查,用所得到的结果说明总体情况的调查方法。抽样前,需要确定将被使用的方法,便于从抽样结构中产生电话号码的群集。在CATI中,样本抽样包括3种方式:随机抽样、局号抽样、外部导入样本。

1.随机抽样。按要求随机抽取需要的样本数量,具体操作为:选定某项目,单击右键,点击"样本抽取"中的"随机抽样",弹出"随机抽样"界面,如图4-4所示。

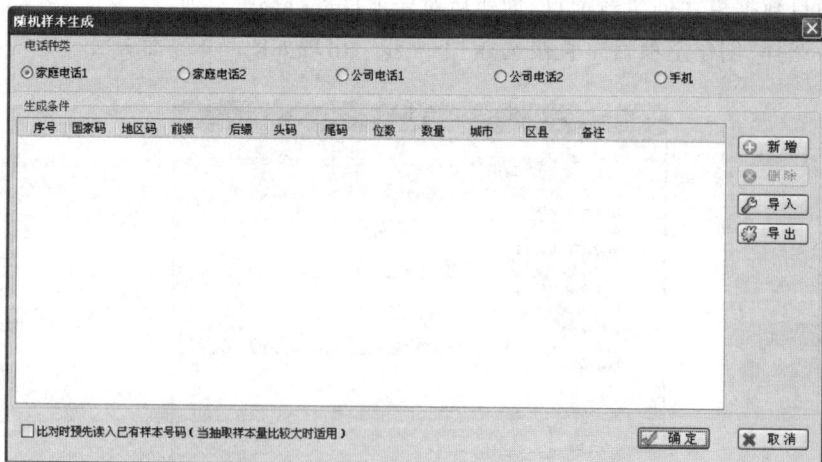

图 4-4 "随机样本生成"界面

可以生成几类电话:家庭电话、公司电话、手机。新增加生成条件,如图

4-5所示。

序号	国家码	地区码	前缀	后缀	头码	尾码	位数	数量	城市	区县	备注
1	0086	021	8				8	1000			

图 4-5

点击"确定"按钮后,系统自动按要求生成样本记录。也可以同时创建若干生成条件,系统会分别按条件生成相应样本记录。可把常用的生成条件导出到某文件,也可从某文件中导入相应的生成条件。

2.局号抽样。按要求局号抽取需要的样本数量,具体操作为:选定某项目,单击右键,点击"样本抽取"中的"局号抽样",弹出"局号抽样"界面,如图4-6 所示。

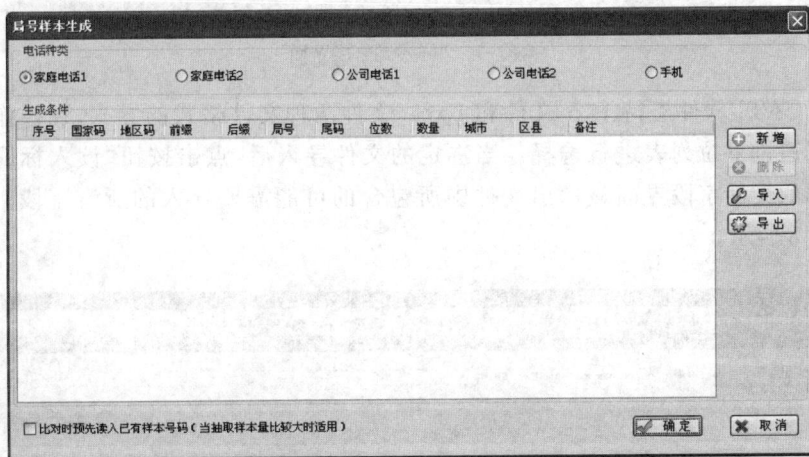

图 4-6 "局号样本生成"界面

可以生成几类电话:家庭电话、公司电话、手机。新增加生成条件,点击"确定"按钮后,系统自动按要求生成样本记录。我们也可以同时创建若干生成条件,系统会分别按条件生成相应样本记录。可把常用的生成条件导出到某文件,也可从某文件中导入相应的生成条件。

3.外部导入样本。样本导入可以从外部文件批量导入我们需要的样本资料,具体操作为:选定某项目,单击右键,点击"样本维护",弹出"样本维护"界面,选择界面上的"样本导入"标签,弹出"样本导入"界面,如图4-7所示。

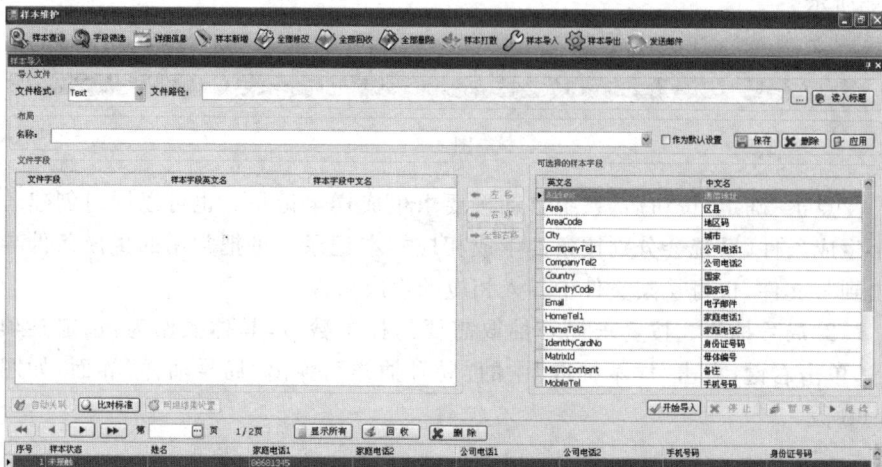

图 4-7　"样本维护"界面

　　CATI 软件支持 text 文件和 Excel 文件两种文件格式的导入，在操作中可以通过下拉列表进行选择。当选定的文件导入后，点击按钮"读入标题"，下面的文件字段界面显示出文件中所包含的可能需要导入的所有字段。如图 4-8 所示。

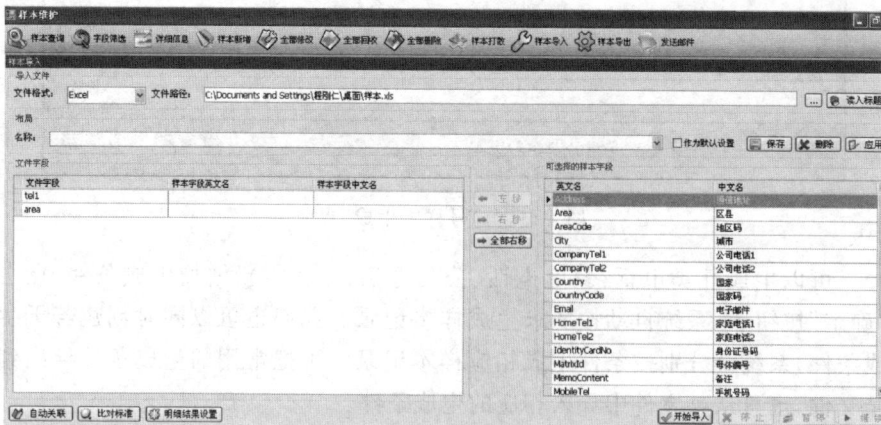

图 4-8　"样本导入"界面

　　点击"读入标题"按钮后，文件字段下方空间显示出该文件所包含的所有字段。我们需要把这些字段，与数据库里的字段进行匹配，进而满足特定的导入需要。

　　然后，点击"自动关联"按钮，系统开始自动匹配文件字段与数据库中的字段，如图 4-9 所示，把左边的文件字段与右边可选择的样本字段中的英文名称作比较，如果完全相同，就把该字段自动导入左边的界面中。完成自动关联操作之后的结果如图 4-9、4-10 所示。

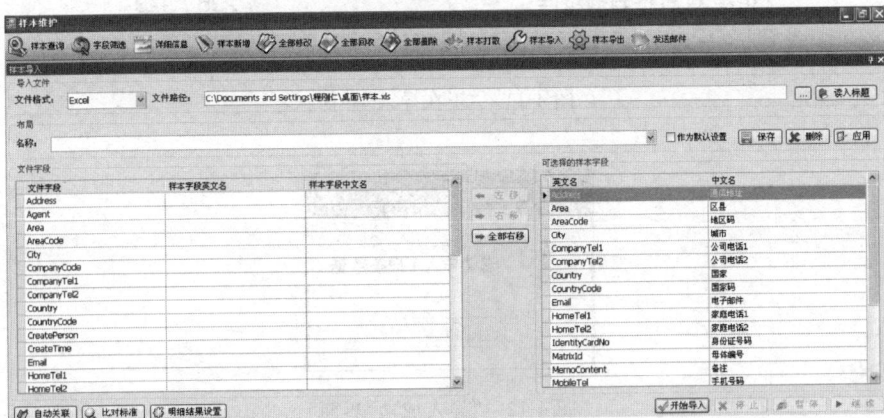

图 4-9　"自动关联"界面

图 4-10　"自动关联"完成界面

我们可以对自动关联之后的结果进行操作，比如左移、右移等，以达到我们的导入目的。

当选定相关文件，字段匹配等完成之后，我们就可以开始导入文件，点击"开始导入"按钮，系统开始按照输入条件进行导入操作。流程如图 4-11、4-12 所示。

图 4-11　"正在导入"界面

图 4-12　"导入成功"界面

三、调查问卷的设计

问卷调查中调查人员采用逻辑结构严密的一组或系列问句，对被访者进行访问，从被访者处收集需要的资料，经过科学的处理后运用于分析和研究。

一份科学的问卷，是做好一次问卷调查的关键，在问卷设计中要遵循以下基本原则。

1. 简明性原则

问卷调查过程中，需要占用被访者的时间，花费其精力来收集资料，所以要使被调查者对所要调查的内容一目了然，并能轻松做出回答。否则，若题目数量较多，题目较复杂，内容晦涩难懂，被访者就会失去耐心，粗糙地填写或随意填写，甚至采取不合作的态度，这就不能保证问卷调查的质量。所以，简明性原则有助于提高问卷的回复率和问卷作答的质量，必须围绕调查课题的中心设计必要的题目。[①]

---

① 凌洁.计算机辅助电话调查(CATI)实验[M].上海:上海财经大学出版社,2006.

2.客观性原则

所调查的内容必须与实际情况相符,如调查城市居民的生活状况,问卷设计有"居民是否拥有私人轿车、手提电脑、智能手机等"会符合现实情况,而询问"是否拥有收音机、自行车"等就会显得落后于现实情况,而调查农村贫困地区的生活情况,询问"是否拥有笔记本电脑、是否拥有私人轿车"就很不符合现实情况,调查的意义就不大。另外,要针对被调查者自身的能力条件的不同,设计不同的问卷,语言要简明易懂,最好不要出现专业性很强的学术语言,如恩格尔系数等。

3.适应性原则

问卷的设计要考虑到被调查者看到问题后心理上的反应,是否愿意如实回答问题。一般来说,要是问卷涉及较为敏感和隐私的问题,被调查者就会产生种种顾虑,如询问"您的月收入是多少",对于这种问题被调查者往往不愿透露真实的情况,而倾向于回答本人已知的社会一般水平;或者询问是否曾经感染过某种疾病等这类问题,也会给被调查者造成心理上的压力。所以对于这些问题要注意提问的技巧,尽量让被调查者觉得轻松,而避免对其心理上和思想上造成压力,这样才能确保被调查者能够如实回答问题,保证调查的科学性和有效性。

四、CATI中问卷的基本设置

在CATI中,我们可以通过软件的相关设置,将问卷中的问题输入到软件中,并进行管理和访问。在该软件中,问卷分为4个层次,第一层为问卷层,第二层为子问卷层,第三层为问题组层,第四层为问题层,问题这一层由13个不同类型的问题组成。

首先,新建一个项目,通过"文件"—"新建项目",或通过右击—选择"新建项目"来完成。然后我们将对问卷的属性进行设置。通过右击—选择"问卷属性",在"问卷属性"中我们可以对问卷的常规属性、问卷描述、欢迎语、结束语以及子问卷特征进行描述。

1.常规

图4-13为"常规"选项卡的界面,在此界面中我们可以查询问卷创建人及修改人信息、创建日期以及修改信息,以及文件保存路径等,也可以对问卷名称和问卷代号进行设置和修改。其中创建人为问卷的创建人员,修改人则是对问卷进行最近一次修改的人员;创建日期是问卷的创建时间,修改日期为

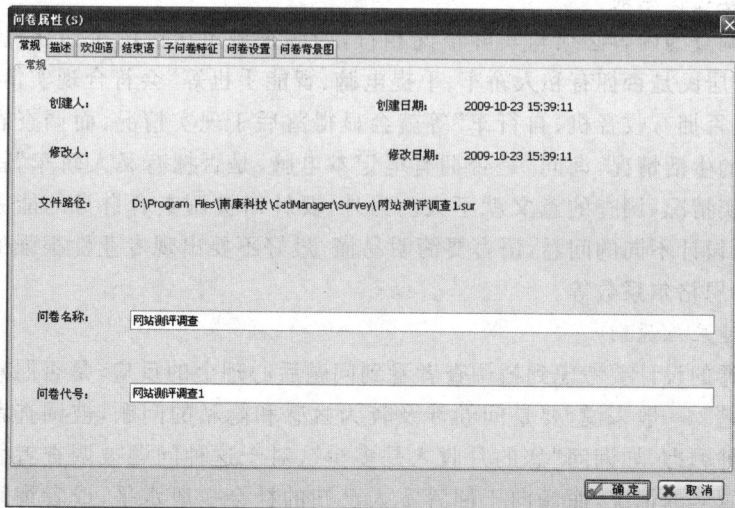

图 4-13 "常规"界面

对问卷最近一次修改的时间。

2.描述

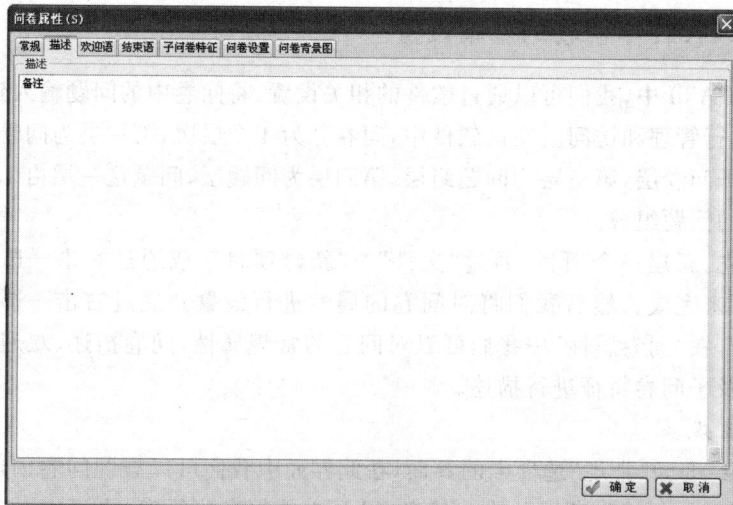

图 4-14 "描述"界面

图 4-14 为"问卷属性"—"描述"选项卡，在此选项卡中可以填写对问卷的描述性内容及相关备注，可以帮助了解问卷中的相关内容信息。

3.欢迎语

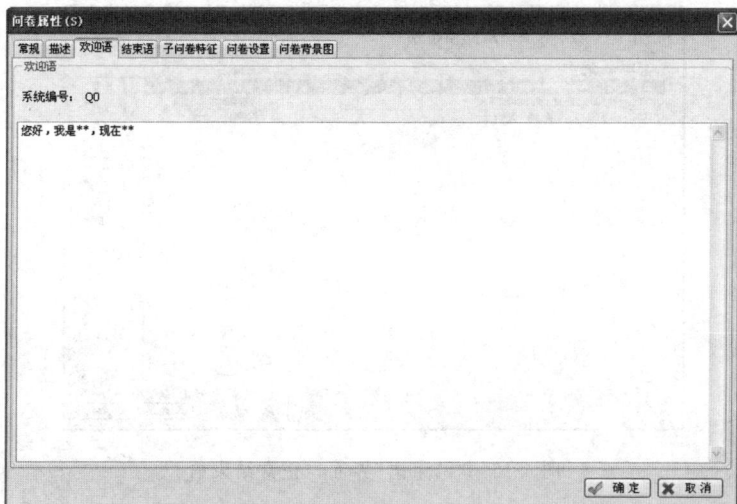

图 4-15　"欢迎语"界面

图 4-15 为"问卷属性"—"欢迎语"的显示界面。在设计一份问卷调查时，不仅要想到调查内容怎么设计，调查问卷欢迎语也是很重要的，大量的实践表明，几乎所有拒绝合作的人都是在开始接触的前几秒钟内就表示不愿参与，因此用一个好的开头来引起被调查者的兴趣是调查表设计的一个重点。

在问卷的欢迎语中，要说明调查人员身份和调查目的；使用适当的称呼、问候表示对被调查者的尊重，如"××先生、女士：您好"；简要地说明调查的内容及方法，说明作答的意义和重要性；保密承诺，也就是对被调查者的个人信息进行保密，必要时说明采取的措施，如问卷调查是匿名的、调查结果只用于本次调查统计、不扩散被调查者的个人资料等等，以消除被调查者的顾虑；表示真诚的感谢，或说明将赠送小礼品；等等。欢迎语的语气一定要谦虚，态度诚恳，口吻亲切，文字明确简练。

CATI 电访软件中，问卷的欢迎语不允许空，问卷执行时应首先显示欢迎语。

4.结束语

CATI 中的结束语分为以下几种：

第一，正常结束语。

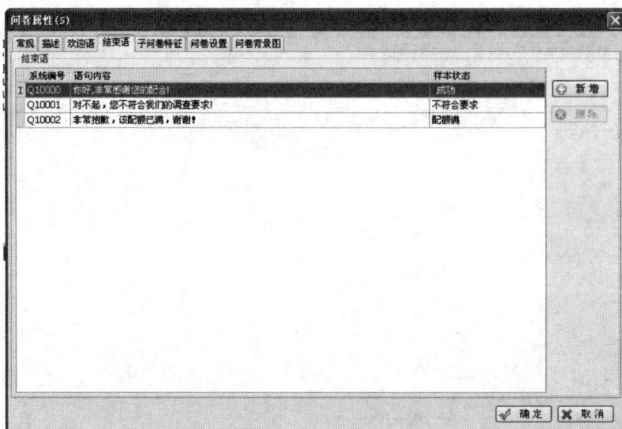

图 4-16 "结束语"界面—正常结束语

正常结束语：系统编号为 Q10000，问卷的正常结束语不允许空，在问卷最后一题结束后显示。成功访问的问卷以"正常结束语"结束，即 Q10000 在"样本状态"中呈现"成功状态"。

第二，异常结束语。

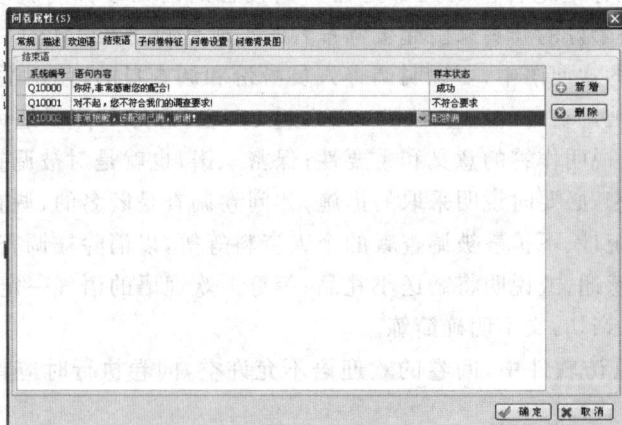

图 4-17 "结束语"界面—异常结束语

异常结束语：系统编号为 Q10001、Q10002 依次递增，问卷允许有 0 到 N 个异常结束语。

异常结束语是在问卷中途退出时呈现的，例如甄别不通过、配额已满等情况，在"样本状态"中呈现对应的状态。

五、CATI 中问卷的基本题型

在 CATI 中，可以设置多种类型的问题，如插入语、脚本题、一问一答题、多问多答题、单选题、多选题、有序多选题、混合单选题、混合多选题、单选表格题、多选表格题、问答表格题、排序题、三维单选表格题、三维多选表格题等等。下面我们将简要对各种类型的问题进行阐释。

问卷设计的各个题型位于问题组下，右击问题节点，显示弹出式功能菜单。

1. 插入语

右击问题节点，选择"添加插入语"。插入语主要提供问卷回答过程中对被访对象的提示，或起承上启下作用。如：如果您方便的话我们将留下您的联系方式，并将礼品寄送给您。

图 4-18　弹击式功能菜单界面

2.脚本题

右击问题节点,选择"添加脚本题"。脚本题主要是利用脚本语言在问卷设计中对答题进行控制,本身不显示在问卷中。可以利用脚本题集中处理某些运算控制和跳题控制。

3.一问一答题

右击问题节点,选择"添加一问一答题"。一问一答题的填答形式可以分为短文本、长文本、数字等。其中短文本会以较为简短的文本框样式显示出来,适合被访者简要回答的问题;长文本通常以一个大的文本框的样式显示,有下拉框,适合要求被访者详细回答的问题;短文本与长文本规定字数都要小于 400 字。例如:

(Q1)请您谈谈您对食堂卫生的具体看法。

回答:　非常好

数据导出内容:

Q2	Q2C
非常好	

4-19　一问一答题结果显示

4.多问多答题

右击问题节点,选择"添加多问多答题"。多问多答题至少有 2 个问题,每个问题相当于一种类型的一问一答题,要求被访者简要或详细回答问题,并记录。如:

(Q2)请问您一些关于食堂的基本情况。

(1)请问您在三个食堂里会倾向于选择哪一个?

(2)请问您选择的理由是什么?

5.单选题

右击问题节点,选择"添加单选题"。单选题规定被访者只能选择一种答案。例如:

(Q3)请问:您的年龄。

○1. 30 岁以下　　　　○2. 30～35 岁

○3. 36～50 岁　　　　○4. 50 岁以上

6.多选题

右击问题节点,选择"添加多选题"。多选题表示被访者可以选择一种或多种答案。如:

(Q4)您主要通过什么渠道来了解房产信息呢?

□1.电视广告　　　　□2.报纸宣传

□3.广播　　　　　　□4.房展会

□5.其他 [_____]

7.有序多选题

右击问题节点,选择"添加有序多选题"。有序多选题表示被访者可以选择一种或多种答案,要求记录被访者的选择顺序。如:

(Q5)您主要通过什么渠道来了解房产信息呢?

□1.电视广告　　　　□2.报纸宣传

□3.广播　　　　　　□4.房展会

□5.其他 [_____]

答案选项 [_____]

8.混合单选题

右键单击问题节点,选择"添加混合单选题"。混合单选题要求被访者选择同时满足两种条件的一个选项。如:

(Q6)对被访者年龄以及性别进行统计和调查

	1.20 岁以下	2.20 岁以上
1.男	○	○
2.女	○	○

9.混合多选题

右键单击问题节点,选择"添加混合多选题"。混合多选题要求被访者选择同时满足两种条件的至少一个选项。如:

(Q7)您去过以下哪些大卖场买过哪些产品?

	1.蔬菜	2.家电	3.服装
1.家乐福	□		□
2.大润发	□	□	□

10.单选表格题

右键单击问题节点,选择"添加单选表格题"。单选表格题要求被访者对每个问题项选择一个选项。如：

（Q8）您对美国银行在下列项目的表现满不满意？

	1.非常满意	2.满意	3.不满意	4.非常不满意
1.业务员服务态度亲切	○	○	○	○
2.业务员态度积极	○	○	○	○
3.领卡后业务员追踪服务佳	○	○	○	○

11.多选表格题

右键单击问题节点，选择"添加多选表格题"。要求被访者对每个问题项至少选择一个选项。如：

（Q9）您常去以下几家大卖场买何种商品？

	1.蔬菜	2.家电	3.水果
1.大润发	□	□	□
2.家乐福	□	□	□
3.麦得龙	□	□	□

12.问答表格题

右键单击问题节点，选择"添加问答表格题"。要求被访者对每个问题项都给出答案。如：

（Q10）请您对以下几家大卖场购买的几种商品打分。

	1.蔬菜	2.家电	3.水果
1.大润发	▭	▭	▭
2.家乐福	▭	▭	▭
3.麦得龙	▭	▭	▭

13.排序题

右键单击问题节点，选择"添加排序题"。要求被访者对每个问题项分别选择一个选项，且在前面的问题项中选择过的选项不能再予选择，被访者的回答有先后次序。如：

（Q11）您主要通过什么渠道来了解房产信息呢？

	1.电视广告	2.报纸宣传	3.广播	4.房展会
1.第一提及	○	○	○	○
2.第二提及	○	○	○	○
3.第三提及	○	○	○	○

14.三维单选表格题

右键单击问题节点,选择"添加三维单选表格题"。三维单选表格题位于问题组下。要求被访者对每个分类问题项的子问题项只能选择一个选项。如:

(Q12)请你对下列国家的牛肉做出评价。

		1.非常不正确	2.不正确	3.正确	4.非常正确
1.美国	1.很好吃	○	○	○	○
	2.很嫩	○	○	○	○
	3.很新鲜	○	○	○	○
2.日本	1.很好吃	○	○	○	○
	2.很嫩	○	○	○	○
	3.很新鲜	○	○	○	○

15.三维多选表格题

右键单击问题节点,选择"添加三维多选表格题"。三维多选表格题要求被访者对每个分类问题项的子问题项至少选择一个选项。如:

(Q13)谈谈你对以下国家的产品的印象。

		1.很好吃	2.很嫩	3.很新鲜	4.很便宜
1.美国	1.牛肉	□	□	□	□
	2.猪肉	□	□	□	□
2.日本	1.牛肉	□	□	□	□
	2.猪肉	□	□	□	□

以上是 CATI 中可以使用的问题类型,我们可以根据问卷中的不同问题,对问题进行灵活的设置。

第三节 电话调查数据的收集

在对 CATI 的问题设置方式有了一定的了解之后,我们便可以进入数据的收集阶段,收集阶段包括问卷导入—问卷的调试和试访—执行策略—数据导出。

一、问卷导入

首先要启动问卷管理,在启动问卷管理之前,要对样本进行设置,否则无法进入问卷管理层面。在样本设置模块中,我们可以针对问卷执行项目所包含的样本信息、样本状态以及样本之间的所属关系等资料进行设定,为项目成功执行提供一定的保障。样本状态设置的方法如下:

在"样本状态设置"中可以对项目所需的样本状态进行预设,在项目执行过程中可通过这些预设值来设定、判断具体样本的状态,如成功、不符合要求、配额满等等。具体操作如下:选定某个项目,单击鼠标右键,选择"样本设置",弹出"样本设置"界面,选择"样本状态设置"标签,就可以进入"样本状态设置"界面了,如图 4-20 所示。

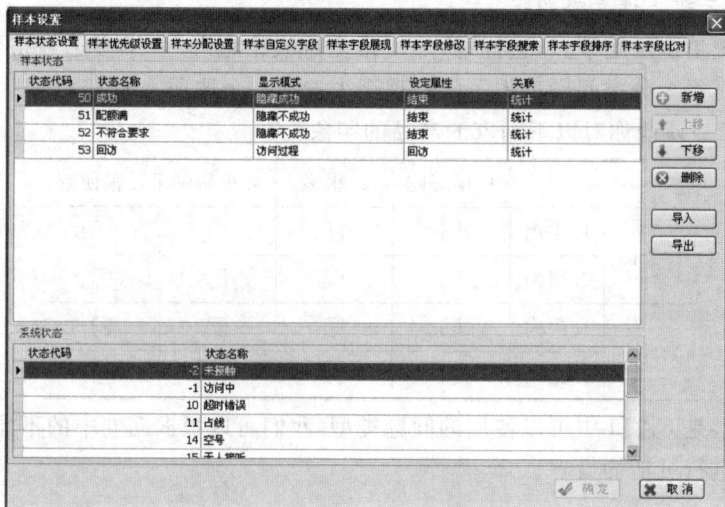

图 4-20 "样本状态设置"界面

　　样本状态中包含五个设置标签：状态代码、状态名称、显示模式、设定属性、关联。状态代码由阿拉伯数字描述，样本状态与状态代码是一一对应的关系，状态代码不可重复，也不可为空；状态名称尽量要取得简单、明了，以方便我们在操作过程中对状态的清晰把握；显示模式可知所设置的样本在何种状态下可以得到显示，而在不符合状态的阶段则可以设置隐藏；设定属性为访问过程中样本可能遇到的各种情况：占线、回访、黑名单、结束，将其加入样本状态可统计样本的拒访率等信息；关联包括几个状态：统计、不统计不作为基数、不统计但作为基数，这些信息可对样本的可否统计及方式进行设置，含义分别如下：

　　统计：具有该状态的样本作为有效样本进行统计。

　　不统计不作为基数：具有该状态的样本不参与统计，也不计入样本总数。

　　不统计但作为基数：具有该状态的样本不参与统计，但计入样本总数。

　　设置过样本后，我们就可以导入问卷了。

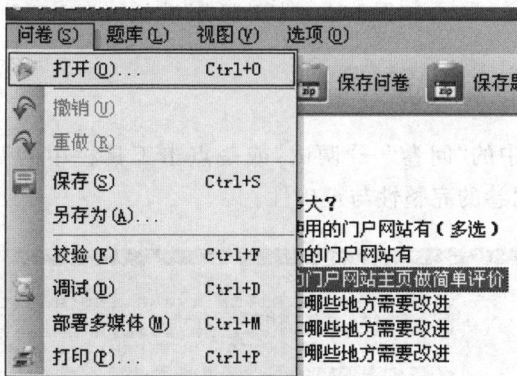

图 4-21　"导入问卷"界面

图 4-22　工具栏

　　在导入问卷之前，要确定问卷是否处于"准备"状态，否则无法打开问卷。点击工具栏上的"打开问卷"按钮（如图 4-22 所示），或是选择菜单栏中的"问卷"→"打开"，导入已保存的问卷（如图 4-21 所示）。

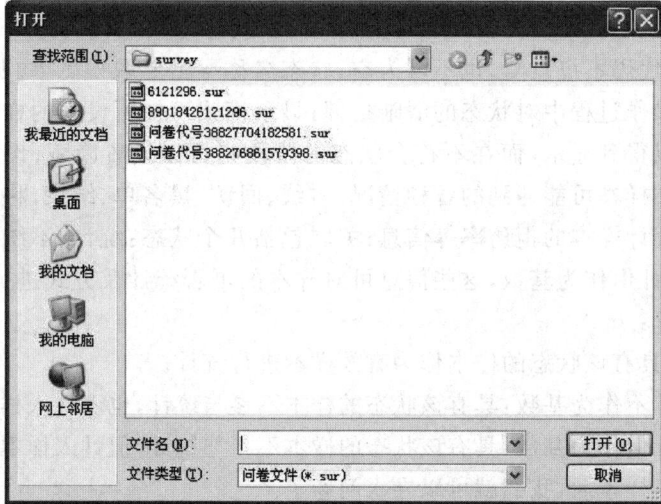

图 4-23 "打开问卷"界面

二、问卷调试和试访

选中菜单栏中的"问卷"—"调试"或是点击工具栏中的调试按钮对问卷进行调试,验证问卷的完整性与正确性。

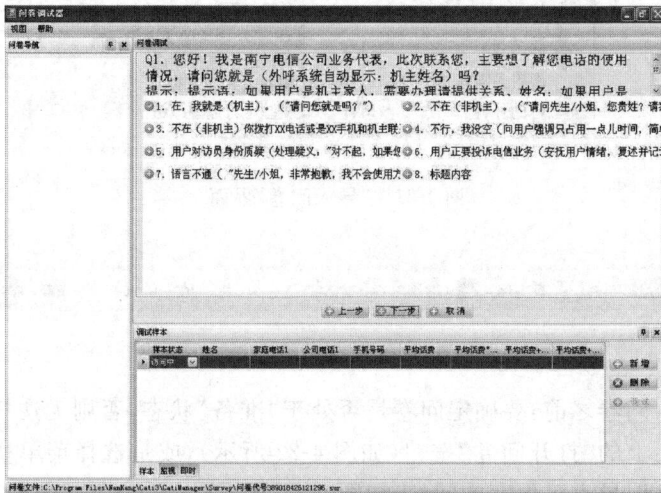

图 4-24 "问卷调试器"界面

通过试访,确保问卷能够正常显示,跳转关系正确。

三、执行策略

在问卷调试确认无误后,便由经过培训的调查人员对样本中的被访者进行访问,通常采用的形式是访问员坐在计算机前,面对屏幕上的问卷,向电话另一端的被访者读出问题,并将被访者回答的结果通过鼠标或键盘记录到计算机中去;督导在另一台计算机前借助局域网和电话交换机的辅助对整个访问工作进行现场监控。

四、数据导出

数据的导出不仅包括答卷的导出,还包括答卷导出后的后续工作部分,我们将在这里分别介绍。

(一)答卷导出

在 CATI 中支持几种不同的答卷导出形式。

1. Excel 导出

答卷 Excel 导出,导出所有的有效答卷的内容,每行显示一份答卷的信息:如答卷编写、电话、开始时间、结束时间、访员工号等;而各项信息的编号、选项号和值也会相应地显示调查人员可灵活地选择是否导出该类信息。导出的文件保存在用户指定的文件夹下。具体操作如下:

(1)点击工具条中"Excel 导出",进入界面,首先要为导出的 Excel 指定文件路径;

(2)"样本字段选择"表中显示出所有样本字段,根据需要选择需要导出的样本字段;

(3)"答卷问题选择"表中显示出所有问题项,根据需要选择需要导出的问题项;

(4)"每题答题时间"中每题开始时间和结束时间可以根据需要选择,系统默认不导出;

(5)"变量"是否全选也可以进行设定;

(6)所有需要导出的数据都已指定好之后,点击"开始导出",系统给出提示等待信息,成功后给出导出成功条数。答卷导出结果如图 4-25、4-26 所示。

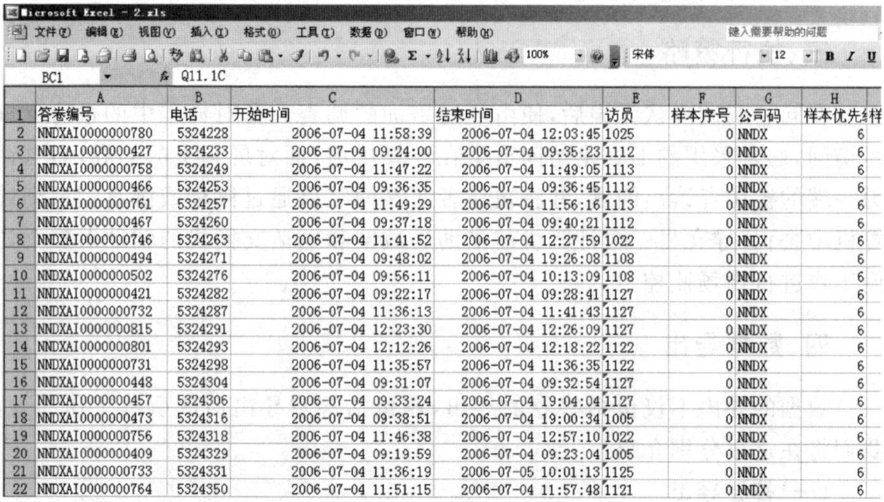

	A	B	C	D	E	F	G	H
1	答卷编号	电话	开始时间	结束时间	访员	样本序号	公司码	样本优先纟样
2	NNDXAI0000000780	5324228	2006-07-04 11:58:39	2006-07-04 12:03:45	1025	0	NNDX	6
3	NNDXAI0000000427	5324233	2006-07-04 09:24:00	2006-07-04 09:35:23	1112	0	NNDX	6
4	NNDXAI0000000758	5324249	2006-07-04 11:47:22	2006-07-04 11:49:05	1113	0	NNDX	6
5	NNDXAI0000000466	5324253	2006-07-04 09:36:35	2006-07-04 09:36:45	1112	0	NNDX	6
6	NNDXAI0000000761	5324257	2006-07-04 11:49:29	2006-07-04 11:56:16	1113	0	NNDX	6
7	NNDXAI0000000467	5324260	2006-07-04 09:37:18	2006-07-04 09:40:21	1112	0	NNDX	6
8	NNDXAI0000000746	5324263	2006-07-04 11:41:52	2006-07-04 12:27:59	1022	0	NNDX	6
9	NNDXAI0000000494	5324271	2006-07-04 09:48:02	2006-07-04 19:26:08	1108	0	NNDX	6
10	NNDXAI0000000502	5324276	2006-07-04 09:56:11	2006-07-04 10:13:09	1108	0	NNDX	6
11	NNDXAI0000000421	5324282	2006-07-04 09:22:17	2006-07-04 09:28:41	1127	0	NNDX	6
12	NNDXAI0000000732	5324287	2006-07-04 11:36:13	2006-07-04 11:41:43	1127	0	NNDX	6
13	NNDXAI0000000815	5324291	2006-07-04 12:23:30	2006-07-04 12:26:09	1127	0	NNDX	6
14	NNDXAI0000000801	5324293	2006-07-04 12:12:26	2006-07-04 12:18:22	1122	0	NNDX	6
15	NNDXAI0000000731	5324298	2006-07-04 11:35:57	2006-07-04 11:36:35	1122	0	NNDX	6
16	NNDXAI0000000448	5324304	2006-07-04 09:31:07	2006-07-04 09:32:54	1127	0	NNDX	6
17	NNDXAI0000000457	5324306	2006-07-04 09:33:24	2006-07-04 19:04:04	1127	0	NNDX	6
18	NNDXAI0000000473	5324316	2006-07-04 09:38:51	2006-07-04 19:00:34	1005	0	NNDX	6
19	NNDXAI0000000756	5324318	2006-07-04 11:46:38	2006-07-04 12:57:10	1022	0	NNDX	6
20	NNDXAI0000000409	5324329	2006-07-04 09:19:59	2006-07-04 09:23:04	1005	0	NNDX	6
21	NNDXAI0000000733	5324331	2006-07-04 11:36:19	2006-07-05 10:01:13	1125	0	NNDX	6
22	NNDXAI0000000764	5324350	2006-07-04 11:51:15	2006-07-04 11:57:48	1121	0	NNDX	6

图 4-25　Excel 导出界面 1

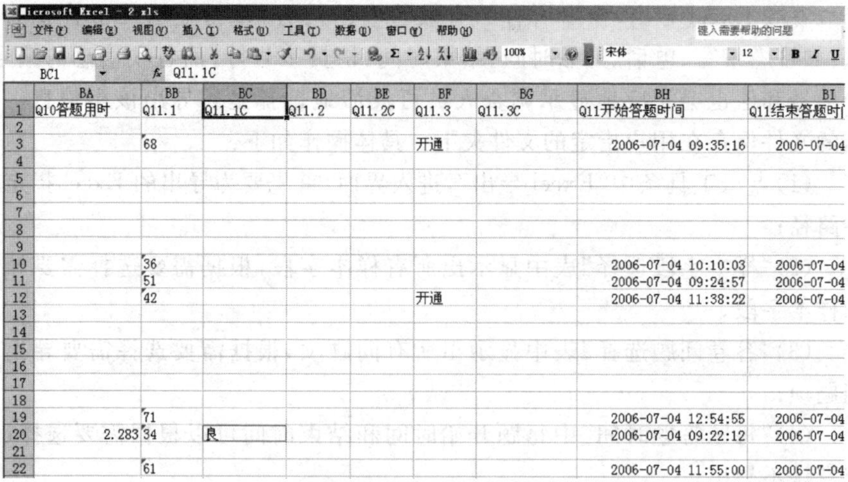

	BA	BB	BC	BD	BE	BF	BG	BH	BI
1	Q10答题用时	Q11.1	Q11.1C	Q11.2	Q11.2C	Q11.3	Q11.3C	Q11开始答题时间	Q11结束答题时间
2									
3		68				开通		2006-07-04 09:35:16	2006-07-04
4									
5									
6									
7									
8									
9									
10		36						2006-07-04 10:10:03	2006-07-04
11		51						2006-07-04 09:24:57	2006-07-04
12		42				开通		2006-07-04 11:38:22	2006-07-04
13									
14									
15									
16									
17									
18									
19		71						2006-07-04 12:54:55	2006-07-04
20	2.283	34	良					2006-07-04 09:22:12	2006-07-04
21									
22		61						2006-07-04 11:55:00	2006-07-04

图 4-26　Excel 导出界面 2

2. SPSS 导出

SPSS 是统计中常用的数据分析软件，通过系统导出 SPSS 文件后，管理员如果要打开并且查看文件内容，一定要确保用户电脑中装有 SPSS 软件。

具体操作与上述相似。这里不做详细说明。区别在于指定文件路径是以.SAV格式保存，系统在指定文件对话框中做了限定。

　　3. word 导出

　　答卷支持 word 导出，可以以 word 的格式导出单份答卷，具体操作为点击"word"导出，填写保存路径，出现如图 4-27 所示界面。

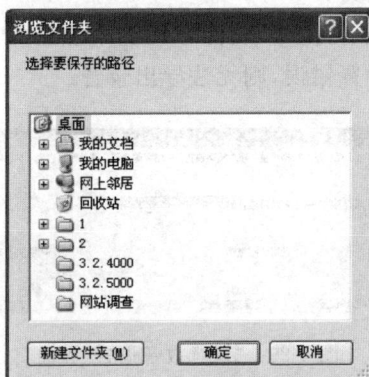

图 4-27　保存路径界面

　　路径选好，点击确定后，所有的答卷都以 word 的形式生成在保存的文件夹中。图 4-28 是打开的 word 格式的答卷。

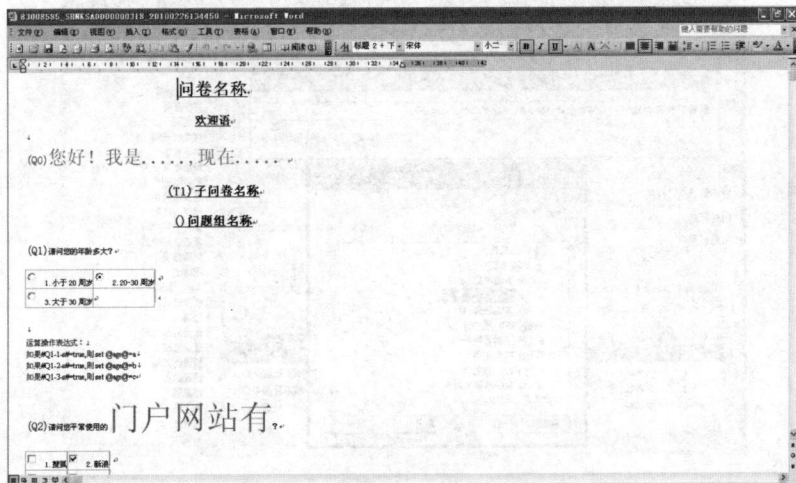

图 4-28　word 格式的答卷

(二)录音导出

为了统一管理,所有项目的录音默认全部存放在录音服务器上,由于录音服务器的存储空间有限,随着项目的展开,可用的录音空间将越来越少,所以项目完成后,可以将本项目的录音文件导出,备份到其他存储介质或者刻录光盘,然后由管理员将录音服务器上的文件删除,保证录音服务器的录音空间。录音导出的步骤为:

1.首先在项目的"执行策略"功能中检查本项目的录音文件存放位置,如果录音文件存放位置设置错误,则无法导出录音。

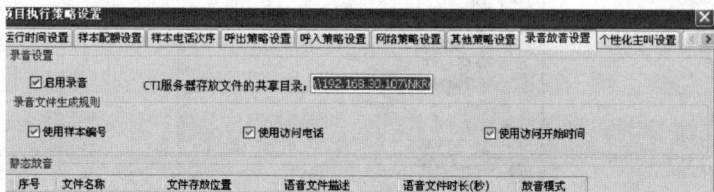

图 4-29 "录音放音设置"界面

2.访问录音存放目录,如果没有访问权限,便不可导出录音。

3.录音查询和导出。进入项目的"答卷查询"功能,通过"答卷查询"功能查找需要保存录音的答卷,然后通过"录音保存"功能导出录音。

图 4-30 "答卷查询"界面

(三)将项目状态改为结束

项目完成后,需要将项目状态设置为"结束",这样访员在登录系统时就不会看见已经完成的项目了。

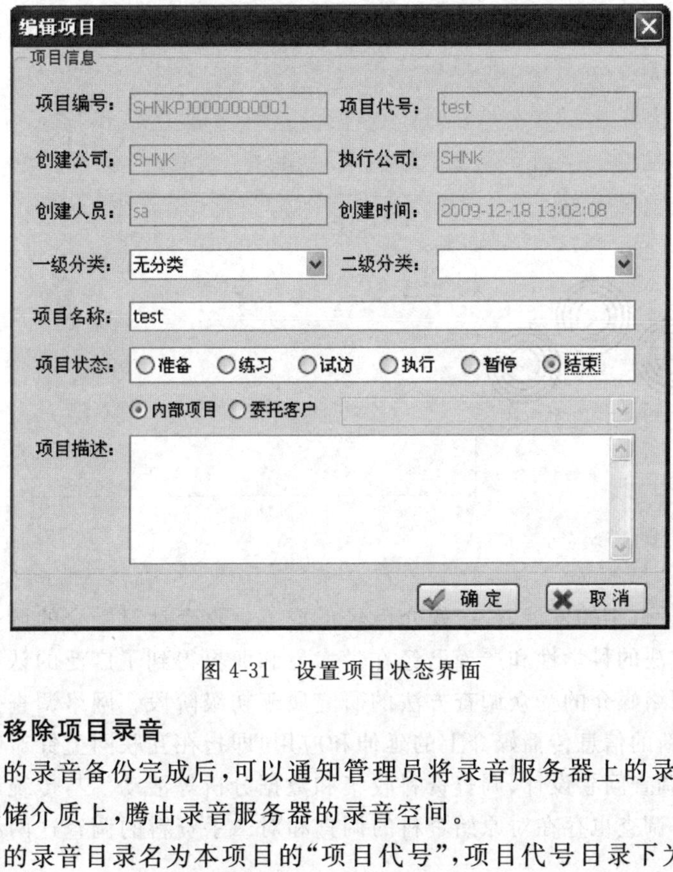

图 4-31 设置项目状态界面

(四)移除项目录音

项目的录音备份完成后,可以通知管理员将录音服务器上的录音备份到其他的存储介质上,腾出录音服务器的录音空间。

项目的录音目录名为本项目的"项目代号",项目代号目录下为"访员工号",访员工号目录下为本访员的访问样本录音。

第五章
网络调查

经过近百年的发展,传统媒介已经形成了一整套针对受众的调查研究方法,这套方法的科学性和严谨已经在学术界和业界得到了广泛的认可。与之相比,对网络媒介的受众调查方法的研究属于初级阶段。网络调查是传统调查方法在新的信息传播媒介上的延伸和应用,即指在互联网上针对特定的问题进行的调查问卷设计、调查资料收集和数据分析等活动。与传统调查方法相似,网络调查也存在对原始资料的调查和对二手资料的调查这两种不同的方式。

第一节　网络调查概述

一、网络调查的优势

互联网作为一种新兴的信息沟通渠道,具有广泛性、自由性、直接性、开放性和平等性等主要特点。正是这些特点,决定了网络调查具有传统调查所不可比拟的优势和特性,且随着移动互联网的不断进步和发展,网络调查越来越成为一种不可忽视的调查方式。

1.便捷性和低成本

相比于传统调查方式,网络调查节省了调查中耗费的大量人力、物力和财力。我们只需要一台能够上网的计算机以及能够熟练操作网络调查软件的调查人员,就可以实施网络调查了,十分方便和快捷。通过网络将调查问卷进行发布后,由被调查者(也就是网民)自愿填写,然后通过统计分析软件对所收集的数据进行分析和整理。因此,在采用网络调查的方式进行信息采集的过程中,并不需要派出调查人员,也不会受到天气和距离的限制,更不需要印刷纸质调查问卷,调查过程中最烦琐也是最关键的信息采集与数据录入工作,都可以在众多网络终端上完成,被调查者可以不间断地接收调查问卷,并不需要有人监看,许多网络调查软件还具有信息检验和信息处理的功能,为调查人员省去了许多不必要的麻烦。

据业内权威人士透露,根据以往经验来说,传统的离线调查中,每一个样本的投入大概为120元至150元左右,所以离线调查人员在抽样时,总希望能够尽量地减少样本的数量。当然其前提是在邮箱降低采样成本的同时,也要保证所抽取的样本数量必须能够把调查的误差控制在允许范围之内,然而网络调查就没有这方面的顾虑。

2.及时性和共享性

在网络调查中,总是能够迅捷地实施任何一个调查方案,而且网上信息传播速度非常快,例如用电子邮件的方式,在几分钟内就可以把问卷发送到世界各地,问卷的回收速度也相当快。在样本填写提交的同时,调查人员就能收到调查的结果,这种迅速、及时的调查方式,对某些时效性要求较强的调查是极其必要的,也是传统调查方法所不能及的。当问卷数据回收后,即可运用统计分析软件,对调查的结果进行即时的统计,整个过程非常便捷和迅速,而传统的调查要经过问卷的回收、数据的录入等,需要很长一段时间才能得出结论。如最近热议的开放二胎政策,消息一公布,就有调查人员对这个政策的民意做出了网络调查,并得出有占比43%接受调查的网友明确表示会生二胎而有近七成的网友认为不利于人们生二胎的最主要因素是抚育成本高,这个调查在开放二胎政策宣布后的几日内就已完成并回收处理调查数据,调查结果也可以第一时间运用到相关的新闻报道之中。从这些具体调查所花费的时间就可以看出:网络调查的速度远快于面访、电话调查等离线调查。这皆与网络调查问卷的发放、填答、提交不受时空限制且即时快捷有关。无论是把问卷直接放在专业的网络调查网络开展,还是发送电子邮件,都可以迅速地把调查问卷快速广泛地呈现在被访者面前。问卷的填答虽可能会费些时间,但填答时间由被访者自己支配。填答完毕后,问卷的提交也比较简单,只要点击一下提交键即可。

网络调查的结果是开放的,共享的,被调查者可以和调查者一样使用调查结果,而且投票信息经过统计分析软件初步处理后,调查者可以马上查看到阶段性的调查结果,而传统的调查须经过较长的一段时间才能得出结论。随着移动互联网和社交媒体的不断发展,网络调查又有了新的传播渠道,通过被调查者的复制和自主分享,呈现出裂变式的传播形态,大大减少了问卷发放和回收的时间成本。

3.互动性与灵活性

由于网络具有高度的互动性,因此网络调查的这种基于网络自身的技术特性的调查方式也具有同样的优势。也就是说网络调查互动性的优势是由网络自身的互动性所赋予的。网络调查不受时空的限制,可以全天候向世界各地发放调查问卷、回收调查数据,抽样框相当大,调查范围也十分广泛。2000 年 11 月,3com 中国公司举行 planet project 网上民意调查活动。这次活动中 planet project 在自己的网址上设下不同题材的各种问题,围绕人类基本状况的方方面面展开。"让中国民众首次与来自世界其他地区、不同年龄和性别的人同时分享和比较彼此的观点和看法。"

目前的网络调查系统可支持包括单选题、多选题、复合多选题、排序题等在内的几十种题型设计,同时许多专业的网络调查软件和网站还支持图片、声音、视频等多媒体文件,使得调查过程更加直观生动,解决了许多在传统离线调查访谈中不能解决的问题,消除用户接受调查时的枯燥感的同时,也在一些产品测试、广告测试中获得了更多的调查数据。

网络调查的灵活性主要体现在:第一,被访者不必一口气答完,可暂时中断后继续答题,答题时间安排灵活;第二,问卷设计修改灵活,问卷可实时修改实时生效,同时也不会影响调查的进行。

随着信息工业的突飞猛进,移动网络和社会化媒体的不断发展,信息爆炸使个体与社会之间的关系发生了根本性的变革,个体通过一种网状的电子通信设备进行网络层面的物质活动、精神交往和话语交流。这一无形网络创造的话语解读空间形成了异于传统新闻传媒的另一个舆论空间。

对我国来说，网络传播已被视为一股强大的、新兴的自由力量，给社会带来了非常强大的冲击。"成都女司机被打事件"、"冰桶挑战"、"广东孙志刚事件"、"客机坠毁事件"等，一个又一个的网页，一个又一个的论坛设立，热门微博话题的上榜速度之快速、内容之丰富、制作之精细、言辞之尖锐，已经让很多人开始重视网络舆论给社会带来的重要影响，明白网络"无所不能"的巨大传媒功效，以及网络舆论给现有新闻传播和社会生活秩序带来的冲击及其对人们思想和意识的进一步影响。为什么这些网站、微博以及各类社交媒体上汇聚了这些言论？为什么人们喜欢在网络上表达自己的看法？这值得调查人员用科学的态度和方法进行研究。而网络调查就是其中最重要的手段之一。

网络调查跨越了时空界限，不仅节省人力、物力和财力，而且也将彻底改变传统的统计调查模式，是一次根本性的变革。作为一种适应信息传播媒体变革的崭新的调查方式，网络调查在欧美等互联网发达的国家已相当普遍，尤其是关于市场及民意的网络调查，数千个站点、几十万个英文网页上含有调查栏目。我国的网络调查虽然刚刚起步，但是发展迅速，许多专业的网络调查网站都已经向广大用户开放，且日趋专业化。国外已经开发出了针对网络调查的调查软件，并已经有国外组织探讨用互联网实施常规的统计调查，我国也有众多软件公司开发出了网络调查的专业软件及计算机辅助电话调查软件，我们前文中所介绍的就是其中之一。

二、网络调查存在的问题及对策

网络调查在具有上述优势的同时，也存在着一定的问题和弊端。在社交媒体不断蓬勃繁荣的时代，社会呈现出网络化的趋势，个体精神得到强调和宣扬。网络赋予了广大受众新的传播权利，受众不仅成为信息的接收者，同时也成为信息的创造者和传播者，个人空间变成了公共空间，两者之间的相互转换，也使得网络传播呈现出多元化的特征。例如微博和贴吧就能充分体现这种特性。在微博和贴吧中，公众对公共事务和社会热点的不同看法得以表达，传播理性的关键——传播自由，最大限度地得到发挥。截至 2014 年，我国已拥有 6.3 亿网络用户，其中包括 5.27 亿通过移动端上网的用户。每年急剧增长的上网人数，迅速地开辟了越来越大的网络公共领域，形成了新的舆论场，对传统媒体和社会产生巨大的改变和影响。随着单向性的传播模式被彻底推翻,双向互动的沟通形式的建立,网络调查的重要性正受到人们越来越多的重视。甚至有人称,网络调查必将取代传统的调查方式。这虽然是调查业发展的一个重要的趋势和方向,但在现阶段,网络调查面临的最主要的问题是网络调查的客观性,也就是网络调查的结果究竟在多大的程度上是可信的。

国内的网络调查最具代表性的是中国互联网络信息中心(CNNIC)的调查。2015 年 7 月 23 日,中国互联网络信息中心(CNNIC)在京发布第 36 次《中国互联网络发展状况统计报告》。自其成立至今,发布的调查报告受到了国内外的普遍重视,也是有关中国互联网发展统计最权威、引用率最高的调查报告。中国互联网络信息中心(CNNIC)的调查是典型的网络调查——站点法,即将问卷放置于网站中,然后由受访者自愿填写。这种方法虽然成本低,而且简单易行,但无法保证其客观性。例如,没有科学的抽样方法,只根据受访者的个人兴趣和填答意愿来决定;等等。

调研结果的客观性和可靠性,主要是统计数据的信度问题。所谓统计数据的信度,指的是采取同样的方法对同一对象重复进行测量时,其所得结果相一致的程度;从另一方面来说,就是统计数据的可信程度,更直观的表示就是统计数据的误差问题。网络调查的信度主要表现在以下两个方面:

第一,网络调查研究的总体问题,也就是覆盖范围误差问题。覆盖范围误差指的是个体被抽样框所忽略的情况。在网络调查中,覆盖范围的误差通常被视作最大误差源,指的是目标总体与抽样框之间的差距。目标总体是研究想要涉及的总体,抽样框是研究者在研究中可以调查的个体的集合。抽样框的典型例子,如住宅电话号码簿(电话调查)和个人电子邮箱账户(网络调查)[①]。由于网络调查是在网上进行,因此接受调查的受众必然是网民,那么网络调查研究的总体就应当是网民。目前,虽然我国互联网用户已经达到了5 亿以上,但是网民不能代表所有的被调查样本,也就是说,网络调查的对象是十分有限的。对诸如"中国互联网络发展状况统计"等这一类问题的调查,网络调查无疑是最合适不过的,但是若要进行全国范围或是其他领域的调查,如"我国农村留守儿童生活情况调查"等,网络调查就显得不合适了。因为这种调查的总体并不仅限于网民,而且被调查对象对网络的接触程度可能也十分有限,因此网络调查的结果无法代表真实的情况和被访者的真实态度。

① 黄鸣刚.从媒体角度看网络调查方法[J].中国传媒科技,2004(11).

第二,样本的代表性误差问题即抽样误差问题。抽样误差是指抽样方法本身所引起的误差,这种误差是在从抽样框中选择个体的过程中产生的,是由于样本各单位的结构情况不足以代表总体的状况,而用部分去推断总体所产生的误差。如将全体网民作为总体,将参与调查的网民作为样本,那么被调查的网民是否能够代表全体网民的态度和意见就是代表性误差产生的一个重要的案例。以网上问卷为例,若采用站点法,把问卷放在网站中,由访问者自愿填写,那么这种调查方法将会面临诸多问题,如,填写问卷的人是否能够代表总体,是否能有足够多的人对问卷进行填写,是否会存在一人多次填写同一份问卷的情况出现,等等,这些问题都是调查人员无法控制的。而如果采用电子邮件的形式向受访者发送问卷,则要求必须有足够多的电子邮件地址,并从中选择被访对象,否则就不具有代表性。

要有效解决以上这些问题,在现阶段,可以运用一些技术手段尽量减少这些问题的影响。黄鸣刚在《从媒体角度看网络调查方法》一文中为我们总结了以下方法:

第一,对网上用户的身份进行检验。在收集被访者信息时,为了尽可能消除同一个被调查者多次填写问卷的情况,避免给调查结果带来的代表性偏差,我们可以利用"IP+若干特征标志"的方式来检验受访者填表次数唯一性。在条件被访者抽取设计时,通过 IP 属性来检测受访者唯一性的技术已经被广泛地应用,随着移动互联网的发展,还出现了许多新的形式,例如手机号码、微信账号、微博 ID 等对身份进行检验的形式,来确认被访者身份的唯一性,排除不必要的干扰。

第二,随机 IP 自动拨叫技术。这种技术可以运用在主动型网上抽样调查。通过一个随机 IP 地址发出软件产生一批随机 IP,就像在某些电话调查软件中,通过随机生成电话簿来确定样本一样。生成随机 IP 后,再由 IP 自动拨叫软件向这些 IP 发出呼叫,向受访者发出邀请,收到该信息的用户可以按照自己的意愿决定是否参加该项调查。

第三,电子邮件+网页的方式。采用电子邮件邀请受访者的同时,向受访者发放一个由密码锁定的链接,而每个受访者所使用的密码都是不相同的,且只能使用一次。这种方法以目前的技术也可以实现,在某些特定的调查中也会有所运用,这样可避免不合乎标准的人填写调查问卷,也能防止受访者多次填写同一份问卷,但这样的方法在操作上有些烦琐,也容易造成受访者的厌烦情绪,有时不利于问卷的回收。

第四,利用特征标志作为"筛选器"。根据具体调查问卷中所涉及的问题选取特定的受访人群,年龄、职业、性别、地域、学历、职务等标志都可成为筛选受访者的重要条件,在网络发达的今天,网民在注册时填写的公开注册信息以及其网络行为习惯,都被网络公司和相关机构作为大数据加以保留和分析,调查人员可以通过这些特征和标志将受访者中代表性差的样本过滤出去。

作为一种新兴事物,网络调查相比目前的各种调查方式存在许多不同之处。先进的通信技术使它具有传统调查无法比拟的优势,但它存在的问题也是不可忽视的。要深入研究,积极探索,克服它的缺点,相信它一定具有广阔的发展前景。[①]

第二节　网络调查的方法

新闻传播研究方法主要采用社科研究的基本概念和具体的研究方法,具体研究方法可分为两类:定量研究和定性研究。而调查研究是社会科学研究常用的定量方法,如今越来越多的学术机构和企业已经开始利用互联网进行网络统计调查,这种基于网络的统计调查具有巨大的技术优势和发展潜力,它的出现对传统的统计调查方式产生了极大的冲击,也完全能够适用于新闻传播领域。网络调查与传统的调查一样也有自己的调查方法。

按组织调研样本的行为不同,网络调查可以分为主动网上调研法和被动网上调研法。主动调研法,即调研者主动组织调研样本,收集调研数据,完成统计调研的方法。被动调研法是统计调研的一种新情况,即调研者被动地等待调研样本造访,完成统计调研的方法。

根据调查方法的不同,网络调查也可分为网上问卷调查法、网上讨论法、网上实验法和网上观察法等。

第一,网上问卷调查法。网上问卷调查法是在网络上设计和发布问卷,被调查对象也是通过网络进行问卷的填写,调查者在网上将数据收回,进行处理,完成调查。网上问卷调查法根据不同的投递手段也可分为站点法、电子邮件法和随机 IP 法三种。第一种站点法,这种网络调查方法是将调研问卷

①　黄鸣刚.从媒体角度看网络调查方法[J].中国传媒科技,2004(11).

的 HTML 文件,附加在一个或者多个网络站点上,当上网的用户浏览这些网站的时候,点击调查问卷,参与调研。站点法属于被动调研法,需要等待用户主动点击问卷,这是网上调研的基本方法。第二种电子邮件法,电子邮件法是通过给被调查者发送电子邮件的形式,将调研问卷直接投递给一些特定的受众,由被调查者填写后以电子邮件的形式反馈给调研者的调研方法。电子邮件法属于主动调研法,被调查者在填写问卷时甚至不用上网:他们可以将电子邮件下载下来,在发送结果时上线提交即可实现。电子邮件调查也有其局限性:问卷的交互性很差,并且数据的处理会很麻烦,因为每份问卷的答案都是以邮件形式发回,因此必须导入数据库进行处理,不如站点法方便快捷。这种网上问卷调查法是最常用的方法,它比较客观、直接,但不能对某些问题作深入的调查和分析。第三种,随机 IP 法。它是借助一定的技术,以产生一批随机 IP 地址作为抽样样本的调研方法,这种调查方法属于主动调研法,其理论基础是随机抽样。

第二,网上讨论法。网上讨论法可通过多种途径实现,如论坛、QQ、社交媒体群、网络实时交谈、网络会议(Netmeeting)等。主持人在相应的讨论组中发布调查项目,请被调查者参与讨论,表达各自观点和意见,被调查者在主持人的引导下进行讨论。网上讨论法是基于 Web 的计算机辅助访问的调研方法,可以将分散在不同地域的被访者通过互联网视频会议的功能虚拟地组织起来,在调查员的引导下讨论调研问题的调研方法。这种调查方法与传统的深度访谈相似,借助了网络技术而实现。网上讨论法是小组讨论法在互联网上的延伸应用。它的结果需要主持人加以总结和分析,对信息收集和数据处理的模式设计要求很高,难度较大。

第三,网上观察法。网上观察法是对网站的访问情况和用户的网上行为进行观察和监测。目前许多网站都在做这种网上监测。很多可供免费下载的软件,事实上也在做网上行为监测。使用这种方法最具代表性的是法国的 NetValue 公司,它所监测的是网络用户的网上行为,号称"基于互联网用户的全景测量"。NetValue 公司调查的主要特点是首先通过大量的"计算机辅助电话调查(CATI)"获得用户的基本人口统计资料,然后从中抽取出样本,招募一定量的自愿受试者,将软件下载到用户的电脑中,由此软件记录被试者的全部网上行为。一般的网上观察是基于站点的,通过网站的计数器来了解访问量和停留时间等信息,而也有的测量则是基于用户的,比如前文提到的 NetValue 公司,这种方式可以全面了解网站和用户的基本信息和上网情况。

NetValue 不仅能够记录用户访问的网站,而且还记录了网民的上传数据、下载软件、浏览网站以及收发电子邮件等全部网上行为,因此被称为"全景测量"。

综上所述,网络调查既有其不可比拟的优势,也存在着一定的问题和弊端。一方面,网络调查的优势在于它不仅可以在更广的范围内,对更多受众进行信息的调查和收集的工作。与传统研究方法相比,不仅可以以较少的人力、物力、财力获得颇为丰富的被调查者的信息和资料,而且,不仅是调查研究的专业人员,随着网络调查的发展、网络调查网站和网络调查软件的开放,普通媒介从业人员和广大受众也都可以根据自己想调查的问题,设计调查问卷,通过免费的服务器和站点向世界各地的人开展调查,调查的门槛大大降低;网络调查的低费用使得每一个进入互联网的人都有相等的能力。此外,网络调查还可以以多种多样的问卷设计方式,通过一定的技术手段向被调查者呈现一份囊括图片、音频和视频等的多媒体的问卷,这是传统的调查方法难以做到的。但另一方面,网络调查同样潜存着问题和弊端,日益增多的网络问卷调查越来越良莠不齐,让人很难分辨出哪个调查是优秀的;内容相同或相似的调查也使得被调查者产生厌烦,被调查者可能会根据其内容、主题、娱乐性、奖励机制或调查的其他特性而做出是否参与调查的决定,而这样的行为会影响到网络调查的可信度。

第三节　网络调查的程序与步骤

如今我们可以通过调查问卷网站发布问卷信息,同时也有许多专业公司为我们提供了专业的调查软件,我们这里将以 ITACAWI 这款软件作为示例,对网络调查软件进行介绍。

一、立项

建立一个新项目,设定为"标准项目",设定项目编号和项目名称。项目状态为"准备",设定项目分类为"网络调查类",在项目描述中填入项目经理、项目目标、规划信息和委托信息等。

在 ITACAWI 软件中,我们把一次网络调查视为一个项目。针对立项项目可以进行有操作有:新建项目、编辑项目、删除项目、项目信息导出等。图5-1 为管理主界面。

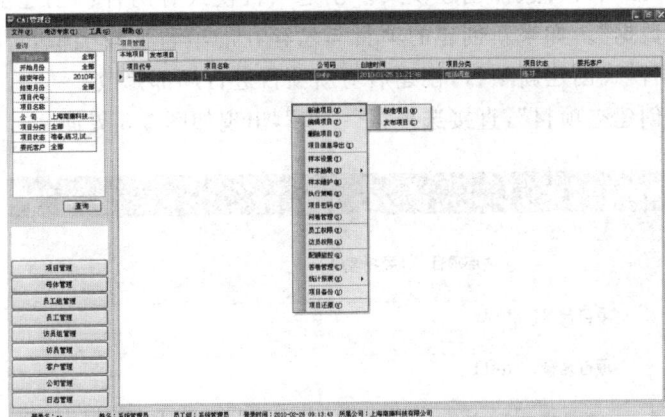

图 5-1　管理主界面

　　底部显示当前登录用户的信息：登录名、（员工）姓名、员工组、登录时间和所属公司。左上角是查询区，左下部是大类，右边为相应的明细。

　　登录后直接显示"项目管理"大类。在"项目管理"界面中显示本地项目和发布项目。鼠标右击某个项目会出现一个弹出式菜单。其中包括所有可以对此项目的操作。如果当前登录的用户权限有限，那么这个弹出式菜单中某些项会相应变成灰色。

　　在"新建项目"中选择"标准项目"，即弹出如下窗口。

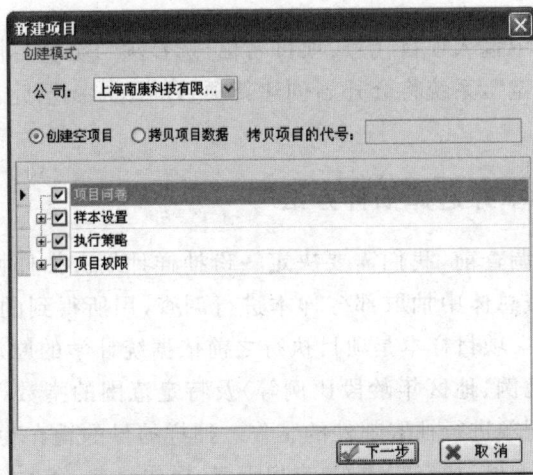

图 5-2　"新建项目"界面

新建标准项目可选择创建模式。创建项目模式有两种："创建空项目"和"拷贝项目数据"。如果新创建的项目与已存在的项目比较类似,可以选择拷贝项目数据模式创建新项目,创建后对新项目进行局部修改。

选择"创建空项目",直接选择"下一步",出现如图5-3界面。

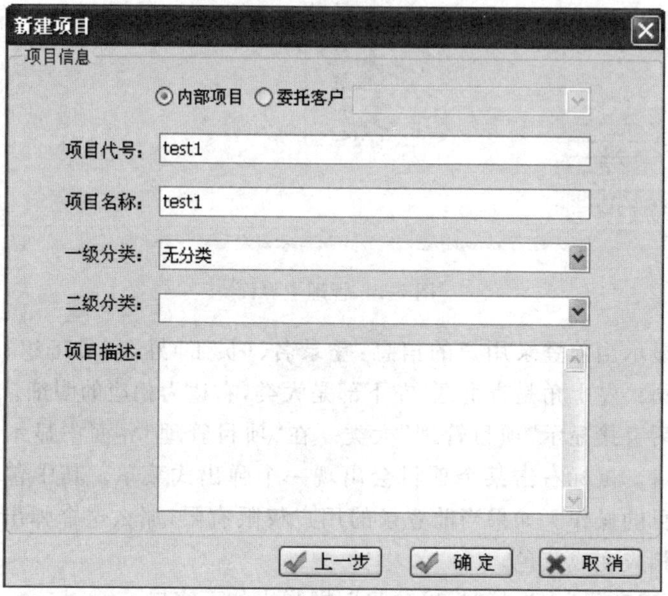

图 5-3 "创建空项目"界面

在项目信息中输入项目代号、项目名称,选择项目分类,并对项目进行描述,然后单击"确定",系统将会开始创建新项目的结构。至此,我们就完成了标准项目的创建。

二、准备样本并选择抽样方法

在进行网络调查前,我们需要决定一份抽样计划。抽样调查,是按照一定的方式,从调查总体中抽取部分样本进行调查,用所得到的结果说明总体情况的调查方法。项目样本是项目执行之前依据统计学的原理,根据各种社会指数(如人口比例、地区年龄段比例等)及特定范围的指数(如使用各种产品的人数)制定配额进行抽取邮件的工作。抽样的目的旨在为网络调查项目提供合适的目标人群(如有车无车、有房无房、居住地点、个人资产总额等等)。

（一）样本查询

可以对项目中的样本按条件进行查询，进入该界面的具体操作为：选定某项目，单击右键，点击"样本维护"，弹出"样本维护"界面，选择界面上的"样本查询"标签，进入"样本查询"界面，如图 5-4 所示。

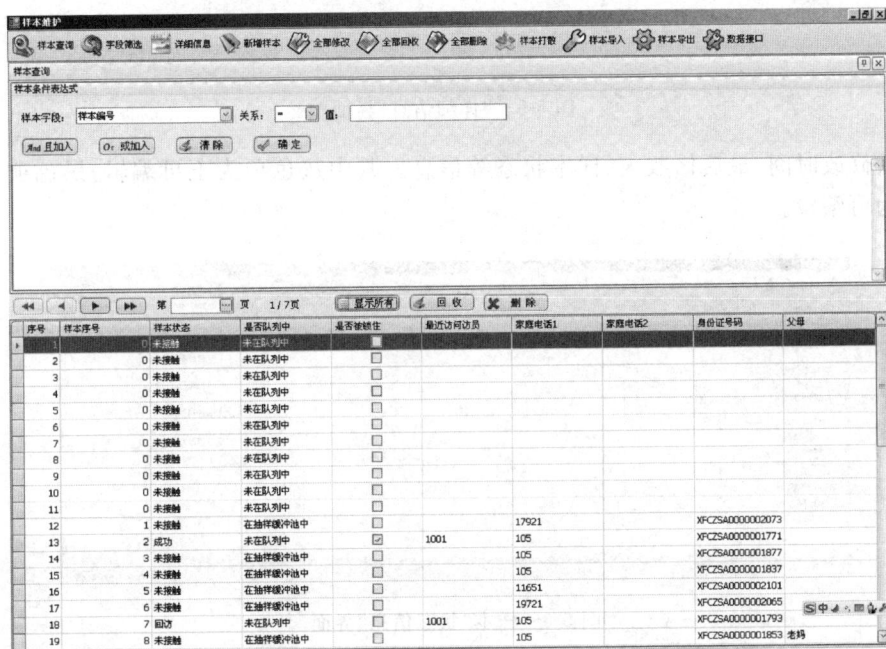

图 5-4　"样本查询"界面

界面上部分为查询条件表达式，可以在中间的空白处对表达式进行编辑，编辑工作完成后，按"确定"按钮，可以查询并在下方显示出满足条件的所有样本记录。界面中间的按钮"回收"及"删除"的具体介绍见后。选择其中一条样本记录，双击，或者点击标签 ⬛ 详细信息，可以显示该样本详细信息，并可进行编辑。

（二）详细信息

可以详尽地显示某条样本记录，样本基本信息如图 5-5 所示，可对该样本的一些信息进行编辑。

样本状态信息，如图 5-6 所示，显示了该样本记录的创建时间、创建人、最

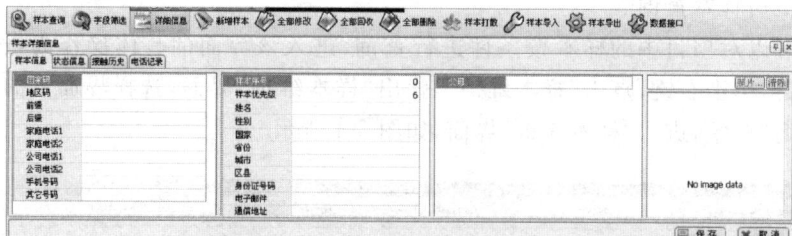

图 5-5 "详细信息"界面

后修改时间、最后修改人、样本状态等信息。其中灰色项为不可编辑，黑色项为可编辑。

图 5-6 样本"状态信息"界面

样本接触历史，如图 5-7 所示。

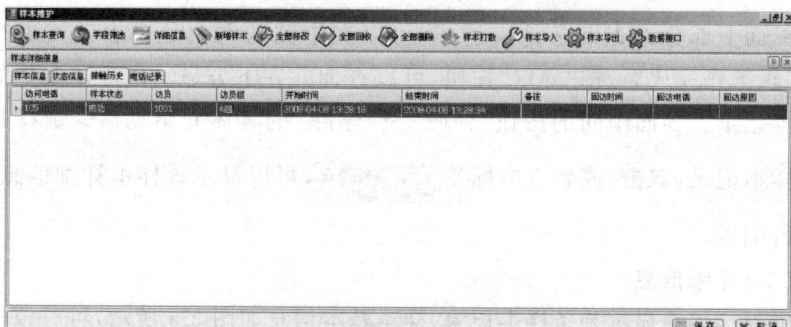

图 5-7 样本"接触历史"界面

以上出现的信息，黑色的项为可编辑的，灰色的项为不可编辑的。点击"保存"按钮，存入最新数据。

(三)全部修改

可以批量对样本某字段的值进行修改，进入该界面的具体操作为：选定某项目，单击右键，点击"样本维护"，弹出"样本维护"界面，选择界面上的"全部修改"标签，进入"样本字段修改"界面，如图 5-8 所示。

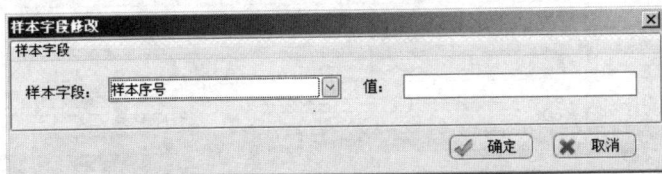

图 5-8　"样本字段修改"界面

把所有样本中某字段的值全部修改成我们需要的值。

(四)全部删除

系统提供样本删除功能：可以对选中的样本或是通过样本查询出的特定的样本进行样本删除，点击"样本维护"，弹出"样本维护"界面，选择界面上的"全部删除"标签，进行批量删除。

注：正在访问中的，及成功访问的样本不会被删除。删除要谨慎操作。

(五)样本导入

可以从外部文件批量导入我们需要的样本资料，首先样本应导入到"母体"中，然后再通过抽样进入具体项目中。

具体操作为：单击"母体管理"，点击"母体导入"，进入"母体导入"界面，如图 5-9 所示。

关于导入文件界面及操作的相关解释如下：

文件格式

系统提供两种可以导入的文件格式，一种是 text 文件，一种是 excel 文件，可以通过下拉列表进行选择。

文件路径

需要导入文件的存储路径，点击后面的 […] 按钮，可以弹出相应文件路径选择对话框。

图 5-9 "样本导入界面"

读入标题

当选定所需要导入的文件之后，点击按钮"读入标题"，下面的文件字段界面显示出文件中所包含的可能需要导入的所有字段。

我们需要把这些字段中的某些或者全部，与数据库里某表格的某些或者全部字段进行匹配，进而满足特定的导入需要。

自动关联

点击"自动关联"按钮，系统开始自动匹配文件字段与数据库中的字段，把左边的文件字段，与右边可选择的样本字段中的英文名称做比较，如果完全相同，就把该字段自动导入到左边的界面中。

我们可以对自动关联之后的结果进行操作，比如左移、右移等，以期达到我们的导入目的。

比对标准

在导入过程中，文件中的若干条记录可能与数据库中已有的记录在某些方面重复，这样的记录我们可以不导入。为实现此功能，我们可以设定比对标准。比对标准的含义是：文件中的记录是由若干字段组成，这些字段与数据库中某表格相应的字段一一对应，可以选择若干字段作为比对标准，如果文件中某数据记录的这些字段的值与数据库中某记录的这些字段值都相同，那么该记录就可不导入，只要有一个字段的值不同，该记录就需要导入。

可以选择界面中的字段，选择的字段就构成了比对标准。该界面呈现的是常见的一些比对字段，比对范围可以自行选择，包括该项目的所有样本、本批次导入样本，或是当前的查询到的特定样本。

（六）样本导出

样本导出可以把样本批量导出到某个文件，具体操作为：单击"母体管理"，点击"母体导入"，进入"母体导出"界面，如图 5-10 所示。

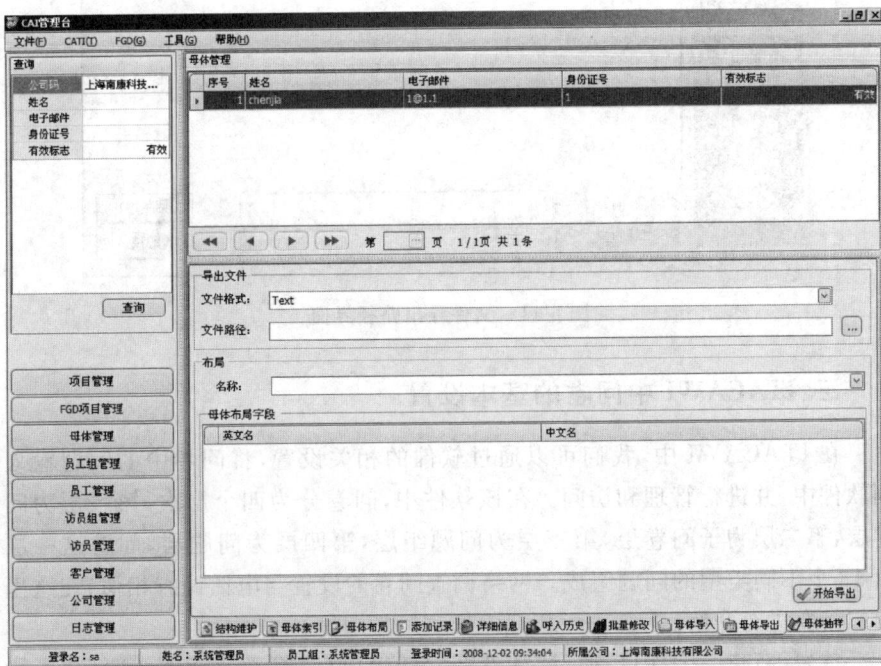

图 5-10　样本导出界面

文件格式

系统提供两种可以导出的文件格式，一种是 text 文件，一种是 excel 文件，可以通过下拉列表进行选择。

文件路径

需要导出文件的存储路径,点击后面的▦▦按钮,可以弹出相应文件路径选择对话框。如图 5-11 所示。

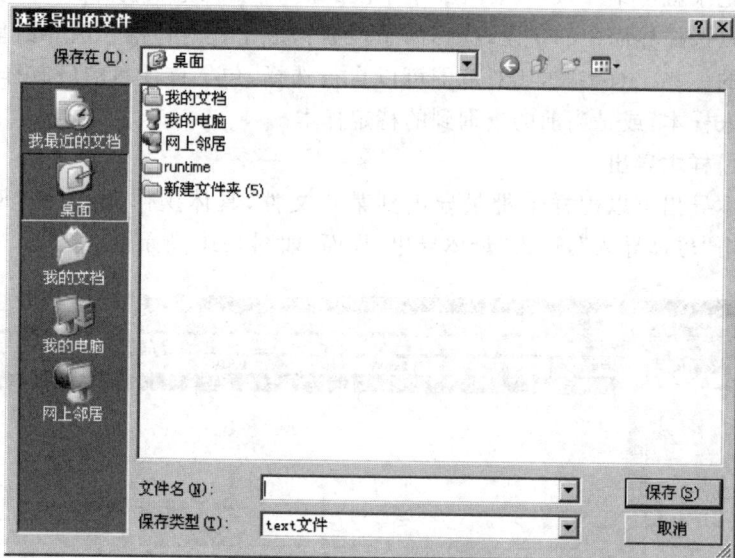

图 5-11　文件导出路径界面

三、ITACAWI 中问卷的基本设置

在 ITACAWI 中,我们可以通过软件的相关设置,将问卷中的问题输入到软件中,并进行管理和访问。在该软件中,问卷分为四个层次,第一层为问卷层,第二层为子问卷层,第三层为问题组层,第四层为问题层,问题这一层由 13 个不同类型的问题组成。网络调查问卷的设置与电话调查相似,在这里我们简要进行介绍。

首先,新建一个项目,通过"文件"—"新建项目"或通过右击—选择"新建项目"来完成。然后,我们将对问卷的属性进行设置。通过右击—选择"问卷属性",在"问卷属性"中我们可以对问卷的常规属性、问卷描述、欢迎语、结束语以及子问卷特征进行描述。

1.常规

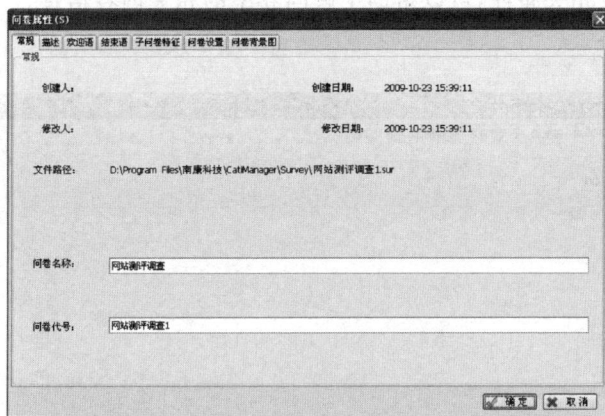

图 5-12　"常规"界面

图 5-12 为"常规"选项卡的界面,在此界面中我们可以查询问卷创建人及修改人信息、创建日期以及修改信息、文件保存路径等,也可以对问卷名称和问卷代号进行设置和修改。其中创建人为问卷的创建人员,修改人则是对问卷进行最近一次修改的人员;创建日期是问卷的创建时间,修改日期为对问卷最近一次修改的时间。

2.描述

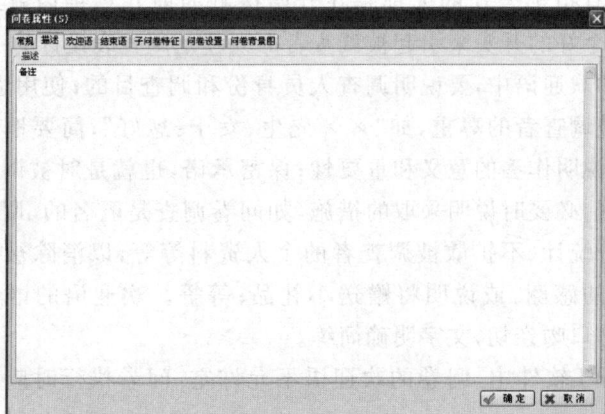

图 5-13　"描述"界面

图 5-13 为"问卷属性"—"描述"选项卡,在此选项卡中可以填写对问卷的描述性内容及相关备注,可以帮助了解问卷中的相关内容信息。

3.欢迎语

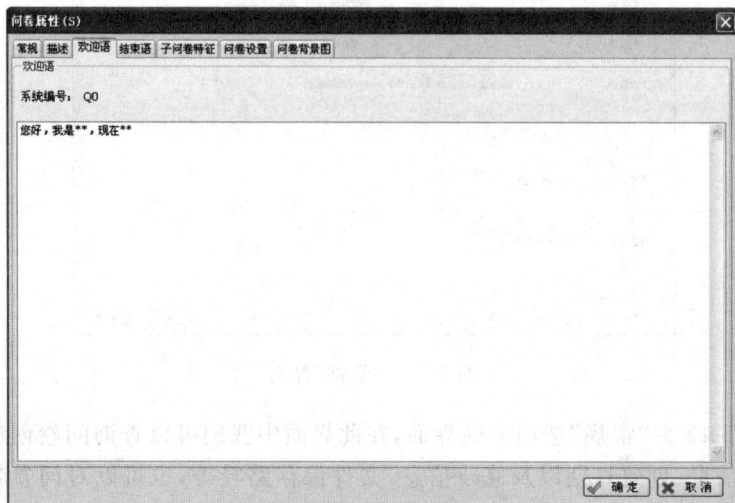

图 5-14 "欢迎语"界面

图 5-14 为"问卷属性"—"欢迎语"的显示界面。在设计一份问卷调查时,不仅要想到调查内容怎么设计,调查问卷欢迎语也是很重要的,大量的实践表明,几乎所有拒绝合作的人都是在开始接触的前几秒钟内就表示不愿参与,因此用一个好的开头来引起被调查者的兴趣是调查表设计的一个重点。

在问卷的欢迎语中,要说明调查人员身份和调查目的;使用适当的称呼、问候表示对被调查者的尊重,如"××先生、女士:您好";简要地说明调查的内容及方法,说明作答的意义和重要性;保密承诺,也就是对被调查者的个人信息进行保密,必要时说明采取的措施,如问卷调查是匿名的、调查结果只用于到本次调查统计、不扩散被调查者的个人资料等等,以消除被调查者的顾虑;表示真诚的感谢,或说明将赠送小礼品;等等。欢迎语的语气一定要谦虚,态度诚恳,口吻亲切,文字明确简练。

ITACAWI 软件中,问卷的欢迎语不允许空,问卷执行时应首先显示欢迎语。

4.结束语

ITACAWI 中的结束语分为以下几种：

第一,正常结束语。

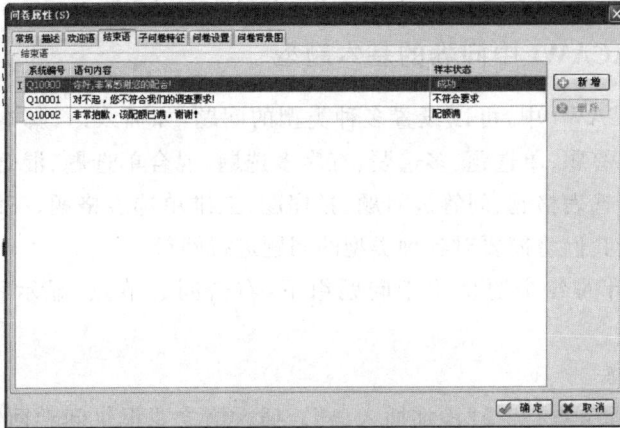

图 5-15 "结束语"界面—正常结束语

正常结束语:系统编号为 Q10000,问卷的正常结束语不允许空,在问卷最后一题结束后显示。成功访问的问卷以"正常结束语"结束,即 Q10000 在"样本状态"中呈现"成功"状态。

第二,异常结束语。

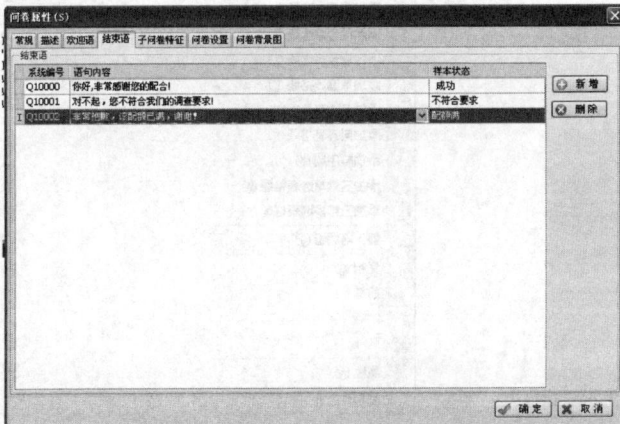

图 5-16 "结束语"界面—异常结束语

异常结束语：系统编号为 Q10001、Q10002……依次递增，问卷允许有 0 到 N 个异常结束语。

异常结束语是在问卷中途退出时呈现的，例如甄别不通过、配额已满等情况，在"样本状态"中选择问卷结束时合适的样本状态。

四、ITACAWI 中问卷的基本题型

在 ITACAWI 中，可以设置多种类型的问题，如插入语、脚本题、一问一答题、多问多答题、单选题、多选题、有序多选题、混合单选题、混合多选题、单选表格题、多选表格题、问答表格题、排序题、三维单选表格题、三维多选表格题等等，下面我们将简要对各种类型的问题进行阐释。

问卷设计的各个题型位于问题组下，右击问题节点，显示弹出式功能菜单。

1. 插入语

右击问题节点，选择"添加插入语"。插入语主要提供问卷回答过程中对被访对象的提示，或起承上启下作用。如：如果您方便的话我们将留下您的联系方式，并将礼品寄送给您。

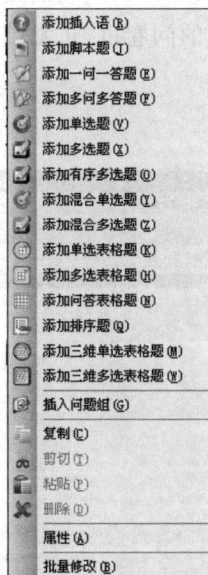

图 5-17　弹击式功能菜单界面

2.脚本题

右击问题节点,选择"添加脚本题"。脚本题主要是利用脚本语言在问卷设计对答题进行控制,本身不显示在问卷中。可以利用脚本题集中处理某些运算控制和跳题控制。

3.一问一答题

右击问题节点,选择"添加一问一答题"。一问一答题的填答形式可以分为短文本、长文本、数字等。其中短文本会以较为简短的文本框样式显示出来,适合被访者简要回答的问题;长文本通常以一个大的文本框的样式显示,有下拉框,适合要求被访者详细回答的问题;短文本与长文本规定字数都要小于 400 字。例如:

(Q2)请您谈谈您对媒介的整合营销的具体看法。

回答: 非常好

数据导出内容:

Q2	Q2C
非常好	

5-18 一问一答题结果显示

4.多问多答题

右击问题节点,选择"添加多问多答题"。多问多答题至少有 2 个问题,每个问题相当于一种类型的一问一答,要求被访者简要或详细回答问题,并纪录。如:

(Q3)请问您一些关于 APP 客户端的基本情况。

(1)请问您在三个 APP 端里会倾向于选择哪一个?

(2)请问您选择的理由是什么?

5.单选题

右击问题节点,选择"添加单选题"。单选题规定被访者只能选择一种答案。例如:

(Q4)请问:您的年龄:

○1.30 岁以下   ○2.30～35 岁

○3.36～50 岁   ○4.50 岁以上

6.多选题

右击问题节点,选择"添加多选题"。多选题表示被访者可以选择一种或多种答案。如:

(Q5)您主要通过什么渠道来了解房产信息呢?

□1.电视广告　　　　□2.报纸宣传
□3.广播　　　　　　□4.房展会
□5.其他 _____

7.有序多选题

右击问题节点,选择"添加有序多选题"。有序多选题表示被访者可以选择一种或多种答案,要求记录被访者的选择顺序。如:

(Q6)您主要通过什么渠道来了解房产信息呢?

□1.电视广告　　　　□2.报纸宣传
□3.广播　　　　　　□4.房展会
□5.其他 _____
答案选项 _____

8.混合单选题

右键单击问题节点,选择"添加混合单选题"。混合单选题要求被访者选择同时满足两种条件的一个选项。如:

(Q7)对被访者年龄以及性别进行统计和调查

	1.20岁以下	2.20岁以上
1.男	○	○
2.女	○	○

9.混合多选题

右键单击问题节点,选择"添加混合多选题"。混合多选题要求被访者选择同时满足两种条件的至少一个选项。如:

(Q8)您去过以下哪些大卖场买过哪些产品?

	1.蔬菜	2.家电	3.服装
1.家乐福	□	□	□
2.大润发	□	□	□

10.单选表格题

右键单击问题节点,选择"添加单选表格题"。单选表格题要求被访者对每个问题项选择一个选项。如：

（Q9）您对美国银行在下列项目的表现满不满意？

	1.非常满意	2.满意	3.不满意	4.非常不满意
1.业务员服务态度亲切	○	○	○	○
2.业务员态度积极	○	○	○	○
3.领卡后业务员追踪服务佳	○	○	○	○

11.多选表格题

右键单击问题节点,选择"添加多选表格题"。要求被访者对每个问题项至少选择一个选项。如：

（Q10）您常去以下几家大卖场买何种商品？

	1.蔬菜	2.家电	3.水果
1.大润发	☐	☐	☐
2.家乐福	☐	☐	☐
3.麦得龙	☐	☐	☐

12.问答表格题

右键单击问题节点,选择"添加问答表格题"。要求被访者对每个问题项都给出答案。如：

（Q11）请您对以下几家大卖场购买的几种商品打分。

	1.蔬菜	2.家电	3.水果
1.大润发	▭	▭	▭
2.家乐福	▭	▭	▭
3.麦得龙	▭	▭	▭

13.排序题

右键单击问题节点,选择"添加排序题"。要求被访者对每个问题项分别选择一个选项,且在前面的问题项中选择过的选项不能再予选择,被访者的回答有先后次序。如：

（Q12）您主要通过什么渠道来了解房产信息呢？

	1.电视广告	2.报纸宣传	3.广播	4.房展会
1.第一提及	○	○	○	○
2.第二提及	○	○	○	○
3.第三提及	○	○	○	○

14.三维单选表格题

右键单击问题节点,选择"添加三维单选表格题"。三维单选表格题位于问题组下,由问卷视图的树的四级结点表示。要求被访者对每个分类问题项的子问题项只能选择一个选项。如:

(Q13)请你对下列国家的牛肉做出评价。

		1.非常不正确	2.不正确	3.正确	4.非常正确
1.美国	1.很好吃	○	○	○	○
	2.很嫩	○	○	○	○
	3.很新鲜	○	○	○	○
2.日本	1.很好吃	○	○	○	○
	2.很嫩	○	○	○	○
	3.很新鲜	○	○	○	○

15.三维多选表格题

右键单击问题节点,选择"添加三维多选表格题"。三维多选表格题要求被访者对每个分类问题项的问题子项至少选择一个选项。如:

(Q14)谈谈你对以下国家的产品的印象。

		1.很好吃	2.很嫩	3.很新鲜	4.很便宜
1.美国	1.牛肉	□	□	□	□
	2.猪肉	□	□	□	□
2.日本	1.牛肉	□	□	□	□
	2.猪肉	□	□	□	□

以上是 ITACAWI 中可以使用的问题类型,我们可以根据问卷中的不同问题,对问题进行灵活的设置。

第四节　数据的收集

在用 ITACAWI 对问卷进行发布之前，要对答卷进行调试。选中菜单栏中的"问卷"→"调试"或是点击工具栏中的调试按钮对问卷进行调试，验证问卷的完整性与正确性。

调查发布后，受访者使用浏览器登录到网络调查系统中，所看到的问卷将以网页的形式呈现。在答卷发布后，调查者能够看到问卷的收集情况，并可以对答卷进行管理。答卷根据其样本的执行情况可分为：须审核的答卷（即有效答卷）、删除的答卷和其他答卷（即无效答卷）。

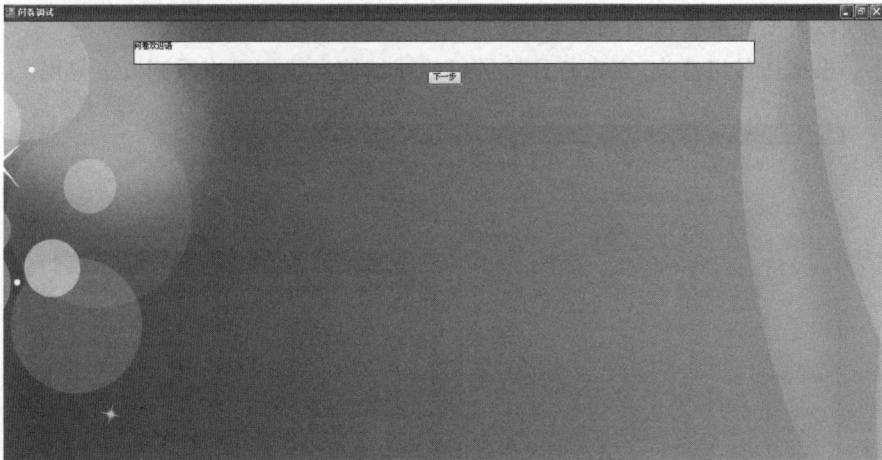

图 5-19　"问卷调试"界面

答卷管理这一模块可以有效地对以上几种答卷进行管理，其中包括：

1.答卷的分类查询功能；

2.以样本为条件的答卷审核功能；

3.以答卷字段、样本字段、答卷问题和变量为条件的批量审核功能；

4.针对问卷开放题的答案根据条件批量进行的答卷编码功能。

答卷管理这一模块还能够以项目为单位将答卷的内容根据样本字段、答卷问题等条件以 Excel、SPSS、Quartum 等统计软件的格式导出数据。

一、答卷查询

在答卷查询功能中,答卷可通过多种条件进行查询。

点击界面上部的答卷查询按钮我们就可以看到答卷查询页面,查询的条件如下。

1.根据时间查询

图 5-20　根据时间查询界面

在整个项目的进行时间内,我们可以根据时间对整个项目的问卷进行查询,选择相应的开始日期、时间和结束日期、时间,我们就可以查询到在这个时间段内所完成的所有的答卷信息。

根据访员组查询:点击打开访员组的详细信息我们可以看到以下界面:

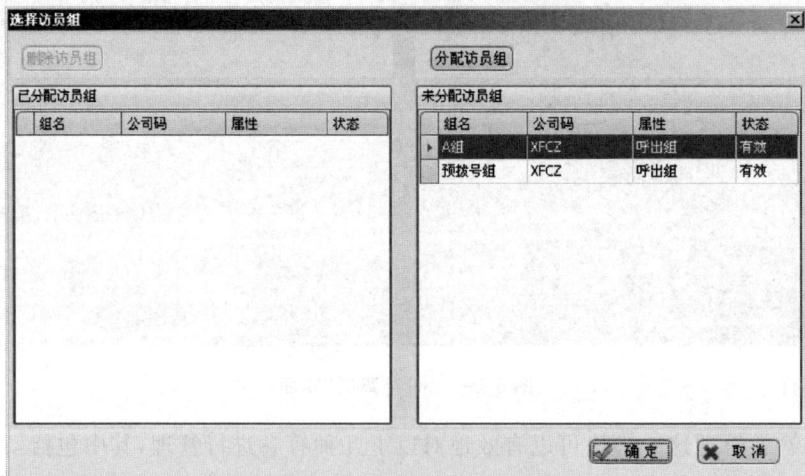

图 5-21　"选择访员组"界面

在 ITACAWI 中,访员组的作用在于区分会员访问组和匿名访问组,会员访问组为"CAWI",匿名访问组为"Anonymous"。

2.根据条件查询

我们可以以样本的字段、问卷的变量、问题的答案等为条件来查询答卷。

图 5-22 根据条件查询界面

按样本字段查询：点击打开样本筛选的详细信息我们可以看到以下脚本界面：

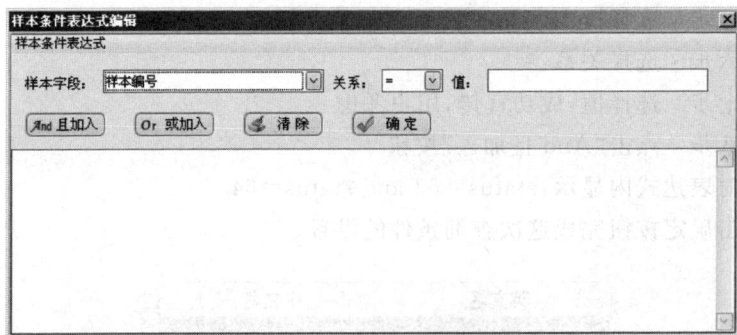

图 5-23 "样本条件表达式编辑"界面

在这个界面中我们可以看到一个样本条件表达式页面，点开"样本字段"后，我们可以看到这个样本所有字段的详细信息，其中包括字段名称和中文注释，如图 5-24 所示。"点开值"后，我们可以看到这个样本字段所对应的所有的值的详细内容。点开"关系"后，我们可以看到可以选择的关系有：

(1)＝　　表示样本字段等于相对应的值

(2)＞　　表示样本字段大于相对应的值

(3)＜　　表示样本字段小于相对应的值

(4)＜＝　表示样本字段小于等于相对应的值

(5)＞＝　表示样本字段大于等于相对应的值

(6)！＝　表示样本字段不等于相对应的值

(7)like　表示样本字段模糊相对应的值

(8)in　　表示样本字段包含相对应的值

同时我们还可以运用 And 且加入或者 Or 或加入将两个字段组合起来进行组合查询。

举例说明：

例子 1　查询样本状态为成功宣传，用户同意办理套餐和成功宣传，用户考虑的答卷。

第一步　选择样本字段：status　样本状态

第二步　选择关系：＝

第三步　选择值：成功宣传，用户同意办理套餐

第四步　点击"And 且加入"按钮

此时表达式内显示：status＝63

第五步　选择样本字段：status　样本状态

第六步　选择关系：＝

第七步　选择值：成功宣传，用户考虑

第八步　点击"And 且加入"按钮

此时表达式内显示：status＝63 and status＝64

点击确定按钮完成这次查询条件的设置。

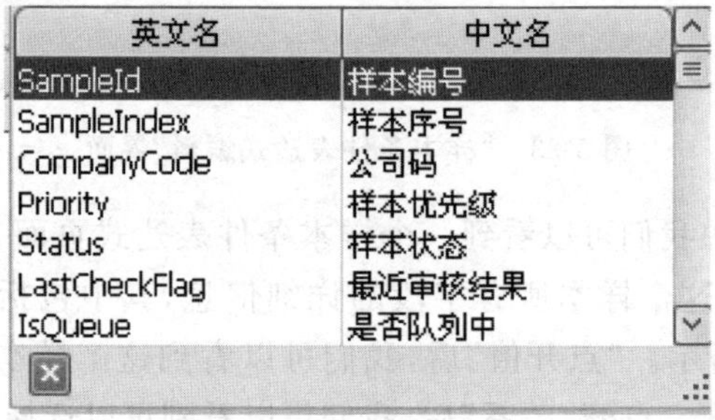

英文名	中文名
SampleId	样本编号
SampleIndex	样本序号
CompanyCode	公司码
Priority	样本优先级
Status	样本状态
LastCheckFlag	最近审核结果
IsQueue	是否队列中

图 5-24　样本字段

按问卷变量查询：如该项目问卷中设置了问卷变量，那点击打开问卷变量的详细信息我们可以看到"问卷变量查询"脚本界面。

操作同按样本字段查询。

按问题答案查询：点击打开问题答案的详细信息我们可以看到以下脚本界面。

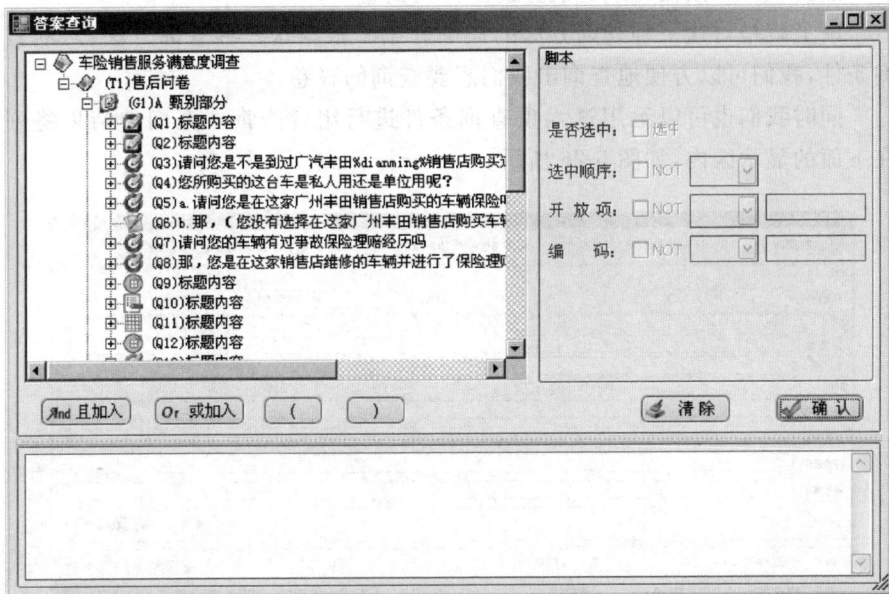

图 5-25　按问题答案查询界面

运用问题答案查询,我们可以将这个项目中所有样本答卷中同一问题的同一个答案或者多个问题的同一个答案查询出来。

在脚本页面的左上方显示的是这个项目问卷中所有的问题组和问题以及该问题相对应的答案。在脚本页面的右上方显示的是我们所需要的查询条件,其中包括:针对选择题的是否选中选项、针对多选题的选中顺序选项、针对选择开放题答案的开放项内容和编码内容等选项。

举例说明:

例 2　写出查询在"万家乐"关怀套餐项目中,问题组 G1 问题 Q2 中所有选择答案为 Q2—4 的样本答卷的表达式。

第一步:选择打开 G1 问题组

第二步:选择打开 G1 问题组下的问题 Q2

第三步:选中 Q2 问题下的答案 Q2—4

第四步:点击脚本框中"是否选中",点击"选中"

第五步:点击"And"且加入"按钮"

此时表达式内显示:＃Q2—4—S＃＝true

点击"确以"按钮完成这次查询条件的设置

以上就是对这三种查询方法的详细介绍。根据这三种查询方法、六项查询条件，我们可以方便地查询出我们想要查询的答卷。

同时我们也可以运用这六项查询条件进行组合查询。查询的结果将列在下面的显示区内，如图5-26所示。

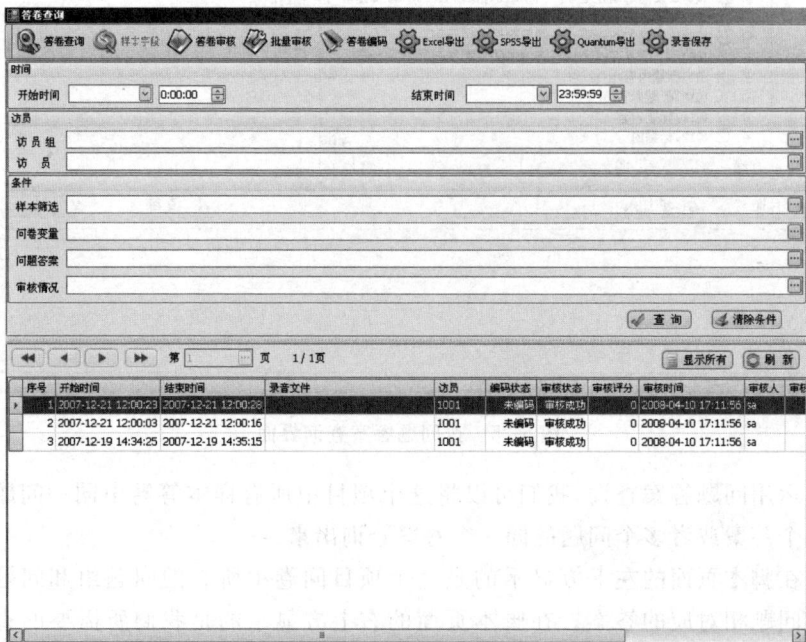

图 5-26　查询结果界面

二、答卷审核

我们可以选中查询出来的样本答卷对其进行样本答卷审核，选中我们要审核的样本答卷点击界面上方的"答卷审核"按钮我们就可以看到答卷审核页面。

在界面的中部就是样本的答卷内容。在答卷内容的下方显示了此样本的基本情况，其中包括审核的状态、开始与结束的时间以及录音文件存放的路径。

答卷审核页面还有许多非常有用的辅助功能。

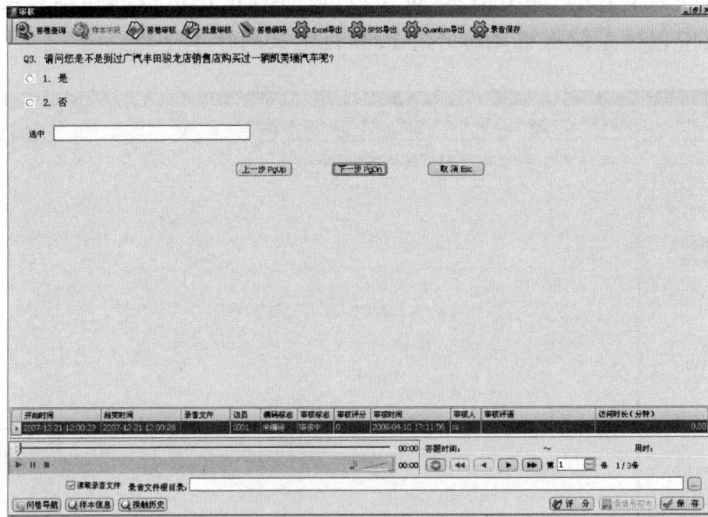

图 5-27 答卷审核页面

点击界面下方的"问卷导航"按钮来查看子问卷在访问过程中其他答题的次序,同时可以选择相关的问题对其进行审核。

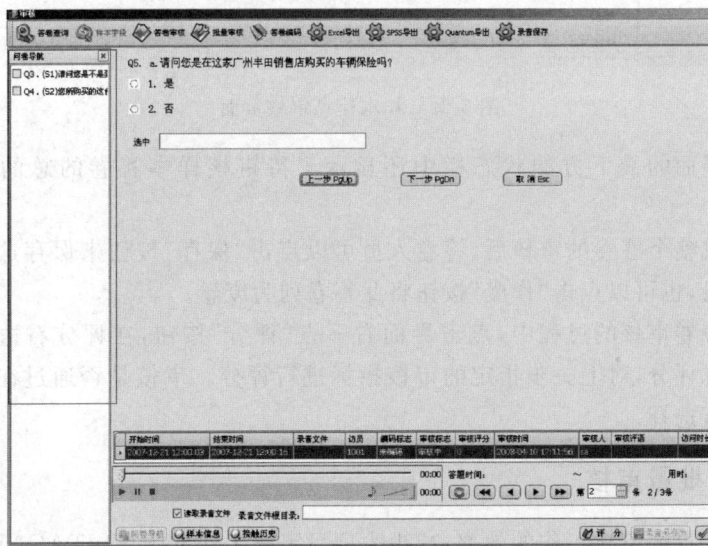

图 5-28 问题审核页面

点击界面下方的"样本信息"按钮,可以查看正在审核的样本答卷的样本信息。其中包括系统标准的样本字段和自定义的样本字段。

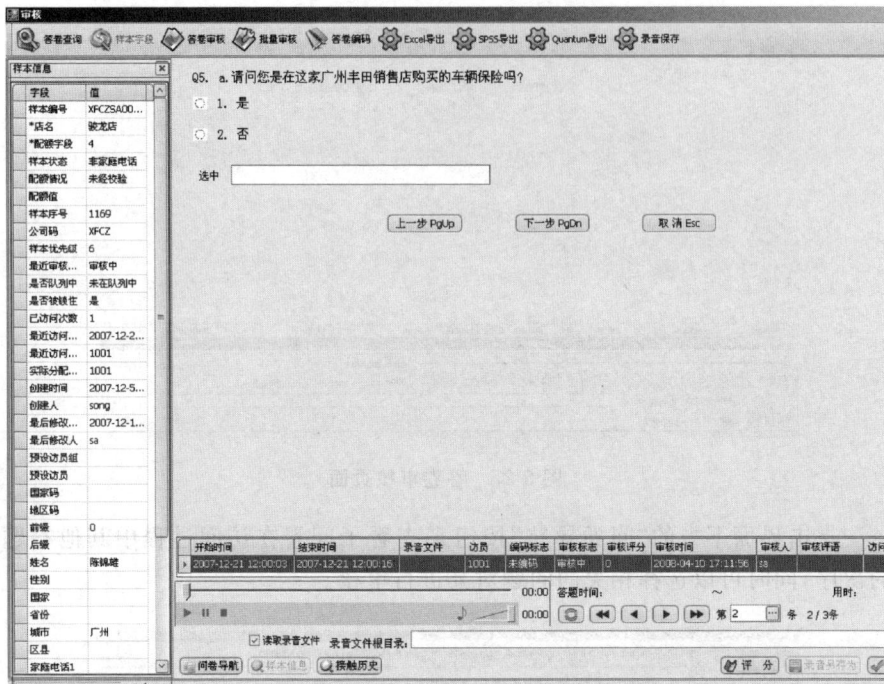

图 5-29　样本信息审核页面

在界面的最下方的状态栏中还显示了待审核样本答卷的总的答卷记录数。

完成整个答卷的审核后,答卷人员可以点击"保存"按钮来保存这份已审核的答卷,也可以点击"作废"按钮将此答卷列为废卷。

在答卷审核的过程中,点击界面右下方"评分"按钮,在评分右边输入框中填写总评分,对上一步指定的审核指标进行评分。审核是否通过在左上角按钮进行选择。

三、批量审核

为了提高审核工作的效率,减少大项目审核工作的强度,ITACAWI 特增加了批量审核功能。审核人员通过对某个项目中的样本字段和项目问卷的某些问题进行筛选,将满足条件的所有样本答卷集中在一起进行批量审核,从而提高审核工作的效率。

选中要进行批量审核的项目,点击鼠标右键进入答卷管理界面,我们可以在答卷管理界面中找到"批量审核"按钮,点击"批量审核"按钮进入批量审核界面。

首先我们看到的是一个条件对话框,让我们选择需要审核的样本答卷的内容,这些内容包括答卷字段、样本字段、答卷问题以及我们所设计的相关变量(如图 5-30 所示)。

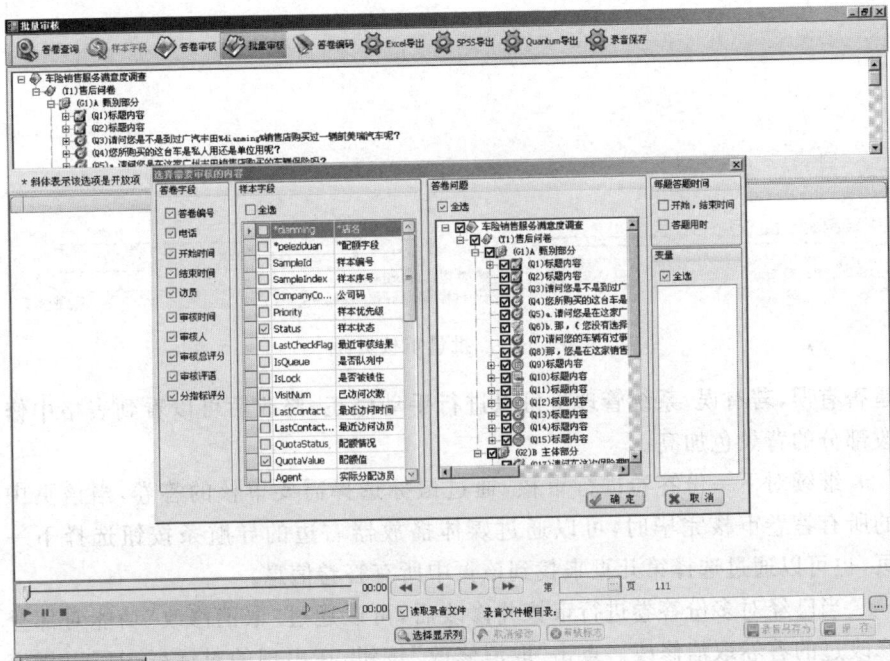

图 5-30

选择好相关的条件后,点击"确定"按钮后批量审核页面就将所有满足以上选择条件的样本答卷罗列在批量审核的界面中。

进入批量审核界面,如果要修改需要审核的内容项,可以通过"选择显示列",在弹出的对话框中对答卷字段、样本字段、答卷问题、每题答卷开始与结束时间、答卷用时和变量重新选择。

点击"确定"按钮后,选中表中的一条答卷,根据录音审核访问员的操作

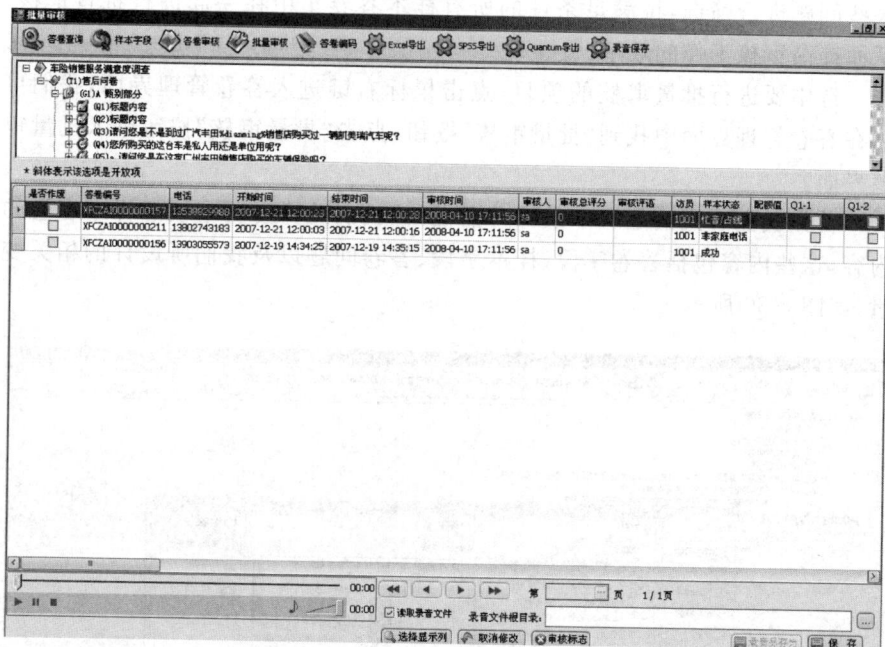

图 5-31　批量审核页面

是否有误,若有误,系统管理员可以进行手动修正,修改后可以看到表格中修改部分的背景色加亮。

继续对下一份答卷进行审核,通过鼠标选择需要审核的答卷,当该页中的所有答卷审核完毕时,可以通过媒体播放器右边的导航条按钮选择下一页,也可以通过选择第几页来找到该页中所有答卷信息。

当已经对多份答卷进行审核并修改后,可以通过"取消修改"功能对部分修改过的答卷取消修改。点击"取消修改"按钮,在出现的对话框中可以指定你需要取消修改的行和列,注意当前行和列指的是鼠标所指的位置,根据提示找到问题项所在的位置。"确定"后修改取消。

点击"保存"后,审核完毕,加亮背景色消失。

如果某些答卷需要作废,可以通过表中"是否作废"可选框进行选择,也可以通过"答案作废"按钮在出现的对话框中选择作废答卷的行和列。

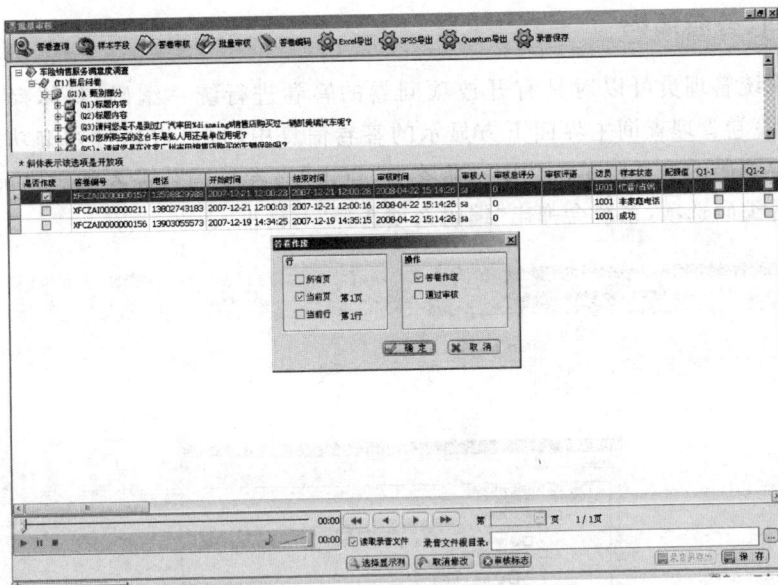

图 5-32 答卷作废操作方法

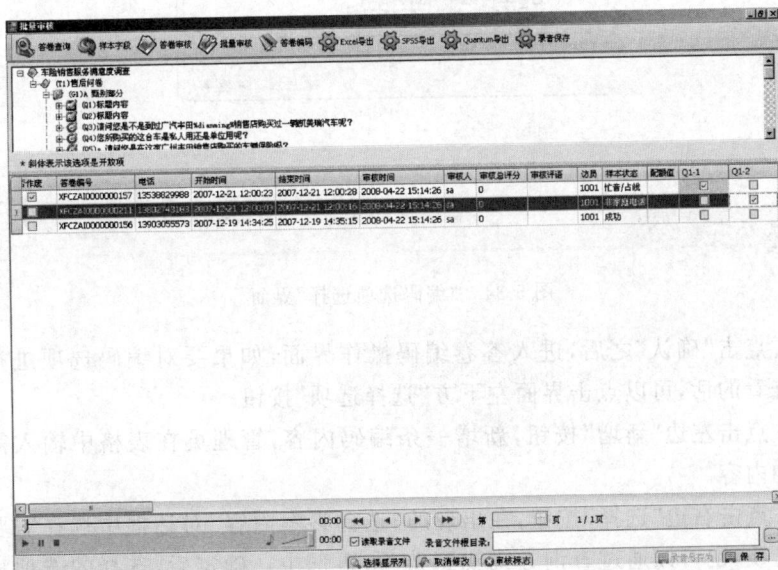

图 5-33 作废答卷行或列的操作方法

四、答卷编码

系统管理员可以对具有开放项问卷的答卷进行统一编码,具体操作如下:在答卷管理查询主界面下方显示的答卷信息中(也可以通过查询功能找到需要编码的答卷),单击选中一条答卷,点击"答卷编码",进入编码之前,需要选择编码选项,系统会弹出"编码选项选择"对话框:

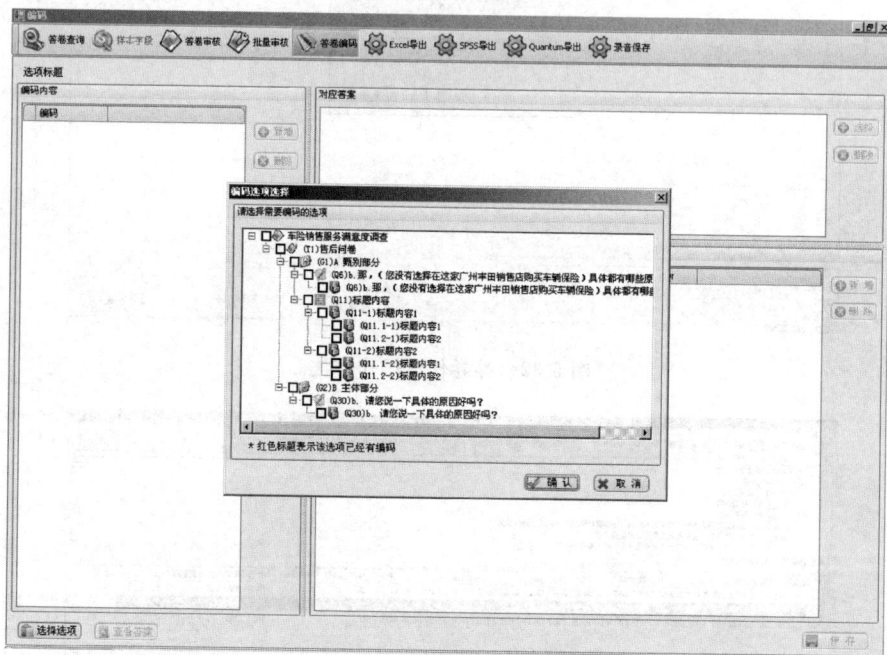

图 5-34　"编码选项选择"界面

1.点击"确认"之后,进入答卷编码操作界面,如果要对编码选项进行修改或查看的话,可以点击界面左下方"选择选项"按钮。

2.点击左边"新增"按钮,新增一条编码内容,管理员在表格中输入需要编码的内容。

3.点击右边"选择"按钮,在出现的"选择答案内容"对话框中选择需要编码的选项,也可以通过查询方式找到选项,再选中。确定后,选择的选项显示在"对应答案"表格中。对显示在表格中的选项也可以通过"删除"按钮来去除某个不需要编码的选项,只需要用鼠标选中该项,直接点击"删除"就可以了。例如,需要将问题项中答案为 25～35 的归到"良",如图 5-35 所示。

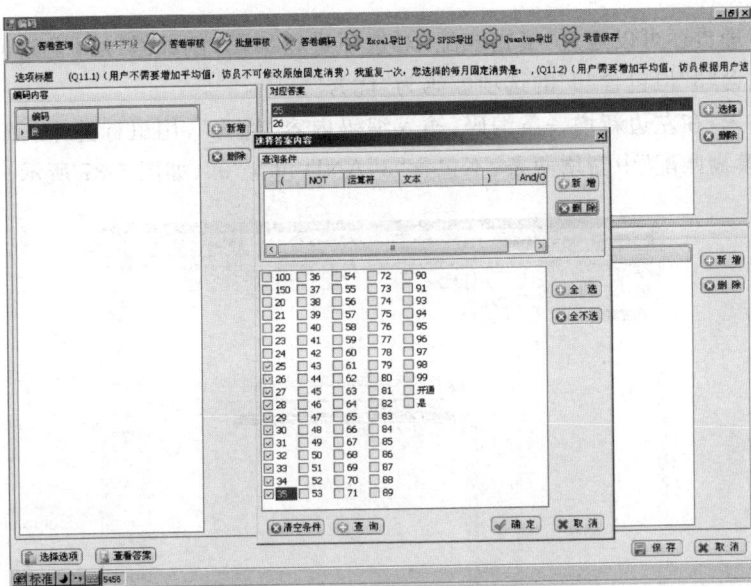

图 5-35

这时可以通过点击"查看答案"按钮,查看编码是否正确,如图 5-36 所示。

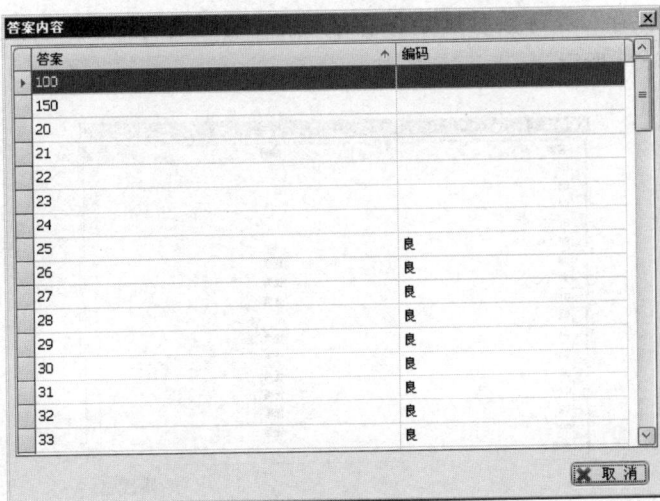

图 5-36

4.确认无误后,点击"取消"按钮关闭查看对话框,点击"保存"按钮后,编码成功。

管理员还可以通过"模糊匹配"对选项进行编码,例如继续对上述问题项中不包含"3"但包含"9"的选项编码为"优秀"。

首先,在左边新增一条编码,输入编码内容"优秀",用鼠标选中;然后,在右边"模糊匹配"中新增两条,不包含"3"AND 包含"9",如图 5-37 所示。

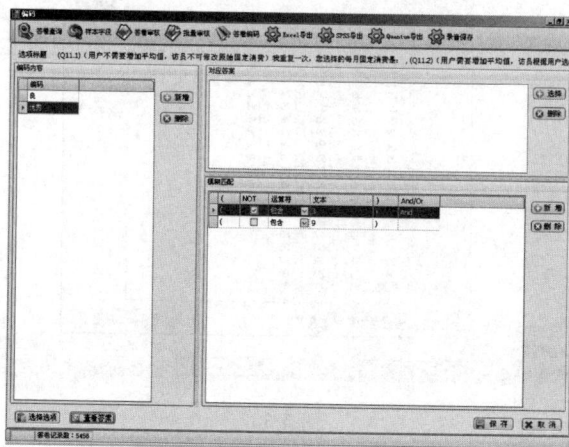

图 5-37

点击"保存",等待数秒确定保存成功后,编码成功。最后,点击"查看答案",如图 5-38 所示。

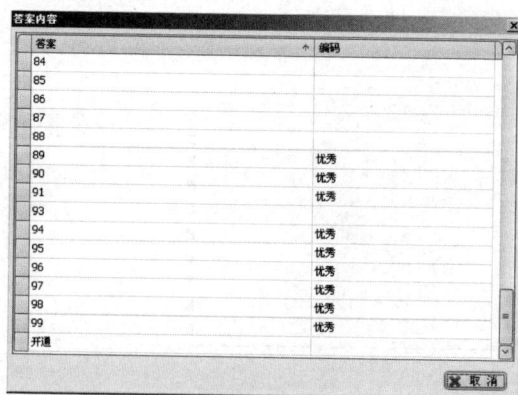

图 5-38

五、答卷的导出

（一）Excel 导出

导出所有的有效答卷的内容，导出界面中会显示答卷信息，调查人员可根据这些信息灵活选择需要导出的问卷。

注：系统可以自动记录最后一次所做的修改。

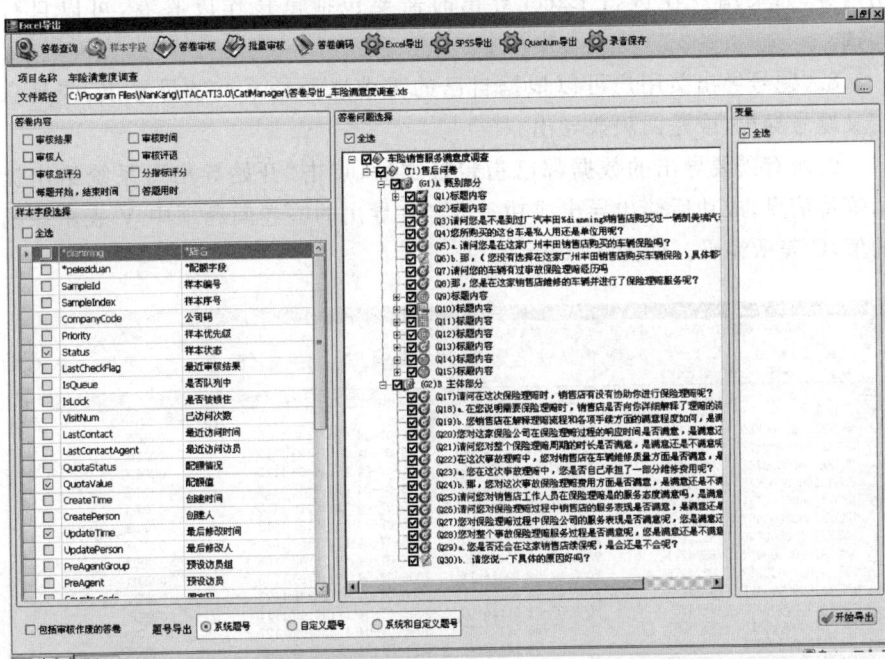

图 5-39　Excel 导出界面

导出的文件保存在用户指定的文件下面。具体操作如下：

1.点击工具条中"Excel 导出"，进入界面，首先要为导出的 Excel 指定文件路径。

2."答卷内容"：可以显示出此答卷的审核结果、审核时间、审核人等信息。系统默认是不勾选，可根据用户需求自行勾选。

3."样本字段选择"表中显示出所有样本字段，根据需要选择需要导出的样本字段。

4.“答卷问题选择”表中显示出所有问题项，根据需要选择需要导出的问题项。

5.“每题答题时间”中每题开始时间和结束时间可以根据需要选择，系统默认不导出。

6.“变量”是否全选也可以进行设定。

7.“包括审核作废的答卷”：系统默认不把审核作废的答卷作为 Excel 导出内容，如果用户在进行 Excel 导出时需要包括审核作废答卷，可以自行勾选。

8.“题号导出”：用户可以根据自己的需求选择是系统题号导出，或是自定义题号导出，或是两项兼导出。

9.所有需要导出的数据都已指定好之后，点击“开始导出”，系统给出提示等待信息，成功后给出导出成功条数。在导出的答卷问题项中 V 表示该题的值，C 表示编码。如图 5-40 所示。

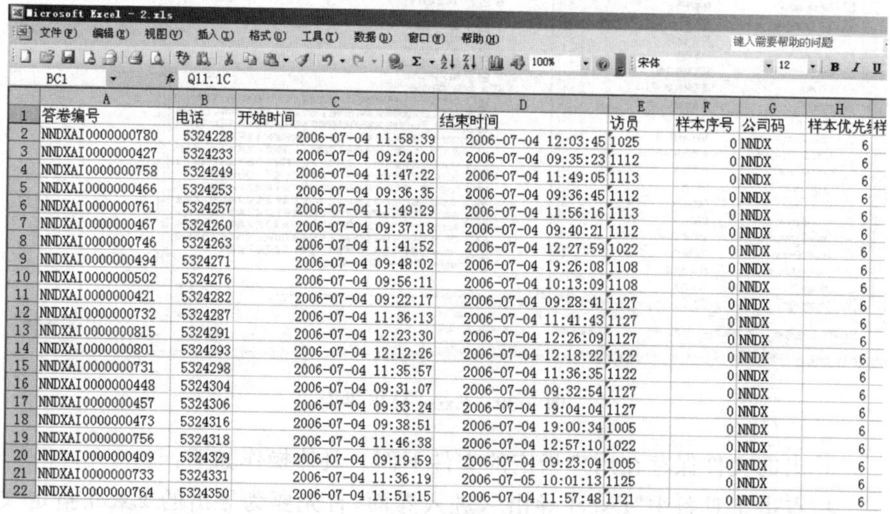

	A	B	C	D	E	F	G	H
1	答卷编号	电话	开始时间	结束时间	访员	样本序号	公司码	样本优先级样
2	NNDXAI0000000780	5324228	2006-07-04 11:58:39	2006-07-04 12:03:45	1025	0	NNDX	6
3	NNDXAI0000000427	5324233	2006-07-04 09:24:00	2006-07-04 09:35:23	1112	0	NNDX	6
4	NNDXAI0000000758	5324249	2006-07-04 11:47:22	2006-07-04 11:49:05	1113	0	NNDX	6
5	NNDXAI0000000466	5324253	2006-07-04 09:36:35	2006-07-04 09:36:45	1112	0	NNDX	6
6	NNDXAI0000000761	5324257	2006-07-04 11:49:29	2006-07-04 11:56:16	1113	0	NNDX	6
7	NNDXAI0000000467	5324260	2006-07-04 09:37:18	2006-07-04 09:40:21	1112	0	NNDX	6
8	NNDXAI0000000746	5324263	2006-07-04 11:41:52	2006-07-04 12:27:59	1022	0	NNDX	6
9	NNDXAI0000000494	5324271	2006-07-04 09:48:02	2006-07-04 19:26:08	1108	0	NNDX	6
10	NNDXAI0000000502	5324276	2006-07-04 09:56:11	2006-07-04 10:13:09	1108	0	NNDX	6
11	NNDXAI0000000421	5324282	2006-07-04 09:22:17	2006-07-04 09:28:41	1127	0	NNDX	6
12	NNDXAI0000000732	5324287	2006-07-04 11:36:13	2006-07-04 11:41:43	1127	0	NNDX	6
13	NNDXAI0000000815	5324291	2006-07-04 12:23:30	2006-07-04 12:26:09	1127	0	NNDX	6
14	NNDXAI0000000801	5324293	2006-07-04 12:12:26	2006-07-04 12:18:22	1122	0	NNDX	6
15	NNDXAI0000000731	5324298	2006-07-04 11:35:57	2006-07-04 11:36:35	1122	0	NNDX	6
16	NNDXAI0000000448	5324304	2006-07-04 09:31:07	2006-07-04 09:32:54	1127	0	NNDX	6
17	NNDXAI0000000457	5324306	2006-07-04 09:33:24	2006-07-04 19:04:04	1127	0	NNDX	6
18	NNDXAI0000000473	5324316	2006-07-04 09:38:51	2006-07-04 19:00:34	1005	0	NNDX	6
19	NNDXAI0000000756	5324318	2006-07-04 11:46:38	2006-07-04 12:57:10	1022	0	NNDX	6
20	NNDXAI0000000409	5324329	2006-07-04 09:19:59	2006-07-04 09:23:04	1005	0	NNDX	6
21	NNDXAI0000000733	5324331	2006-07-04 11:36:19	2006-07-05 10:01:13	1125	0	NNDX	6
22	NNDXAI0000000764	5324350	2006-07-04 11:51:15	2006-07-04 11:57:48	1121	0	NNDX	6

图 5-40

（二）SPSS 导出

SPSS 是统计中常用的数据分析软件，通过系统导出 SPSS 文件后，管理员可以打开并且查看文件内容，一定要确保用户电脑中装有 SPSS 软件。具体操作与所介绍的 CATI 相似，这里就不做详细说明。区别在于指定文件路

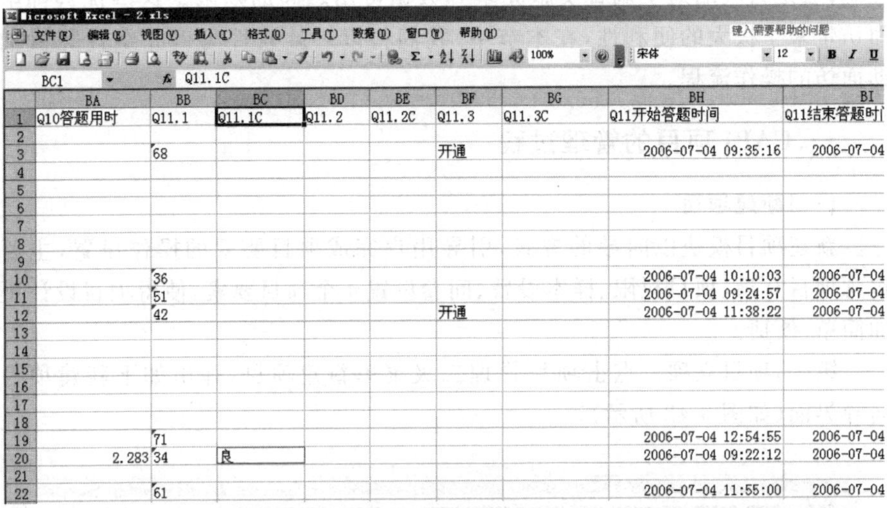

	BA	BB	BC	BD	BE	BF	BG	BH	BI
1	Q10答题用时	Q11.1	Q11.1C	Q11.2	Q11.2C	Q11.3	Q11.3C	Q11开始答题时间	Q11结束答题时
2									
3		68				开通		2006-07-04 09:35:16	2006-07-04
4									
5									
6									
7									
8									
9									
10		36						2006-07-04 10:10:03	2006-07-04
11		51						2006-07-04 09:24:57	2006-07-04
12		42				开通		2006-07-04 11:38:22	2006-07-04
13									
14									
15									
16									
17									
18									
19		71						2006-07-04 12:54:55	2006-07-04
20	2.283	34	良					2006-07-04 09:22:12	2006-07-04
21									
22		61						2006-07-04 11:55:00	2006-07-04

图 5-41 Excel 导出结果

径是以.SAV 格式保存，系统在指定文件对话框中做了限定。

（三）Quantum 导出

Quantum 是统计中常用的数据分析软件，通过系统导出 TXT 文件后，管理员可以打开并且查看文件内容，这里就不做详细说明。区别在于指定文件路径是以.txt 格式保存，系统在指定文件对话框中做了限定。

第五节 移动面访网络调查法

面访调查是调查人员直接向被调查者口头提问，并当场记录答案的一种面对面的调查。也就是说，面访调查一般都是访问者向被访问者做的面对面的直接调查，是通过口头交流方式获取信息的调查方法。

随着数字信息和网络技术的普及，一系列计算机辅助采访技术相继面世并得到迅速应用。计算机辅助采访模式包括我们在前几节中介绍过的计算机辅助电话调查、计算机辅助网络调查，以及计算机辅助面访（Computer-Assisted Personal Interviewing, CAPI）等多种形式。CAPI 的优势体现在多个方面：一是可以有效实现复杂的问卷设计；二是可以协助进行严格的质量控制;三是大大缩短了调查实施完毕到数据可用之间的期限。这些优势都给面访带来了极大的便利性,在本节中,我们将以一款软件为例介绍计算机辅助面访的操作流程。

一、CAPI 项目的管理过程

(一)新建项目

新建项目模块以向导的方式,引导用户完成项目要素的操作设置,主要包含项目立项、项目权限、样本设置、问卷设置 4 个项目要素,使得项目设计更加简单、便捷。

第一,项目立项。点击项目管理二级菜单新建项目,弹出如下新建项目向导界面(如图 5-42 所示)。

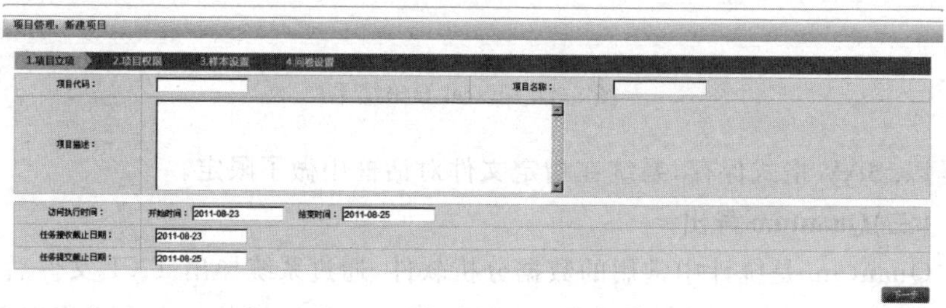

图 5-42　新建项目向导界面

向导首界面是项目设计的项目立项操作。项目立项主要有项目代码,项目名称,项目描述访问执行时间、任务接收时限、任务提交时限设定。项目代码和项目名称在系统中必须是唯一的,不能重复,新增时系统会自行进行校验操作。访问执行时间主要是限制执行端当前项目只能在设定的时间段进行执行访问,不在访问时间段,移动终端不允许执行当前项目。任务接收和任务提交时限主要为了跟踪下发任务的执行情况,对过期的任务会有不同颜色标识显示,以便及时进行跟踪操作。

第二,设置项目权限。项目立项完成后,点击"下一步",系统会自动完成立项操作,并出现项目权限设置界面(如图 5-43 所示)。

项目权限设置主要设定当前项目访员权限和管理员权限,访员权限操作主要分配需要执行当前项目的访员组,设定完成之后,只有已分配访员组内的访员可以执行当前项目;管理员分配是分配管理当前项目的管理员组,设

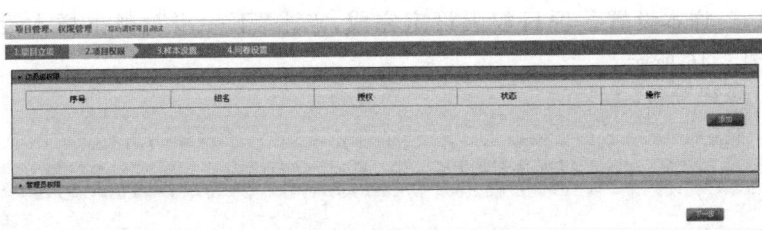

图 5-43 项目权限设置界面

定完成之后，只有已分配的管理员组内的管理员才能查看和管理当前项目。如需分配访员组，点击访员权限界面的"添加"按钮，弹出访员组分配界面，如图 5-44 所示。

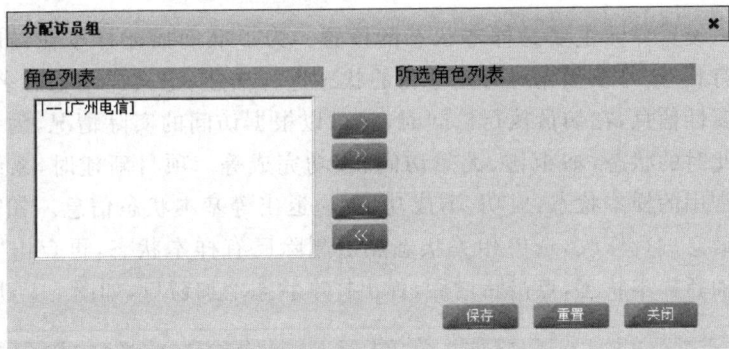

图 5-44 访员组分配界面

在角色列表中选择需要分配的访员组，点击右移按钮，选中的访员组出现在所选角色列表中，再进行保存即可。管理员权限操作同访员权限操作，点击管理员权限界面的"添加"，进行管理组的分配操作，管理员权限默认会分配当前管理员所在的管理组。如需增加新的管理员组再点击"添加"进行分配操作即可（如图 5-45 所示）。

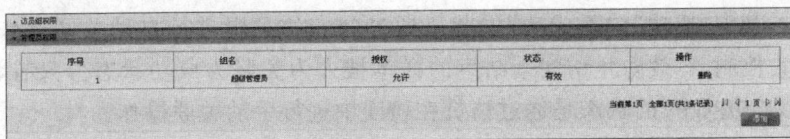

图 5-45 管理员权限界面

第三，样本设置。项目权限设定完成，点击"下一步"，弹出样本设置界面，如图 5-46 所示。

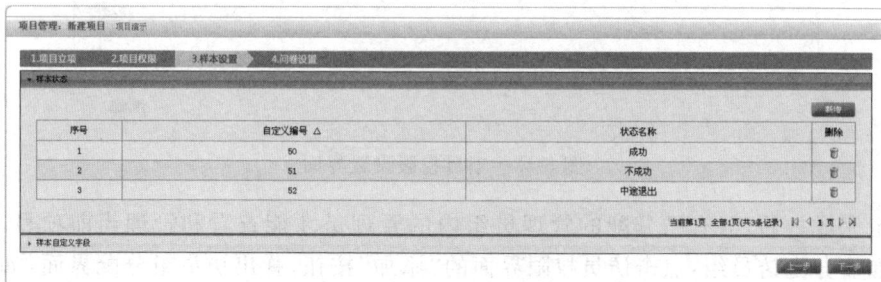

图 5-46　样本设置界面

样本设置界面主要是样本状态的设置。为了准确描述样本在访问过程中的所有状态，可以预先对可能存在的状态进行描述，定义样本状态名称、样本状态属性信息，在访员执行访问时，就可以根据访问的实际情况，为每个样本指定此时的状态，如拒访、无效访问、成功完成等。项目新建时，系统会自动生成常用的样本状态：成功、不成功、中途退出等基本状态信息。如需对样本状态信息进行修改，选中相关状态点击删除已有样本状态，再点击"新增"按钮增加新样本状态，点击新增后，弹出样本状态增加窗口，如图 5-47 所示。

图 5-47　添加样本状态界面

输入状态名称，选中相应的状态类型（访问中、成功、不成功），进行保存即可。其中"成功"、"不成功"的状态通过问卷的逻辑进行自动关联操作，无须人为控制，有效防止访问未结束的样本被人为关联为成功状态。只有状态类型为"访问中"的状态是通过访员在访问中进行手动关联操作。

第四，问卷设置。样本设置完成之后，点击"下一步"，弹出项目设计的最后一步问卷设置界面，如图 5-48 所示。

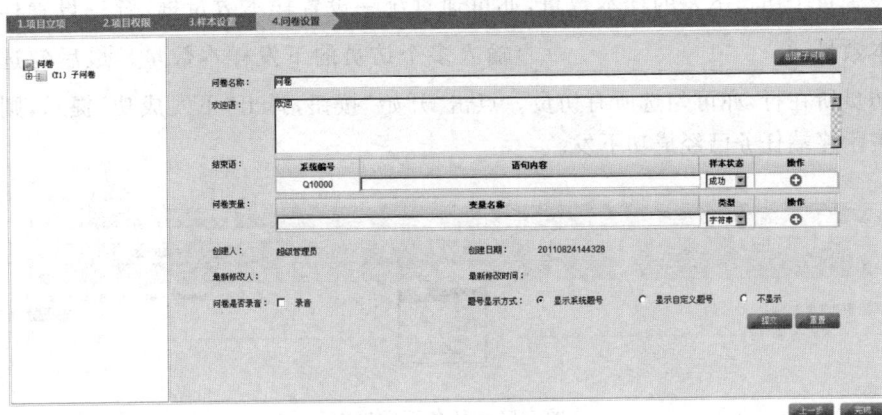

图 5-48　问卷设置界面

　　问卷设置完成,表示新建项目的 4 个项目要素完成,页面直接跳转项目列表界面。

　　问卷管理主窗体是用户进行问卷管理的主要工作区。左侧是问卷结构的展现视图,右侧是相应的问卷设计区域。

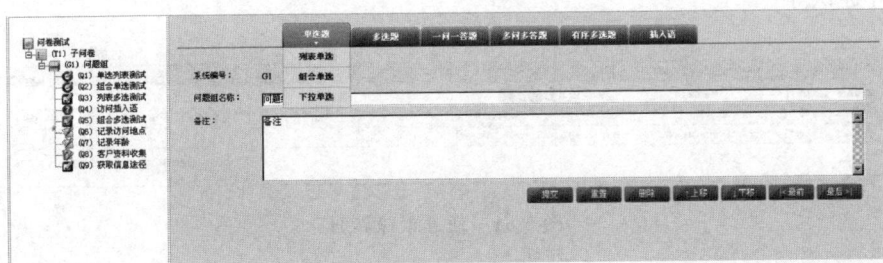

图 5-49　问卷管理主简体

　　在 CAPI 中,问卷问题的设置与之前我们介绍过的 CATI 软件和 CAWI 软件基本相同,在此我们便不再赘述。

(二)任务下发

　　当一项目完成项目的 4 要素(项目立项、项目权限、样本设置、问卷设置)设计,并且项目状态为执行状态,才能进行任务下发操作。点击"项目管理"菜单下的"任务管理"转到任务下发界面。具体的操作为:点击"切换项目"按钮,选择所要下发的项目,回到任务下发界面,可在所展示的访员列表中分别设置每个访员下发的样本数量,亦可通过统一设置样本数量框(统一设置样本数量: 0)输入多个访员的下发样本数量。最后勾选访员所在行,亦可勾选所有访员。点击"开始"按钮,弹出"下发成功"提示,则表示终端任务已经成功下发。

图 5-50　任务下发界面

(三)任务跟踪

任务下发成功后,移动终端登录系统进行项目执行操作,会自动更新下载新的任务,并进行任务执行,最终进行任务数据上传操作。任务跟踪模块对当前项目下发的有效任务信息通过列表展现,展现的信息包括派发时间、下载时间、汇总时间、访员名称、样本接触个数、下发样本总数、任务状态、任务标识等。

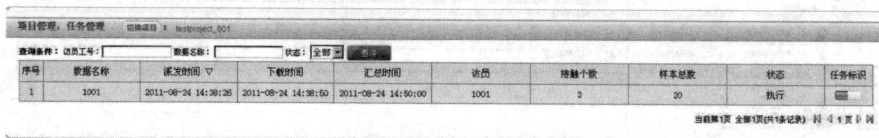

图 5-51　任务跟踪界面

注:对同一工号进行多次下发时,列表只显示的是最新的任务跟踪记录,之前任务记录作废,终端不能再次进行下载执行。

任务状态主要是就绪、执行、完成。

就绪:指任务已经下发,但终端未进行接收操作

执行:任务终端已经接收,但是接触个数＜样本总数

完成:接触个数＝样本总数

任务标识指对任务的执行情况以图标标识,以便能更直观地显示任务的执行情况,具体标识如下:

　　　　　　:任务等待接收……

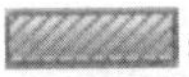:任务等待接收,已过任务接收时限

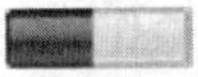:任务执行中……

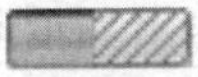:任务执行中,已过任务提交时限

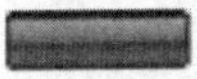:任务完成

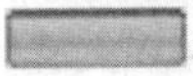:任务完成,已过任务提交时限

(四)答卷管理

答卷管理模块对当前项目汇总的答卷数据进行查询、管理,查看答卷状态信息以及根据 GPS 信息查询所在的位置。点击“项目管理”菜单的“答卷管理”,转到答卷管理界面。点击“切换项目”按钮,选择当前所要查询的项目,回到答卷管理界面,输入访员工号以及答卷状态信息等,点击“查询”按钮,列表显示符合条件的答卷记录。若答卷记录有 GPS 信息,则可查看当前答卷所在访问位置,如图 5-52 所示。

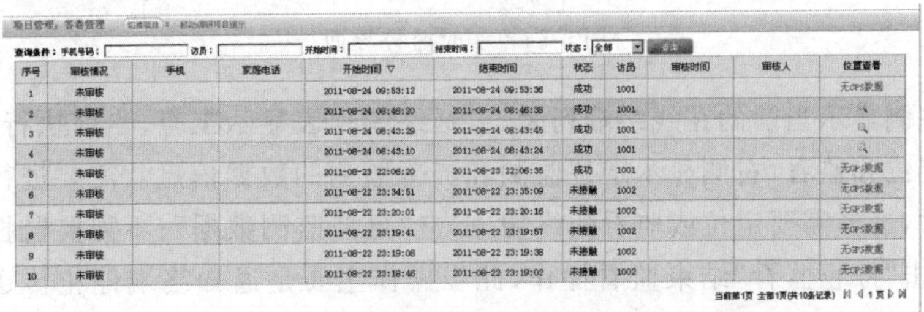

序号	审核情况	手机	家庭电话	开始时间 ▽	结束时间	状态	访员	审核时间	审核人	位置查看
1	未审核			2011-08-24 09:53:12	2011-08-24 09:53:36	成功	1001			无GPS数据
2	未审核			2011-08-24 08:46:20	2011-08-24 08:46:38	成功	1001			
3	未审核			2011-08-24 08:43:29	2011-08-24 08:43:45	成功	1001			
4	未审核			2011-08-24 08:43:10	2011-08-24 08:43:24	成功	1001			
5	未审核			2011-08-23 22:06:20	2011-08-23 22:06:35	成功	1001			无GPS数据
6	未审核			2011-08-22 23:34:51	2011-08-22 23:35:09	未接触	1002			无GPS数据
7	未审核			2011-08-22 23:20:01	2011-08-22 23:20:16	未接触	1002			无GPS数据
8	未审核			2011-08-22 23:19:41	2011-08-22 23:19:57	未接触	1002			无GPS数据
9	未审核			2011-08-22 23:19:08	2011-08-22 23:19:38	未接触	1002			无GPS数据
10	未审核			2011-08-22 23:18:46	2011-08-22 23:19:02	未接触	1002			无GPS数据

图 5-52

根据答卷的 GPS 记录,点击 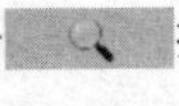 按钮,即可查看当前答卷的访问位置,如图 5-53 所示。

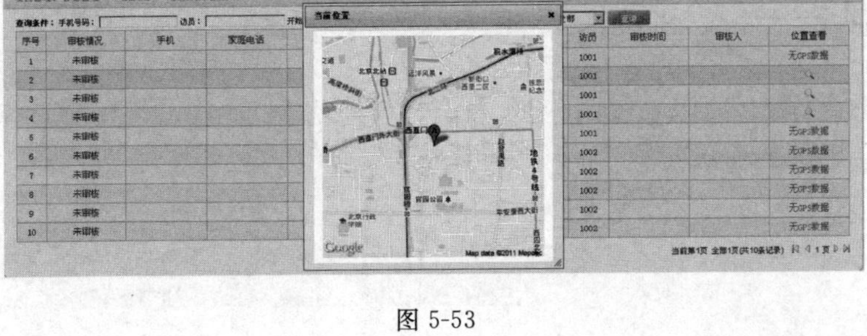

图 5-53

(五)实时监控

实时监控主要是对当前公司的在线移动终端进行实时监控操作,监控主要是定位监测和屏幕监测两大功能,点击一级菜单实时监控,弹出实时监控主窗体,如图5-54所示。

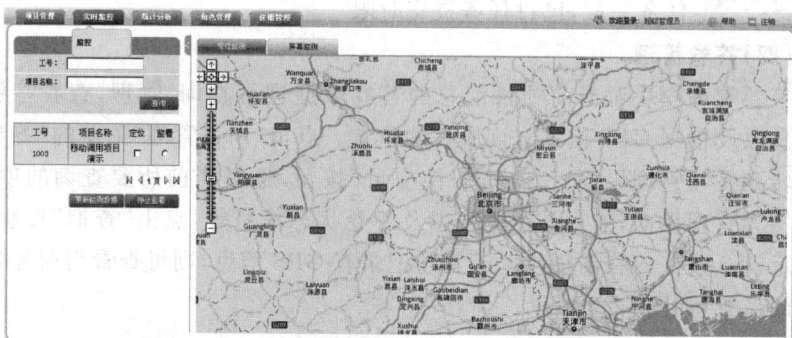

图 5-54　实时监控界面

左侧显示当前的在线终端列表,包括终端列表显示工号、当前执行项目、是否定位和监看,右侧显示定位监测和屏幕监测的数据信息。需要进行监测操作时,选择需要定位或监看的终端,点击"更新监测数据";不需要监控操作时,点击"停止监看"结束监看操作,此步操作主要是通知终端停止传送相关屏幕信息,以便节省终端流量。

定位监测会显示当前选择终端的位置信息,并以标签的形式在地图上展现,鼠标移动到标签位置,会显示当前标签表示的终端访员工号信息,如图5-55所示。

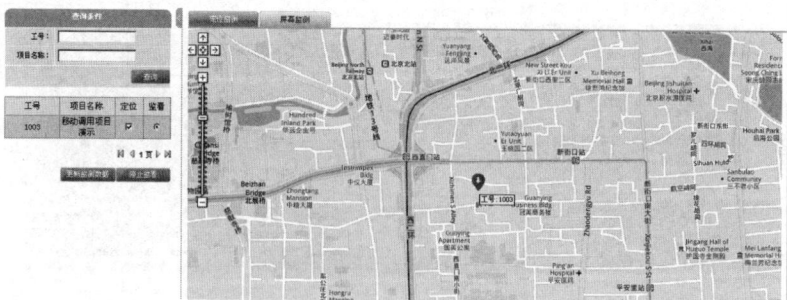

图 5-55　终端访员工号信息显示

　　屏幕监测会显示监看终端的执行轨迹和屏幕信息,执行轨迹以文字的形式展现终端的问卷执行情况,屏幕信息显示终端的执行图形界面,如图 5-56:

图 5-56　屏幕监测

工具篇之二：结果呈现

第六章
定量分析与 SPSS 软件的使用

在当今信息化时代背景下，无论是个人，还是政府或者企业，都需要从海量信息中获得有价值的信息，并据此做出科学的评估和决策。为此，对信息的采集、分析、处理并给出专业人士接受并认可的评估和预测报告等工作变得十分重要。SPSS 正是为此设计的一套集数据处理、评估和预测功能于一体的软件，该软件是公认的最优秀的统计分析软件包之一。

SPSS 是世界上最早的统计分析软件。1968 年，美国斯坦福大学的研究生为解决社会学研究中的统计分析问题，和他的两位同学一起开发了一个软件包，SPSS 是该软件名称"Statistical Package for the Social Sciences"首字母的缩写，原意为"社会科学统计软件包"。1975 年，SPSS 公司于芝加哥成立。2000 年，随着 SPSS 产品服务领域的扩大和服务深度的增加，SPSS 的全称正式更改为"Statistical Product and Service Solutions"，意为"统计产品与服务解决方案"，英文缩写仍是 SPSS。

SPSS 是世界上最早采用图形菜单驱动界面的统计软件，它最突出的特点就是操作界面极为友好，输出结果美观漂亮；在使用过程中容易上手、便于操作，不要求用户懂得编程知识，能极大地提高工作效率；除此之外，它还有强大的辅助说明系统，能帮助用户学得更好，随时解决用户在使用过程中的一些问题。

本章共分为四节，对 SPSS 的基本操作进行介绍，重点放在对 SPSS 统计分析部分的介绍。主要展示的是 SPSS 19.0 的常用统计分析功能，这其中包括方差分析、相关分析、回归分析。在此之前会涉及一些统计学的基础知识，简单地区分一下数据的类型，对描述性数据的分析方法进行介绍。

第一节 描述性数据分析方法

统计学（statistics）是收集、处理、分析、解释数据并从数据中得出结论的科学。统计学有描述统计（descriptive statistics）和推断统计（inferential statistics）两个分支。描述统计是指研究数据收集、处理和描述的统计学方法，例如对全校毕业生就业情况的统计就是简单的描述统计。推断统计是研究如何利用样本数据来推断总体特征的统计学方法，例如 1930 年就存在的盖洛普民意测验就是典型的推断统计，试图用所得到的样本去推算整体。本节主要有两个重点，一是介绍数据的基本类型，二是介绍描述性数据分析方法。

一、数据的基本类型

统计分析往往是从了解数据的基本特征开始，不同类型的数据采取不同的分析方法。按照不同的分类标准可以把数据分为不同的类型，下面就给大家介绍一下常见的几种数据分类方式。按照所采用计量尺度的不同，可以将统计数据分为分类数据、顺序数据和数值型数据。

1. 分类数据

分类数据（categorical data）是指只能归于某一类别的非数字型数据，表现为类别，用文字来表述事物分类的结果。例如，大学里系别和专业的划分，人口按性别分为男和女两种类别，这些都是分类数据。

在分类数据中，各类别之间是平等、并列的关系，无法区分优劣或大小，各类别之间的顺序可以任意改变。在实际的数据处理过程中，为了便于统计处理，常用数字代码来表示各个类别，例如用 0 表示男性，用 1 表示女性。这时的数字只是代表不同类别的一个代码，没有任何程度上的大小之分，也无法进行各种数学运算。

2.顺序数据

顺序数据(rank data)是指只能归于某一有序类别的非数字型数据,表现为有顺序的类别,用文字来表述。很明显,顺序数据要比分类数据更为精确些,顺序数据是有高低大小的区别的,可以用数学中的"<"、">"进行连接和区分。

例如,学生的成绩分为优、良、中、差,和我们常见的五分量表都是顺序数据。在实际的操作中,我们会用 4、3、2、1 分别表示优、良、中、差,这些数字代码代表一种顺序或者是程度,但无法显示这其中的具体数量差别。

3.数值型数据

数值型数据(metric data)是指按数字尺度测量的观察值,是使用自然或度量衡单位对事物进行计量的结果,其结果表现为具体的数值。按照"0"是否有意义,又可以分为定距数据和定比数据。

定距数据

定距数据是一种不仅能反映事物所属的类别和顺序,还能反映事物类别或顺序之间数量差距的数据,表现结果为具体的数值。例如,两名学生的考试成绩分别为 95 分和 56 分,不仅能说明 95 分的成绩优秀,56 分属于不及格,前者的成绩高于后者,还可以说明两者之间有 39 分的差距;再如,一个地区的温度为 40℃,与另一个地区 25℃ 的温度相差 15℃;等等,这些都属于定距数据。定距数据的表现特征:有单位,没有绝对零点,可以做加减运算,不能做乘除运算。这其中没有绝对零点指的是定距数据中的"0"是作为比较的标准,不表示没有。

定比数据

定比数据是一种不仅能体现事物之间的数量差距,还能通过对比运算,计算两个测度值之间的比值来体现相对程度的数据,表现结果为数值。只要是反映存在绝对零点的现象(即"0"代表没有)的数据,都是可以进行对比运算的定比数据。例如,工人的人数、人的身高等等,这些都是定比数据,因为工人人数如果为零则表示没有工人,身高为零则表示没有人或者这个人不存在。定比数据是包含信息量最多的数据,它不仅能做加减运算,还能做乘除运算。

一般来说,数据的等级越高,应用范围越广泛,等级越低,应用范围越受限。不同测度级别的数据,应用范围不同。等级高的数据,可以兼有等级低的数据的功能,而等级低的数据,不能兼有等级高的数据的功能。

按照其他不同的分类方法,数据有不同的分类形式。例如,按照数据的收集方法分类,可以分为两类,一是观测数据,二是实验数据。按照数据描述的现象与时间的关系,可分为截面数据和时间序列数据,截面数据一般是指同一时点对不同对象的观察值的数据集合,数据顺序的改变应该不影响计量的结果$\{X_1, X_2, \cdots, X_n\}$;时间序列数据是指对同一对象跨时间的观察值的数据集合,必须按照一定顺序$\{X_1, X_2, \cdots, X_t\}$,这个顺序是有意且不可改变的。

在 SPSS 数据录入的过程中,经常会让你定义变量,这其中所谓的变量和数据的概念类似,数据名称就是变量名,数据范围就是变量范围,数据类型影响着变量类型。变量一共分为五类,分类变量、顺序变量、数值变量、离散变量和连续变量。前三类分别对应分类数据、顺序数据和数值型数据。

二、描述性数据分析方法

在进行数据分析时,第一步往往是先进行描述性统计分析,对数据作出大致的判断,为以后对总体进行正确统计推断打好基础。

SPSS 的许多菜单均可进行描述性分析,许多统计过程也都提供描述性统计指标的输出。例如在独立样本 T 检验、方差分析、因子分析等许多分析过程中,都在结果中提供应变量的均值、标准差等统计量。另外,SPSS 自定义模块也可以产生大部分的描述统计指标。

专门为描述性统计分析而设计的几个菜单集中在"分析"→"描述统计"菜单中,最常用的是列在最前面的四个过程:

• 频率(F):该过程将产生频数表,也以输出频数分布的条形图、饼图或者直方图。

• 描述(D):该过程进行一般性的统计描述,可以输出均值、均值的标准误、方差、标准差、范围(极差)、最大值、最小值、峰度和偏度。

• 探索(E):该过程用于对数据的探索性分析,可以输出均值、均值的95%的置信区间、5%截尾均值、方差、标准差、范围(极差)、最大值、最小值、四分位数、峰度和偏度。

• 交叉表(C):该过程完成分类数据的统计描述和一般的统计检验,我们常用的卡方检验也包含在描述性统计分析菜单中。

(一)频数分析

频数分析是指在统计分组的基础上,将总体所有的单位按某一标志进行归类排列,并计算各组的单位数。频数分析是统计描述的一种重要形式,通过对零乱的、分散的原始数据进行有次序的整理,形成一系列反映总体各组之间分布状况的数列,即分布数列。分布数列由两个要素构成,一个是总体按某标志所分的组,另一个是各组出现的单位数,即频数(frequency)。

建立或者打开数据文件后,就可进行频数分析。在数据编辑窗口中,选择"分析"→"描述统计"→"频率"命令,打开图 6-1 所示的对话框。

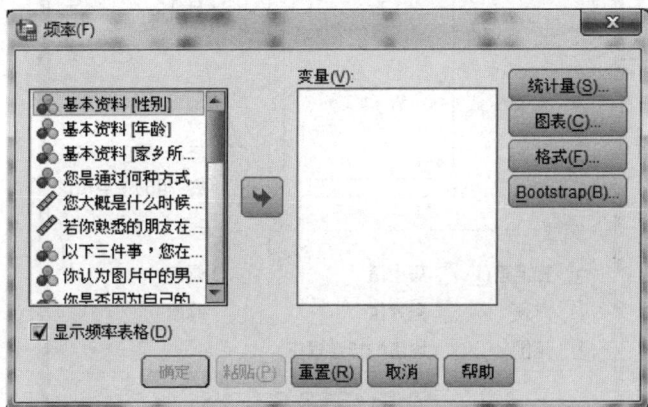

图 6-1　频数分布对话框

从"频率"对话框左侧的源变量框中选择一个或者多个变量,单击 ➡ 按钮使其进入右侧的"变量"列表框中,作为频数分析的变量。在对话框的左下方有个"现实频率表格"的复选框,选中该框将显示频数分布表,系统默认该选项,无须更改。

1.统计量

单击"统计量"按钮,则可打开"频率:统计量"对话框,如图 6-2 所示。

该对话框用于设置需要在输出结果中出现的统计量,主要包括 4 个选项组,百分位值、集中趋势、离散和分布。

(1)"百分位值"选项组主要用于设置输出的百分位数,包括 3 个复选框:

①"四分位数"复选框,用于输出四分位数,即显示如 24%、35%的百分位数。

②"割点"复选框,用于输出等间隔的等分,其后的输入框可以输入介于 2~100的整数。

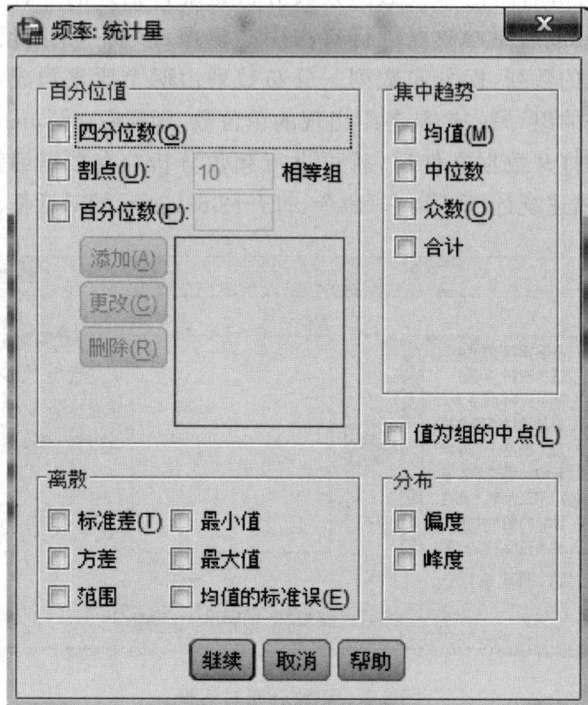

图 6-2 "频率:统计量"对话框

③"百分位数"复选框,用于输出用户自定义的百分位数。在其后输入框中输入自定义的百分位数,然后单击"添加"按钮加入相应列表即可在结果中输出。对于已经加入列表的百分位数,用户还可以通过"更改"和"删除"按钮进行修改和删除操作。

(2)"集中趋势"选项组主要用于设置输出表示数据集中趋势的统计量,包括"均值"、"中位数"、"众数"和"合计"四个复选框,分别用于输出的均值、中位数、众数和样本数。

(3)"离散"选项组主要用于设置输出表示数据离中趋势的统计量,包括"标准差"、"方差"、"最小值"、"最大值"、"范围"和"均值的标准误"六个复选框,用于输出的标准差、方差、最小值、最大值、全距和均值的标准误。

(4)"分布"选项组主要用于设置输出表示数据分布的统计量,包括"偏度"和"峰度"两个复选框,用于输出样本的偏度和峰度。

①偏度：显示偏度和偏度的标准误差。如果样本符合正态分布，那么此值为 0。左偏时为正数，样本的分布具有一个较长的右尾；右偏时为负数，样本的分布具有一个较长的左尾。如果此值大于 1，那么样本肯定不符合正态分布。

②峰度：显示峰度和峰度的标准误差。标准正态分布的峰度值为 0，如果峰度大于 0，变量值分布要比标准正态峰高；如果峰度小于 0，则变量值分布要比标准正态峰低。

（5）"值为组的中点"复选框，当原始数据采用的是取组中值的分组数据时（例如所有收入在 2000～3000 元的人的收入都记录为 2500 元），勾选该复选框。

2.图表

单击"图表"按钮，打开图 6-3 所示"频率：图表"对话框。在该对话框中可以设置图表的类型及其坐标轴等。

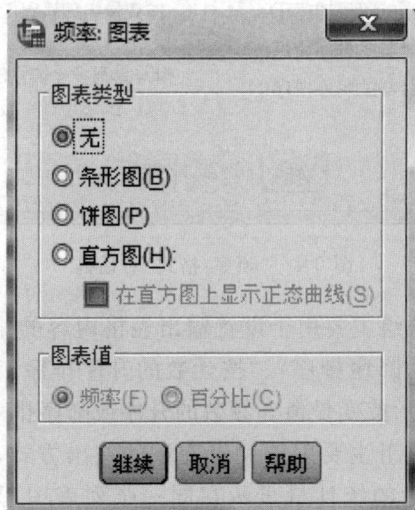

图 6-3 "频率：图表"对话框

在"频率：图表"对话框中显示有两个区域：图表类型和图表值。

（1）图表类型

图表类型选项组主要用于设置输出的图表类型，有 4 种选择："无"，表示不输出任何图表；"条形图"，输出条形图；"饼图"，输出饼状图；"直方图"，输出出直方图(仅适用于区间型数值变量)。选择"直方图"选项后,下方的"在直方图上显示正态曲线"的复选框则被激活,选择该项表示在显示的直方图中添加正态曲线,用于推断数据是否近似服从正态分布。

(2)图表值

该区域的选项只有在选择了条形图或者饼图后才有效,这两个选项影响着图表纵轴数据显示的方式。"频率"选项是系统默认值,选择该选项表示图形中纵轴表示频数;选择"百分比"意味着图形的纵轴显示的是百分比。

3.格式

单击"格式"按钮,打开图 6-4 所示的"频率:格式"对话框。

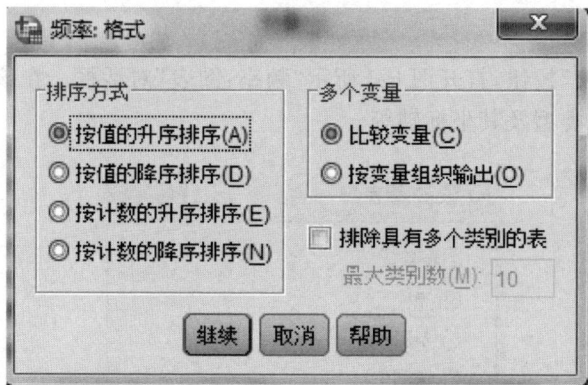

图 6-4 "频率:格式"对话框

(1)排序方式选项组主要用于设置输出表格内容的排序方式,包括"按值的升序排序"、"按值的降序排序"、"按计数的升序排序"和"按计数的降序排序"四个选择,分别表示按变量值和频数的升序或降序排列。

(2)多个变量选项组主要用于设置变量的输出方式,包括两个选项:"比较变量"表示不同变量的统计量显示在同一张列表中,是系统默认的选项;"按变量组织输出"表示每个变量单独列表输出。

(3)"排除具有多个类别的表"复选框:勾选此复选框后,可以在下面的"最大类别数"框中输入最大能显示的分组数显,系统默认值是 10 ,当频数表的分组数量大于此临界值时不做输出。

设置完毕后,单击"继续"按钮,返回到"频率"对话框。单击"确定"按钮,就可以在查看器窗口得到所选择的变量频数分析的结果。

(二)描述性分析

描述性统计量是研究随机变量变化综合特征的重要工具,他们集中描述了变量变化的特征,分析过程的功能和前面介绍的"频率"过程功能基本类似,主要以计算数值型单变量的统计为主,没有图形功能。与频率分析相比,描述性分析还有一个特殊功能,它可将原始数据转换成标准常态评分值,并以变量中的形式存入数据库中。

在数据编辑窗口中选择菜单栏,点击"分析"→"描述统计"→"描述"命令,则可打开图 6-5 所示描述性对话框。

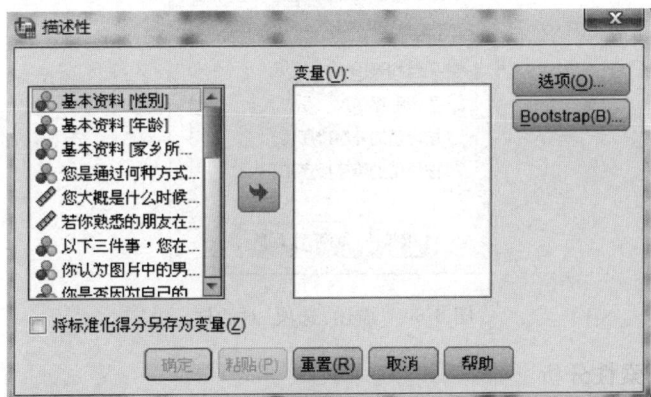

图 6-5　描述性对话框

从描述性对话框左侧的源变量框中选择一个或者多个变量,单击按钮使其进入右侧的"变量"列表框中,作为描述性分析的变量。

在源变量列表下方有一个"将标准化得分另存为变量"的复选框,如果选中该框,表示对"变量"列表进行标准化运算,产生相应的 Z 分值,并且作为新变量保存到数据库中,新变量的变量名为"Z+源变量名"。例如,"性别"变量所对应的新变量名称为"Z+性别"。

单击"选项"按钮,打开图 6-6 所示"描述:选项"对话框。在该对话框中可以选择输出哪些基本统计量,以及输出结果的显示顺序。

对话框中的基本统计量在"频数分析"那部分中已经介绍过了,在此就不再多言。系统默认的选项为:均值、标准差、最小值、最大值。与"频数分析"不同的是,这里多了"显示顺序"选项,用来设置输出统计量的顺序。SPSS 软件系统默认的显示顺序是变量列表顺序。

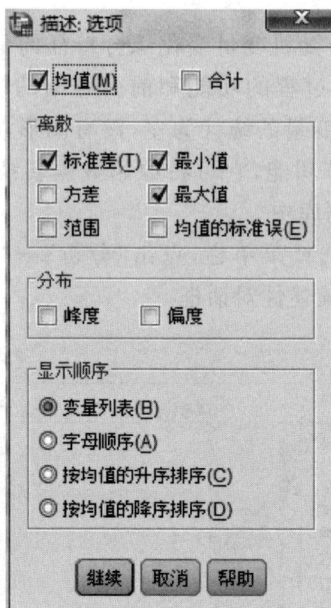

图 6-6　"描述:选项"对话框

(三)探索性分析

探索性数据分析可以对比变量进行更为深入详尽的统计分析,主要用于当对数据的性质、分布特点等完全不了解时,检验数据是否有错误,获得数据的基本特征,以及对数据规律做初步观察。探索性分析有以下三个非常重要的功能:

异常值检查。异常值是指观测数据中明显偏大或偏小的值。它们的存在有时会对统计模型的稳健性和正确性产生明显的影响。所以,有必要找到这些异常值,并对其进行舍弃或修正。

分布正态性检验。在统计分析中,许多方法都建立在数据服从正态分布的基础之上。因此,在建立模型之前对数据分布的正态性进行检验就显得非常重要。

方差齐性检验。方差齐性检验就是检验各观测变量在不同的控制变量水平下的方差是否相等。对于均值比较、方差分析等统计方法来说,检验方差是否符合齐性是一个非常关键的前提。

探索性分析的因变量必须是定距变量,分组变量可以是定序或者定类变量。接下来的内容将讨论如何利用探索分析过程通过各种图形以及基本统计量等对数据进行初步的分析。

和前面所讲的分析过程类似,从菜单栏选择"分析"→"描述统计"→"探索"命令,打开"探索"对话框,如图 6-7 所示。

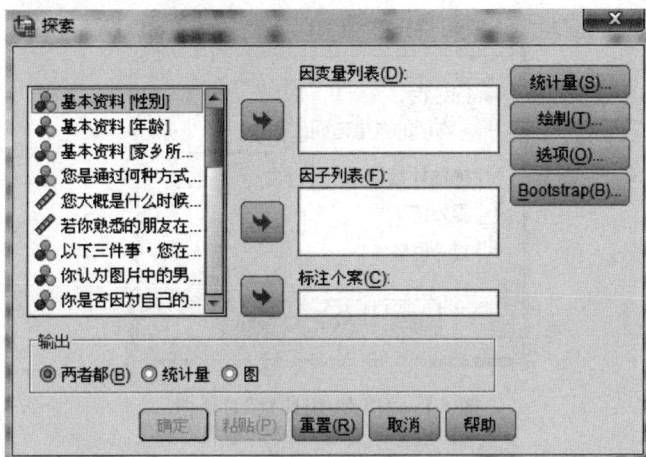

图 6-7　"探索"对话框

从左侧源变量框中选择一个或多个数值型变量进入"因变量列表(D)"窗口作为因变量进行分析。如果需要分组,则可选择分组变量,"因子列表(F)"框中的变量即为分组变量,可以从左侧的源变量列表框中进行选择,并且可以是字符型变量。分组变量可以将数据按分组变量的不同取值进行分组分析。只有当此列表框中移入了分组变量时,才能进行方差齐性检验。

"标签个案"即标签变量,该文本框中的变量作为标识符,在输出诸如异常值时,用该变量进行标识,如果该项缺失,系统自动寻找 id 变量作为标签变量,一般只允许有一个标识符。

在该对话框左下方有"输出"区域,其中有三个选项,选择"两者都"意味着输出结果中既有统计量也有图;选择"统计量"或者"图",输出结果就只有其中的一个。

接下来详细介绍"探索"对话框右边的"统计量"、"绘制"和"选项"三个按钮。

1. 统计量

在"输出"栏中选择"两者都"或"统计量"时,"统计量"按钮被激活。单击该按钮出现如图 6-8 所示的"探索:统计量"对话框,在这个对话框中可以选择要输出的统计量。

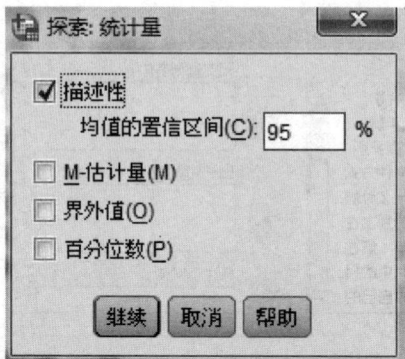

图 6-8 "探索:统计量"对话框

(1)"描述性"输出描述性统计量,包括:平均数、中位数、众数、5%的修正均数(即剔除 5% 的最大与最小值后计算平均数)、标准误、方差、标准差、最大值、最小值、极差、四分位差、峰态、系数、偏态系数及偏度、峰度的标准误。在它下面可以设置平均数的置信区间,选择的范围为 1%～99%,经常使用的是 90%、95%、99%,其中 95% 为系统默认值。

(2)"M-估计量"输出四种 M-估计量:稳健估计量(Huber)、非降稳健估计量(Hample)、波估计量(Andrew)和复权重估计量(Turkey)。M-估计量也是描述集中趋势的统计量,它的优点是受异常值的影响较小,所以当数据中有较多异常值或极端值时用 M-估计量描述集中趋势比均值更精确。

(3)"界外值"用于输出数据的离群点,将输出 5 个最大值与 5 个最小值。

(4)"百分位数"用于输出百分数,包括 5%、10%、25%、50%、75%、90% 和 95% 等百分位数。

2. 绘制

在"输出"栏中选择输出结果为"两者都"或"图"时,"绘制"按钮将被激活。单击该按钮,出现图 6-9 所示的对话框。该对话框用来设置图形及其参数,主要包括四个区域。

(1)"箱图"选项框中"按因子水平分组"表示将变量分组绘图,此为系统

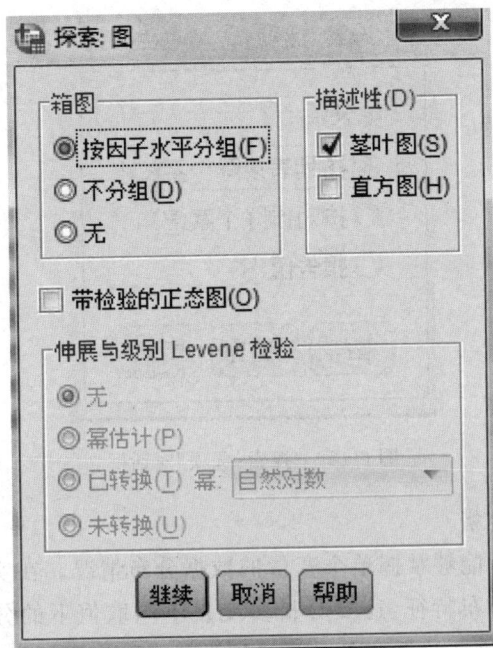

图 6-9　"探索:图"对话框

默认选项。"不分组"表示同一组的不同因变量显示在一个箱图中,用于比较同一分组水平下的不同变量的值的分布。"无"表示不绘图。

(2)"描述性"选项框中"茎叶图"表示绘制茎叶图,此为系统默认选项。"直方图"表示绘制直方图。

(3)"带检验的正态图":选择此项,会进行正态检验并输出相应的 Q-Q 图。

(4)"伸展与级别 Levene 检验":当选入分组变量时,该选项栏被激活,主要用于比较各组之间的离散程度是否一致。

3. 选项

在"探索"对话框中单击"选项"按钮,打开如图 6-10 所示的对话框。在这个对话框中只有"缺失值"一栏,用于设置对缺失值的处置方式。

"按列表排除个案"表示剔除带有缺失值的观测,是系统默认选项;"按对排除个案"表示仅剔除那些缺失值有成对关系的观测。"报告值"表示分组变量中的缺失值被单独视为一组。

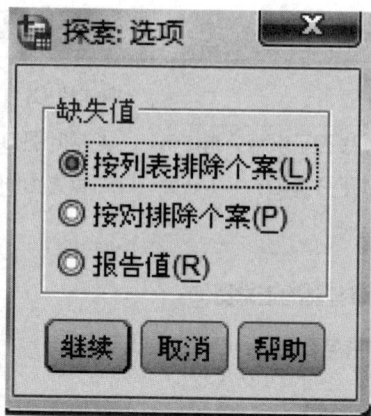

图 6-10　"探索:选项"对话框

(四)列联表分析

通过频数分析能够掌握单个变量的数据分布情况。在实际分析中,不仅要了解单变量的分布特征,还要分析多变量不同取值下的分布,掌握多变量的联合分布特征,进而分析变量之间的相互影响和关系。

例如,我们需要了解不同专业学生的高考成绩是否存在较大的不同,就需要两变量交叉列联表分析,这两个变量分别称为交叉列联表分析的行变量和列变量。如需进一步了解不同性别、不同专业的学生高考成绩是否有显著不同,就需要用三变量交叉列联表分析。性别变量就是交叉列联表分析的层控制变量。

数据交叉列联表分析主要包括两个基本任务:一是根据收集到的样本数据,产生二维或多维交叉列联表;二是在交叉列联表的基础上,对两个变量间是否存在相关性进行检验。要获得变量之间的相关性,仅仅靠描述性统计的数据是不够的,还需要借助一些表示变量间相关程度的统计量和一些非参数检验的方法。

常用的衡量变量间相关程度的统计量是简单相关系数,但在交叉列联表分析中,由于行列变量往往不是连续变量,不符合计算简单相关系数的前提条件。因此,需要根据变量的性质,选择其他的相关系数,如 Kendall 等级相关系数、Eta 值等。

和前面所讲的分析过程类似,从菜单栏选择"分析"→"描述统计"→"交叉表"命令，打开"交叉表"对话框，如图 6-11 所示。

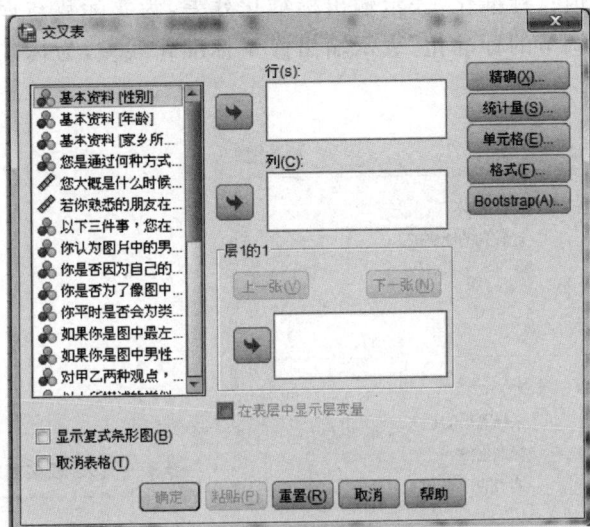

图 6-11 "交叉表"对话框

如果进行的是二维列联表分析，只需选择行列变量即可，但如果进行三维以上的列联表分析，可以将其他变量作为控制变量选到"层"变量列表框中。有多个层控制变量时，可以根据实际的分析要求确定它们的层次，既可以是同层次的，也可以是逐层叠加的。增加一个新的控制变量可以单击"下一张"按钮，然后选入一个变量；如果要修改已经选入的变量，单击"上一张"按钮即可。

在"交叉表"对话框下方有两个复选项，"显示复式条形图"选项意味着指定绘制各个变量不同交叉取值下关于频数分布的柱形图。"取消表格"则代表不输出列联表的具体表格，而直接显示交叉列联表分析过程中的统计量，如果没有选中统计量，则不产生任何结果。所以，一般情况下，只有在分析行列变量间的关系时选择此项。由于列联表右边的复选框内容较为复杂，在此就简单地介绍一下常用的几个选项。

单击"单元格"按钮，指定列联表单元格中的输出内容，出现如图 6-12 所示的"交叉表:单元显示"对话框。SPSS 默认在列联表的单元格中只输出观测频数。为了便于分析，通常还应指定输出"百分比"选项组中的行百分比、列百分比和总百分比。"残差"选项组中的各个选项表示在各个单元格中输出期望频数与观测频数的差。"未标准化"表示输出非标准化残差,为实际数与理论数的差值;"标准化"表示输出标准化残差,为实际数与理论数的差值除以理论数;"调节的标准化"表示输出修正标准化残差,为标准误确定的单元格残差。

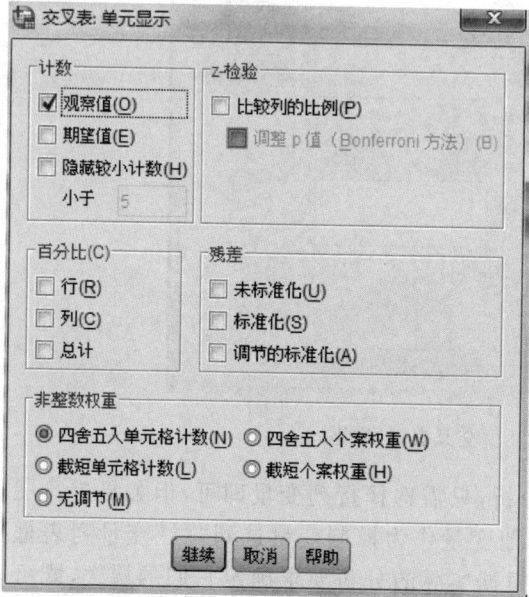

图 6-12 "交叉表:单元显示"对话框

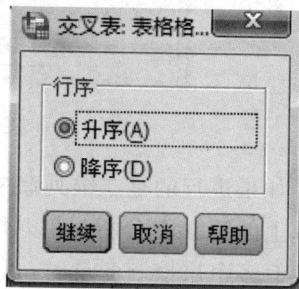

图 6-13 "交叉表:表格格式"对话框

在"交叉表"对话框中,单击"格式"按钮,指定列联表各单元格的输出顺序,如图 6-13 所示。在该对话框中,用户可以指定列联表的输出顺序。

点击"统计量"按钮,可以看到很多的系数可以选择,如图 6-14 所示。可以根据变量的类型和用户的需求自行选择这些系数,我们用得最多的卡方检验就在这里。

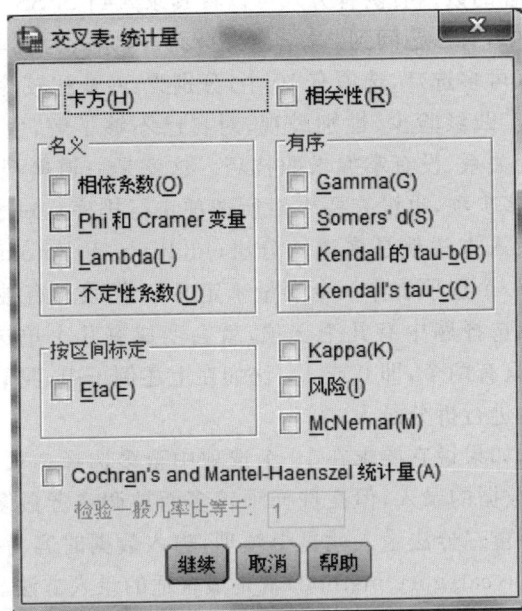

图 6-14 "交叉表:统计量"对话框

第二节 多重应答数据深度分析方法及其 SPSS 操作

在社会科学研究中,经常需要针对某一问题设计调查问卷展开社会调查。调查问卷中往往会有多选题的设定,也就是说一个问题可能有多个回答选项,必要的时候还需对这些选项进行排序。如何对这些多选题的数据进行录入和分析就是本节所讲的重要内容。

一、多重应答数据的录入

多重应答(multiple response),又称多选题,是社会科学研究中十分常见的数据形式。多重应答数据本质上属于分类数据,但由于各选项均是对同一个问题的回答,选项之间存在一定的相关性,将各选项单独进行分析并不恰当。对多重应答数据最常见的分析是使用 SPSS 中的"多重响应"命令,通过定义变量集的方式,对选项进行简单的频数分析和交叉分析。

对于多重应答的数据有两种方式可以将其录入到 SPSS 中。比如在一次毕业生就业调查中,有一题问到"对于你自身而言,你认为在求职过程中遇到的困难有哪些?(可多选)",选项有 10 个,分别为:专业比较冷门、学习成绩不好、学历层次低、实践经验少、性别歧视、对自己不够了解、生源地、形象气质不突出、缺乏社会关系、没有掌握求职技巧。这就是一道典型的多重应答题,既没有规定要选多少项,也没有要求对所选项进行排序。对于这种类型的多选题,适合它的录入方法就是多重二分法(multiple dichotomy method)。把多项选择题的每一个选项看作一个变量来定义,0 代表没有被选中,1 代表被选中。这样,多项选择题中有几个选项,就会变成有几个单选变量。这些单选变量的选项都只有两个,即 0 或 1。比如在上述例子中,我们就可以设置 10 个变量,把多选题进行拆分录入。

还是这道题,如果说它要求在 10 个选项中至多选择 3 项,用多重二分法当然也可以进行数据的录入,但在选择项较多而被调查者最多只选择其中少数几项时,采用多重二分法录入就显得烦琐,输入数据时容易出错,这时候多重分类法(multiple category method)就是最合适的录入方法。多项选择题中有几个选项,就定义几个单选变量。每个变量的选项都一样,都和多项选择题的选项相同。每个变量代表被调查者的一次选择,即记录的是被选中的选项的代码。如上述例子中,我们可以设置 3 个变量分别为:求职中遇到的困难、困难在求职中遇到的、在求职中面临的困难(虽然这三个变量名称都表达的是同一个意思,由于变量名称不能重复所以要用三种不同的表达方式),每个变量的选项皆为从 1 到 10 的 10 个困难。这样最多只需录入 3 次就可以完成这道多选,如果用多重二分法进行录入,则需要录入 10 次。

同样是这道题,如果题目的要求变为"在你就业过程中遇到最大的困难是(),其次是(),再次是()"。遇到这种既要求多选又要求排序的题目该怎么录入呢?首先把多项选择题的每一个选项看作一个变量来定义,那么我们总共就有 10 个变量。其次,将每一个变量值选项都做同样的定义:0=没选、1=最大的困难、2=其次的困难、3=再次的困难,以变量的值输入。比如这 3 个括号里的选项分别是 2、3、7,那么该题的 10 个变量值分别为:0(代表第一项未被选入)、1(代表这项是最困难的)、2、0、0、0、3、0、0、0。

该方法是将多选题和排序题的处理方法相结合的一种方法,对一般排序题也同样适用,只是两者采用的分析方法不同,一般排序题有几项就取几个权重值,选择排序题排几位就取几个权重值,未选则取权重值为 0。

二、多重应答数据的分析

由于多选题有几个选项，对应在 SPSS 中就有几行，即有几个变量，所以在分析之前先要将其分散的几个变量定义成一个多选题的变量集，以便于后面的分析，具体操作步骤如下。

选择"分析"→"多重响应"→"定义变量集"命令，打开图 6-15 所示的对话框。

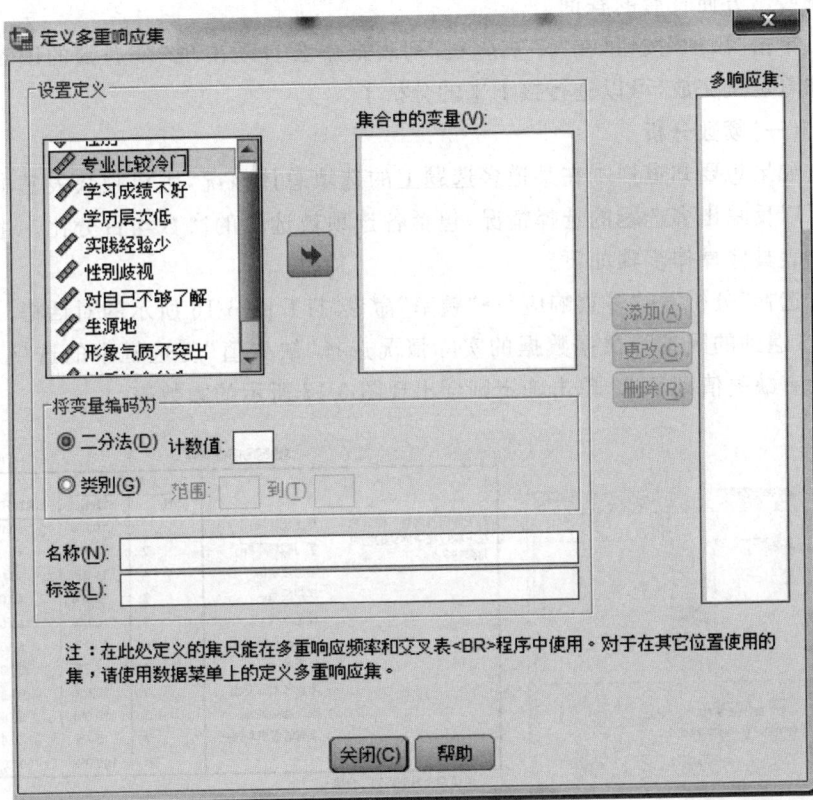

图 6-15　"定义多重响应集"对话框

在左侧"设置定义"列表框中，选中专业比较冷门、学习成绩不好、学历层次低、实践经验少、性别歧视、对自己不够了解、生源地、形象气质不突出、缺乏社会关系、没有掌握求职技巧这 10 个变量，单击 按钮，将这 10 个变量移入右边的"集合中的变量"列表中。

在"将变量编码为"选项组中选中"二分法"单选按钮,在"计数值"文本框中输入"1"(由于在定义时就将1定义为是,0定义为否,所以用1表示此项目被选。如不是二分变量则选择"类别"按钮,进一步定义其取值范围,如上述的第二种情况,范围为1到10)。

在"名称"文本框中输入"遇到的困难"字样,在"标签"文本框中输入具体的问题,例如这题就输入"对于你自身而言,你认为在求职过程中遇到的困难有哪些",方便日后的查询。

单击"添加"按钮,在"多响应集"列表框中会自动出现"＄遇到的困难",意味着定义完成,可以进行接下来的分析了。

(一)频数分析

如果想要知道样本在某道多选题上的选填总体概况,生成频数表基本上就可以反映出多选题的选择情况,包括各选项被选填的次数与百分比。生成频数表具体操作步骤如下。

选择"分析"→"多重响应"→"频率"命令,打开图6-16所示的对话框。双击"＄遇到的困难",根据数据的实际情况选择"缺失值"复选框中的选项,本题没有缺失值则不选,单击确定则会出现图6-17所示的频数表。

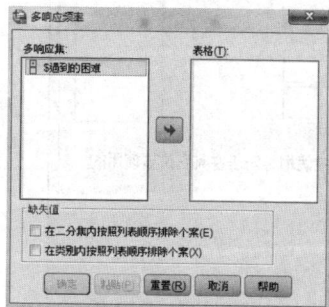

图6-16 "多响应频率"对话框

＄遇到的困难 频率

		响应		个案百分比
		N	百分比	
对于你自身而言,你认为在求职过程中遇到的困难有哪些? a	专业比较冷门	3	10.0%	60.0%
	学习成绩不好	2	6.7%	40.0%
	学历层次低	4	13.3%	80.0%
	实践经验少	2	6.7%	40.0%
	性别歧视	3	10.0%	60.0%
	对自己不够了解	4	13.3%	80.0%
	生源地	4	13.3%	80.0%
	形象气质不突出	3	10.0%	60.0%
	缺乏社会关系	3	10.0%	60.0%
	没有掌握求职技巧	2	6.7%	40.0%
总计		30	100.0%	600.0%

a.值为1时制表的二分组。

图6-17 频数表

在生成的频数表中有两个分析多选题的重要指标,分别是应答次数百分比和应答例数百分比,在图6-17中对应的分别是百分比和个案百分比。应答次数百分比指的是该选项被选择的总次数与所有选项被选择的次数和的比,例如图 6-17 中"专业比较冷门"的百分比为 10％,就意味着有 3 个样本选择了遇到的困难是"专业比较冷门",占到所有被选困难总数的 10％。应答例数百分比即个案百分比,例如图 6-17 中"专业比较冷门"的个案百分比为 60％,这就意味着 5 个样本中有 3 个都选了遇到的困难是"专业比较冷门"。

(二)交叉分析

如果想要知道不同性别的毕业生在"对于你自身而言,你认为在求职过程中遇到的困难有哪些?"这道多选题上的选择差异,则可用交叉分析来完成。

选择"分析"→"多重响应"→"交叉表"命令,打开图 6-18 所示的对话框。

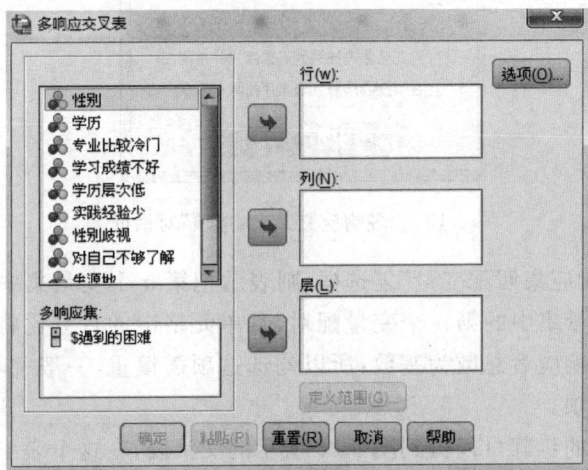

图 6-18 "多响应交叉表"对话框

将"性别"变量双击选入"行(W)"变量,单击"定义范围",因为性别变量的取值是 0 和 1,所以在"定义范围"中最大值是 1,最小值是 0;双击"多响应集"中的"＄遇到的困难"变量,将其选入到"列(N)"变量中,无须定义范围;再将"学历"用同样的方法选到"层(L)"变量中,在学历变量中 1 代表本科、2 代表研究生,所以在"定义范围"中最大值是 2、最小值是 1。

将这些选定设置完成后,单击对话框最右边的"选项"按钮,来选择输出的值,如图 6-19 所示。这些复选框中的所有选项都应根据用户的实际需求进行选择,比如选中"单元格百分比"复选框中的"行(W)",在最后的输出结果中就会显示行单元格的百分比。在例题中,我们选择了"单元格百分比"复选框中的"行(W)"、"列(C)"、"总计";"百分比基于"复选框中的"响应",这就意味着输出的百分比是基于响应值的；因为例题中没有缺失值，所以对"缺失值"复选框不进行选择。

6-19 "多响应交叉表：选项"对话框

对于"跨响应集匹配变量"复选框，则表示把第 a 个变量集中的第 n 个变量与第 b 个变量集中的第 n 个变量配对，且单元格中的百分比将以答案总数为基数而不是响应者总数为基数，所以勾选这项需慎重，一般都不选此项，例题中也没选此项。

按照上述的步骤可以得到图 6-20 所示的交叉表，在这个表中可以清楚地看见样本中是本科学历的有 4 个，其中有 1 女 3 男；研究生学历的样本只有 1

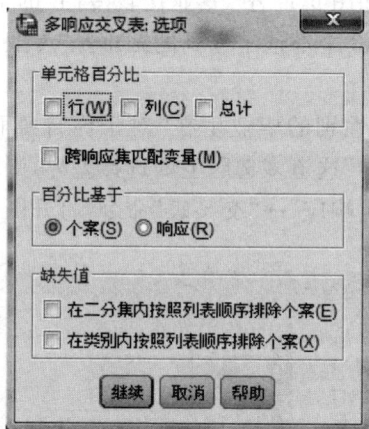

图 6-20 "性别、学历、遇到困难"交叉表

个女性;他们遇到的困难类型和比例在表中一目了然。需要注意的是,表中的百分比是以响应者总数为基础的。

第三节 方差分析

方差分析(Analysis of Variance,ANOVA)是英国统计学家 R. A. Fisher 于 1923 年提出的,它是一种利用试验获取数据并进行分析的统计学方法,常常用于研究不同效应对指定试验的影响是否显著。方差分析也是一种假设检验,一般是研究分类型自变量对数值型因变量的影响,例如它们之间有无关系、关系强度如何等问题。它是对全部样本观测值的变动进行分解,将某种控制因素下各组样本观测值之间可能存在的由该因素导致的系统性误差和随机误差加以比较,据以推断各样本之间是否存在差异。若存在显著性差异,则说明该因素对各个总体的影响是显著的。

方差分析一般要求样本满足以下条件:

➤可比性。数据中各组均数本身必须具有可比性,这是方差分析的前提。

➤正态性。方差分析要求样本来源于正态分布总体,偏态分布资料不适用方差分析。

➤方差齐性。方差分析要求各组间具有相同的方差,即满足方差齐性。

在方差分析中,有几个重要的概念需要了解。

➤因素。在方差分析中,把要检验的对象称为因素。例如,在对不同学历毕业生的就业问题进行检验时,"学历"就是因素。在方差分析中,因素常常是一个或者多个离散型的分类变量。

➤水平。因素的不同类别或不同取值称为因素的水平。因素的每一个水平可以看作一个总体。

➤观测值。进行方差分析时,每个因素水平下所收集到的样本数据。

根据观测变量的个数,可以将方差分析分为单变量方差分析和多变量方差分析;根据因素的个数,可将方差分析分为单因素方差分析和多因素方差分析。不同的方差分析方法适用于不同的情况,而且不同方法所构造的统计量也不同。本节将对常用的单因素方差分析和多因素方差分析方法进行介绍。

一、单因素方差分析

单因素方差分析其实就是在一个影响因素的不同水平下,对观测变量均值差异的显著性检验。方差分析认为,观测变量的变动会受到因素变量和随机变量两方面的影响。

(一)菜单介绍

打开相应的数据文件或者建立一个数据文件后,在据编辑器窗口中就可以进行单因素方差分析。在菜单栏中依次选择"分析"→"比较均值"→"单因素 ANOVA"命令,打开如图 6-21 所示的"单因素方差分析"对话框。

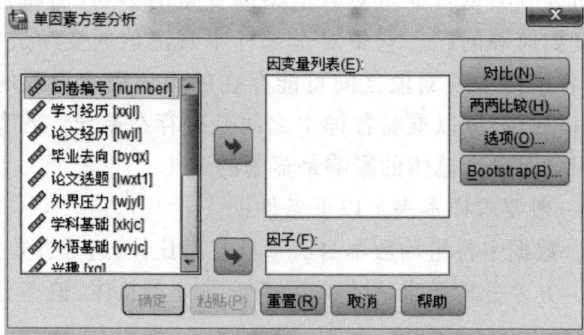

图 6-21　"单因素方差分析"对话框

从源变量列表中选择需要进行方差分析的因变量,然后单击按钮 将选中的变量选入"因变量列表"中;从源变量列表中选择因子变量,然后单击按钮 将选中的变量选入"因子"列表中。

"因变量列表"列表框中的变量是要进行方差分析的目标变量,又称为因变量,且因变量一般为数值型变量。例如,要比较有无论文选题对学生论文成绩是否有影响,这其中论文成绩就是因变量,论文选题就是因子变量。

"因子"列表框中的变量为因子变量,主要用来分组。因子变量为分类变量,其取值可以为数字,也可以为字符串。因子变量取值应为整数,且为有限个类别。

在对话框的右侧有 4 个按钮,用于对单因素方差分析进行相关设置,下面将对几个常用的按钮做详细的介绍。

对比

单击"对比"按钮，出现如图 6-22 所示的"单因素 ANOVA：对比"对话框。

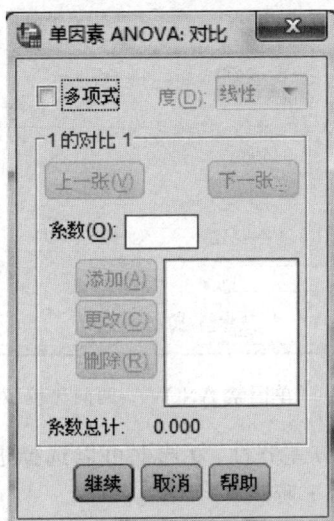

图 6-22 "单因素 ANOVA：对比"对话框

该对话框有两个作用：对平均数的变动趋势进行趋势检验；定义根据研究目的需要进行的某些精确参数并作两两比较。

"多项式"选项主要用于对组间平方划分为趋势成分，并对因变量按因子变量中的水平次序进行趋势检验。一旦用户选中"多项式"选项，则"度"下拉列表框就会被激活，然后用户就可以对趋势分析指定多项式的形式，如"线性"、"二次项"、"立方"、"四次项"、"五次项"。

"系数"文本框主要用于对组间平均数进行比较设定。为因子变量的每个组（类别）输入一个系数，每次输入后单击"添加"按钮，每个新值都添加到系数列表的底部。要指定其他对比组，单击"下一张"按钮。通过点击"下一张"按钮和"上一张"按钮在各组对比间移动。系数的顺序很重要，因为该顺序与因子变量的类别值的升序相对应。列表中的第一个系数与因子变量的最低组值相对应，而最后一个系数与最高值相对应。

两两比较

在主对话框中单击"两两比较"按钮，就会出现如下图 6-23 所示的"单因素 ANOVA：两两比较"对话框。

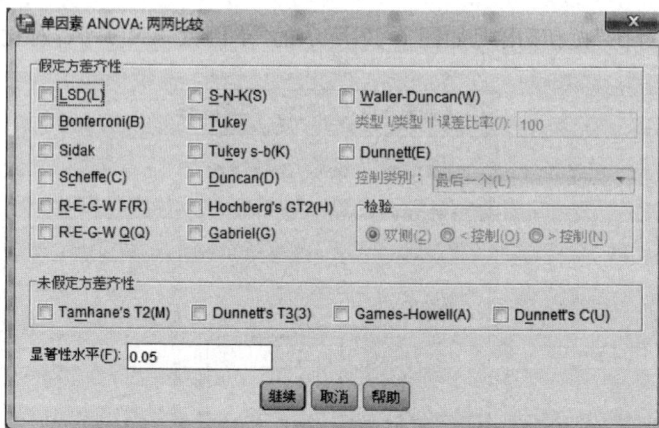

图 6-23 "单因素 ANOVA：两两比较"对话框

在该对话框中"假定方差齐性"复选框可以选择进行多重比较的方法，其中各选项的含义如下表 6-1 所示：

表 6-1 "假定方差齐性"复选框中各项的含义

选项	简介
LSD	最小显著性差异法，主要使用 T 检验对组均值之间的所有成对比较，检验敏感度较高，对多个比较的误差率不做调整。
Bonferroni	修正 LSD 方法，同样是使用 T 检验在组均值之间执行成对比较，但通过设置每次检验的误差率来控制整个误差率，采用此方法看到的显著值是多重比较完成后的调整值。
Sidak	基于 T 统计量的成对多重比较检验，可以调整多重比较的显著性水平。
Scheffe	使用 F 取样分布，对均值的所有可能的成对组合进行并发的联合成对比较，可用来检验组均值的所有可能的线性组合，而非仅限于成对组合，但该方法敏感度不高。
R-E-G-WF	用 F 检验进行多重比较。
R-E-G-WQ	基于 T 极差的 Ryan-Einot-Gabriel-Welsch 多重比较。
S-N-K	用 Student-Range 分布进行所有各组均值间的配对比较。
Tukey	用 Student-Range 统计量进行所有组间均值的配对比较，并用所有配对比较集的误差率作为实验误差率。

选项	简介
Tukey's-b	用 Student-Range 统计量进行所有组间均值的配对比较,其临界值是前两种检验(Tukey 和 S-N-K)的相应值的平均值。
Duncan	与 Student-Newman-Keuls 检验的顺序一样,但并不是给每个检验设定一个误差率,而是给所有的检验的误差率设定一个临界值。
Hochberg's GT2	用 Student 统计量的方差分析,用正态最大系数进行多重检验。
Gabriel	用正态标准系数进行配对比较。
Waller-Duncan	使用 T 检验进行多重比较检验,使用 Bayesian 方法。选中该框后,在其下方的"类型 I /类型 II 误差比率"中输入误差比。
Dunnett	用 T 检验进行配对比较,先是指定一组,其他各组与之作比较。选中此方法后其下方的"控制类别"下拉列表框和"检验"栏均被激活。从"控制类别"下拉列表框中选择指定一项,共有两个选项:最后一个和第一个。从"检验"栏中选择 T 检验的方法,有双侧、左控制和有控制三项。

这 14 种假定方差齐性下的两两范围检验和成对多重比较检验方法中,比较常用的是 Bonferroni、Tukey 和 Scheffe 方法。

"未假定方差齐性"选项组主要用于在没有假定方差齐性下进行两两范围检验和成对多重比较,选项组中有 4 个复选框:

➤Tamhane's T2:勾选该复选框表示用 T 检验进行配对比较检验。

➤Dunnett's T3:勾选该复选框表示执行 Student 最大系数进行配对比较检验。

➤Games-Howell:勾选该复选框表示执行方差不齐的成对比较检验,且该方法比较常用。

➤Dunnett's C:勾选该复选框表示用 Student-Range 极差统计量进行配对比较检验。

"显著性水平"输入框主要用于指定两两范围检验和成对多重比较检验的显著水平,输入范围是 0.01 到 0.99,系统默认为 0.05。

选项

在主对话框中单击"选项"按钮,就会出现如下图 6-24 所示的"单因素 ANOVA:选项"对话框。

图 6-24 "单因素 ANOVA：选项"对话框

该对话框用于设定输出的统计量、检验和缺失值的处理方法等，选项对话框主要包括"统计量"栏、"缺失值"栏和"均值图"复选框。

在"统计量"复选框中有 5 个选项可以来设置输出的统计量。"描述性"表示要输出每个因变量的个案数、均值、标准差、均值的标准误、最小值、最大值和 95％置信区间。"固定和随机效果"显示固定效应模型的标准差、标准误差和 95％置信区间以及显示随机效应模型的标准误差、95％的置信区间、方差成分间的估计值。"方差同质性检验"表示用 Levene 统计量进行方差一致性检验。该方法不依赖于正态假设，即不要求样本一定服从正态分布。"Brown-Forsythe"表示计算 Brown-Forsythe 统计量以检验组均值是否相等，当不能把握方差齐性假设时，此统计量比 F 统计量更具稳健性。"Welch"表示计算 Welch 统计量以检验组均值是否相等，当不能把握方差齐性假设时，此统计量比 F 统计量更具稳健性。

"均值图"复选框主要用于绘制每组的因变量均值分布图，同时可辅助对平均值之间的趋势作出判断。

"缺失值"复选框的设置和前面几个程序是相同的,在此就不再多言。

所有的设置结束后,单击"继续"按钮确认设置,返回主对话框。在主对话框中单击"确定"按钮,即可执行单因素方差分析。

(二)单因素方差案例分析

下面用某次针对 200 位同学的问卷调查作为单因素方差分析的数据,以了解他们的学习经历对论文成绩是否有影响。

首先打开存有数据的文件,在菜单栏中依次选择"分析"→"比较均值"→"单因素 ANOVA"命令,打开"单因素方差分析"对话框。将"成绩"选入"因变量列表",将"学习经历"选入"因子"列表。然后单击"对比"按钮,选中"多项式"复选框,并将"度"设为"线性",单击"继续"。再次单击"两两比较"按钮,选中"LSD"复选框,单击"继续"。最后单击"选项"按钮,选中"描述性"、"均值图"复选框,然后单击"继续"按钮,保存设置结果。单击"确定"按钮,输出分析结果。

按照上述步骤操作,输出的结果有 3 个表,如表 6-2、6-3、6-4 所示。在表 6-2 描述性统计量表中,可以看到这两个变量的总体情况,在 200 个样本中有 62 人没学过这类课程,52 人看过这方面的书,86 人上过这方面的课,除此之外这个表还输出了平均数、标准差、标准误差、95% 置信区间、最大值和最小值,具体数据见表 6-2。

表 6-2 描述性统计量表

| | N | 均值 | 标准差 | 标准误 | 均值的 95% 置信区间 | | 极小值 | 极大值 |
					下限	上限		
没学过	62	78.5484	7.25570	0.92147	76.7058	80.3910	69.00	90.00
看书自学	52	88.0000	2.27519	0.31551	87.3666	88.6334	83.00	90.00
上过课	88	84.2093	5.65918	0.61024	82.9960	85.4226	72.00	92.00
总　　数	200	83.4400	6.65491	0.47057	82.5120	84.3680	69.00	92.00

输出结果中第二表就是单因素方差分析表,如表 6-3 所示,如果只考虑学习经历单个因素的影响,则在成绩变差中,不同学习经历可解释的变差为 2615.693,抽样调查引起的变差为 6197.587,它们的方差分别为 1307.846 和 31.460,相应所得的 F 统计量为 41.572,对应的概率 P 值近似为 0。系统默

认的显著水平为 0.05，所以 P 值小于显著水平，我们有理由认为不同的学习经历对论文成绩有显著影响。

表 6-3　单因素方差分析表

		平方和	df	均方	F	显著性
组间	（组合）	2615.693	2	1307.846	41.572	0.000
	线性项　未加权的	1154.521	1	1154.521	36.698	0.000
	加权的	940.504	1	940.504	29.895	0.000
	偏差	1675.189	1	1675.189	53.248	0.000
组内		6197.587	197	31.460		
总数		6813.280	199			

输出结果中的第三个表为两两比较分析表，具体数据如表 6-4 所示。从表中可以看出，"＊"号代表不同学习经历之间存在显著性差异。从两两比较的结果可知，这三者之间的差异都是显著的，即不同的学习经历对成绩的影响具有显著差异性。

表 6-4　两两比较分析表

(I)学习经历	(J)学习经历	均值差(I－J)	标准误	显著性	95％置信区间	
					下限	上限
没学过	看书自学	－9.45161＊	1.05471	0.000	－11.5316	－7.3716
	上过课	－5.66092＊	0.93447	0.000	－7.5038	－3.8181
看书自学	没学过	9.45161＊	1.05471	0.000	7.3716	11.5316
	上过课	3.79070＊	0.98530	0.000	1.8476	5.7338
上过课	没学过	5.66092＊	0.93447	0.000	3.8181	7.5038
	看书自学	－3.79070＊	0.98530	0.000	－5.7338	－1.8476

＊:均值差的显著性水平为 0.05。

最后输出的是一个成绩均值图，如图 6-25 所示，在这个图中可以看出"看书自学"的成绩最高，"上过课"的其次，"没学过"的平均成绩最低。

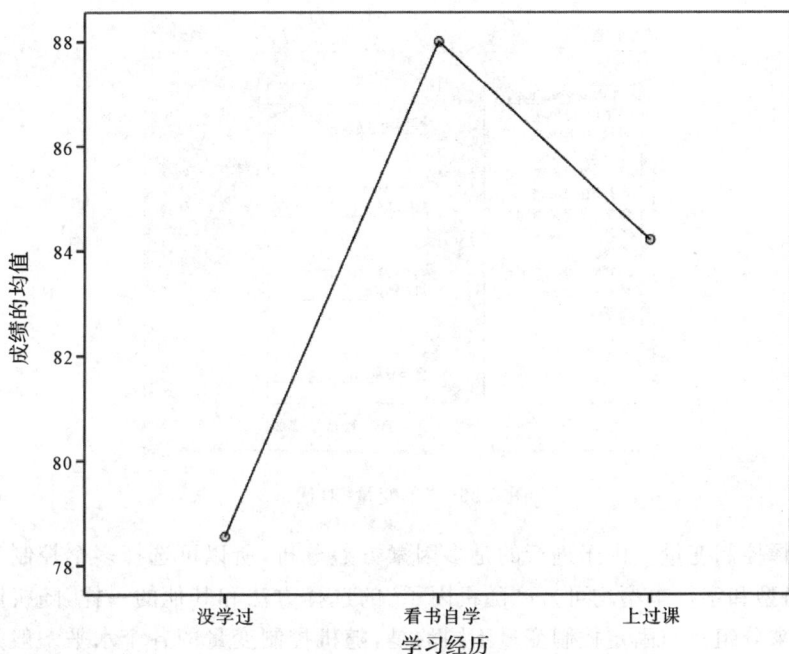

图 6-25　成绩均值图

二、多因素方差分析

多因素方差分析用来研究两个及两个以上的控制变量是否对观测变量产生显著影响。由于讨论多个因素对观测变量的影响,因此这种方差分析过程称为多因素方差分析。多因素方差分析不仅能够分析多个控制因素对观测变量的影响,也能够分析多个控制因素的交互作用对观测变量产生影响,进而最终找到利于观测变量的最优组合。

(一)菜单介绍

打开相应的数据文件或者建立一个数据文件后,在据编辑器窗口中就可以进行多因素方差分析。在菜单栏中依次选择"分析"→"一般性模型"→"单变量"命令,打开如图 6-26 所示的"单变量"对话框。

从源变量列表中选择需要进行多因素方差分析的因变量,然后单击按钮将选中的变量选入"因变量"中,因变量只能是唯一的;从源变量列表中选择因子变量,然后单击按钮将选中的变量选入"固定因子"列表中,固定因子即

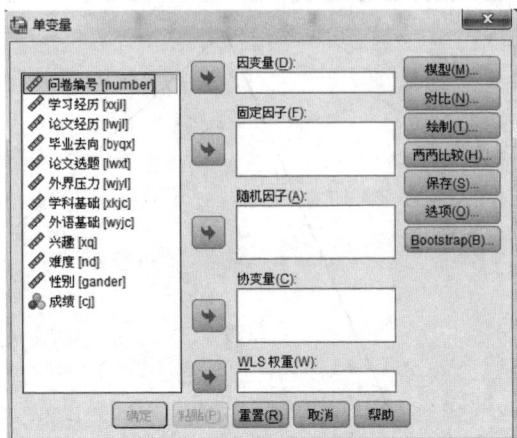

图 6-26 "单变量"对话框

为选择控制变量。由于进行的是多因素方差分析,所以可选择多个控制变量(数值型和字符串型均可)。"随机因子"的选择方法和其他的一样,随机因子也用来分组。与固定控制变量不同的是,随机控制变量的各个水平一般是不可以人为控制的,如体重、身高等。"协变量"是协方差运算必须选择的变量。"WLS 权重"文本框为权重变量框,在该框中给出加权二乘分析的权重变量。权重变量必须是数值型变量,如果权重是零、负数或缺失,则该变量将不计入模型。如果一个变量在模型中用过,就不能再作为权重变量。

在对话框的右侧,有一系列扩展按钮,下面将详细介绍。

模型

在主对话框中点击"模型"按钮,打开如图 6-27 所示的"单变量:模型"对话框。该对话框中可以定义模型的类型和选择一种分解平方和的方法。

"指定模型"栏中有两个选项:一个是"全因子",即全因子模型,包含所有因子主效应、所有协变量主效应以及所有因素与因素的交互效应,但它不包含协变量交互效应;另一个为"设定",表示可以仅指定其中一部分的交互或指定因子协变量交互,必须指定要包含在模型中的所有项。

一旦选择"设定",则下方的"因子与协变量"、"构建项"、"模型"项均被激活。"因子与协变量"列表中列出了所有参与分析的因子与协变量。"构建项"的下拉菜单中有五种模型形式可供选择:

"交互"表示模型中含有所选变量的交互项。

　　"主效应"表示模型中仅仅考虑各个控制变量的主效应而不考虑变量之间的交互项。

　　"所有二阶"、"所有三阶"、"所有四阶"：表示模型中要考虑所有的二维、三维、四维的交互效应。

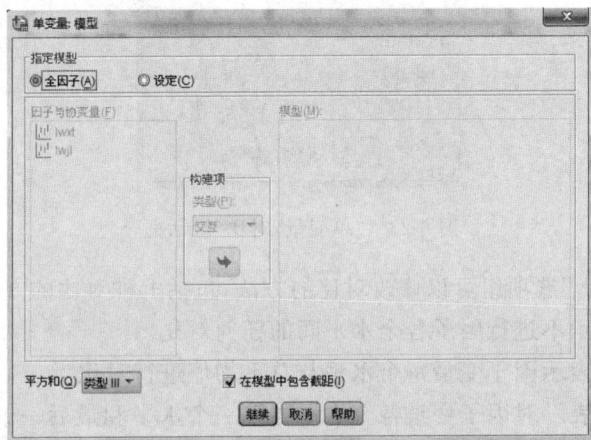

图 6-27　"单变量：模型"对话框

　　"平方和"下拉列表框用于指定计算平方和的方法，主要有四种类型：

➤"类型Ⅰ"表示分层处理平方和，仅仅处理主效应项。

➤"类型Ⅱ"表示处理所有其他效应。

➤"类型Ⅲ"表示可以处理类型Ⅰ和类型Ⅱ中的所有效应。

➤"类型Ⅳ"表示对任何效应都处理。

　　但对于没有缺失单元的平衡或非平衡模型，类型Ⅲ平方和方法最常用，也是系统默认的。

　　"在模型中包含截距"复选框用于决定是否在模型中包含截距，如果认为数据回归线可以经过坐标轴原点的话，就可以在模型中不含截距，但是一般系统默认含有截距项。

　　对比

　　在主对话框中点击"对比"按钮，打开如图 6-28 所示的"单变量：对比"对话框。该对话框有"因子"列表框和"更改对比"选项组。

　　"因子"列表框用于存放多因素方差分析中的因子变量，单击需要对比的因子就可以激活"更改对比"选项组，对要进行对比的因子设置对比方式。

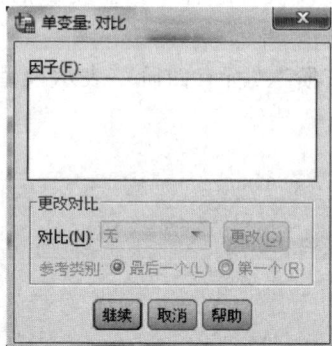

图 6-28 "单变量:对比"对话框

"更改对比"选项组可以修改对比的方法,包括七种对比的方法:

➢"无"表示不进行因子各个水平间的任何对比。

➢"偏差"表示因子变量每个水平与总平均值进行对比。

➢"简单"表示对因子变量各个水平与第一个水平和最后一个水平的均值进行对比。

➢"差值"表示对因子变量的各个水平都与前一个水平进行做差比较,当然第一个水平除外。

➢"Helmert"表示对因子变量的各个水平都与后面的水平进行做差比较,当然最后一个水平除外。

➢"重复"表示重复比较,除第一类之外,因素变量的每个分类都与后面所有分类的平均效应进行比较。

➢"多项式"表示对每个水平按因子顺序进行趋势分析。对于"偏差"对比和"简单"对比,可以选择参照水平是"最后一个"或"第一个"。

绘制

在主对话框中点击"绘制"按钮,打开如图 6-29 所示的"单变量:轮廓图"对话框。当只有一个因素水平时,为因变量估计边缘均值的线图;当有两个以上因素水平时,则绘制分离线。

"因子"列表框主要存放各个因子变量。右边还有 3 个文本框,分别是水平轴、单图、多图。"水平轴"为横坐标,该框中的变量将作为在均值分布图中的横坐标;"单图"表示分离线,该框中的变量将作为均值分布图中的分割线依据变量;"多图"为散点图框。

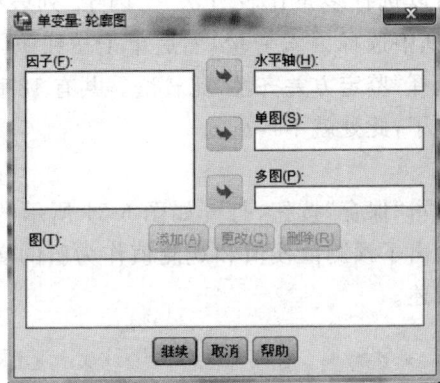

图 6-29 "单变量:轮廓图"对话框

当"水平轴"、"单图"或"多图"中有变量时,下方的"添加"、"更改"、"删除"按钮就会被激活,单击"添加"按钮即可以将选择的变量加入"图"输入框。单击"更改"按钮即可以修改已选择的因素变量,单击"删除"按钮即可以删掉所选因素变量。

两两比较

在主对话框中点击"两两比较"按钮,打开如图 6-30 所示的"单变量:观测均值的两两比较"对话框。

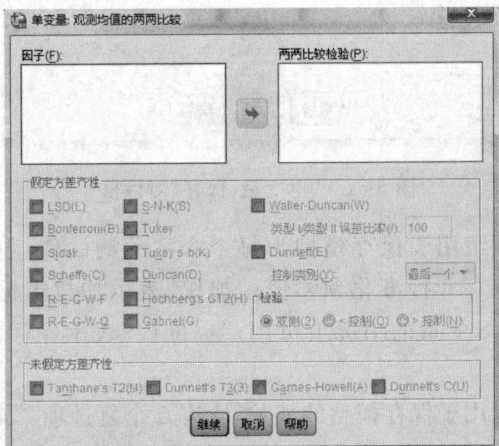

图 6-30 "单变量:观测均值的两两比较"对话框

在该对话框中可以选择多重比较方法。"因子"列表框中列出来所有的因素变量,从此列表框中选择因素变量,然后单击按钮 ➡,将其移动到"两两比较检验"列表中,选择"鉴定方差齐性"比较法。共有 18 种不同的方法,在前面已经详细地介绍过了,此处就不再重复。

保存

在主对话框中点击"保存"按钮,打开如图 6-31 所示的"单变量:保存"对话框。该对话框中给出了预测值残值和观测值作为新的变量的保存选项,各个选项的意义如下所述。

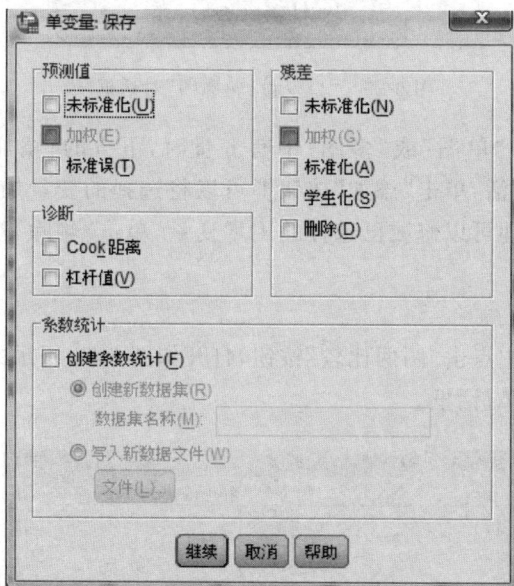

图 6-31 "单变量:保存"对话框

"预测值"选项组用于保存模型为每个个案预测的值,包含 3 个复选项:"未标准化"表示保存非标准化预测值;"加权"表示加权未标准化预测值,仅在已经选择了 WLS 变量的情况下可用;"标准误"表示保存预测值均值的标准误差。

"残差"选项组用于保存模型的残差,含有 5 个复选项:"未标准化"表示保存非标准化残值;"加权"表示保存权重非标准化残值,仅在已经选择了 WLS 变量的情况下可用;"标准化"表示保存标准化残值;"学生化"表示保存学生残值;"删除"表示保存剔除残值,即因变量与修正预测值之差。

"诊断"栏给出了诊断结果保存选项,该栏有两个选项:"Cook 距离"表示保存 Cook 距离,Cook 距离衡量为当剔除回归模型中的某个因素时,残值的变化量;"杠杆值"表示保存非中心化 Leverage 值。

"系数统计"栏给出新文件保存结果的方式,选择"创建系统统计"后,单击"文件"可将参数估计值和协方差矩阵保存到一个新文件中。

选项

在主对话框中点击"选项"按钮,打开如图 6-32 所示的"单变量:选项"对话框。该对话框提供一些基于固定效应模型计算的统计量。

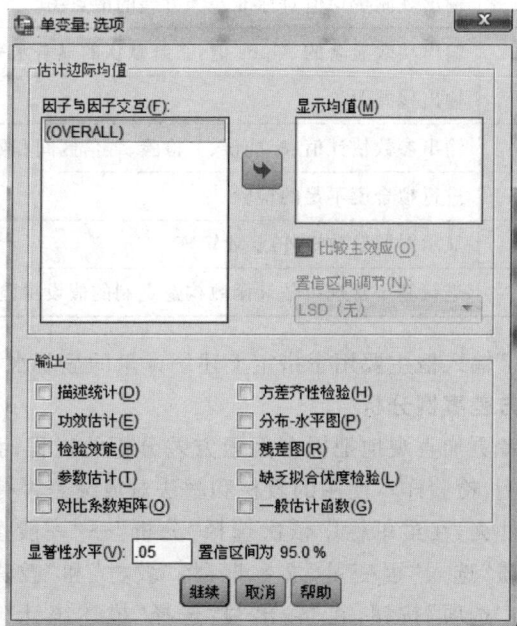

图 6-32　"单变量:选项"对话框

在"因子与因子交互"列表框中的是所有因子变量和"OVERALL"变量,单击按钮 ➡ 就可以使之进入"显示均值"列表框。

"显示均值"列表框中的变量用来输出该变量的估算边际均值、标准误等统计量。当"显示均值"列表框中含有变量时,下方"比较主效应"复选框就会被激活,该复选项表示为模型中的任何主效应提供估计边际均值未修正的成对比较,但必须在"显示均值"列表框中含有主效应变量。

"输出"选项组主要用于指定输出的统计量,有 10 个选项,各选项的功能如表 6-5 所示。

表 6-5

选项	功能
描述统计	输出观测均值、标准差和计数
方差齐性检验	输出进行方差齐性的 Levene 检验
功效估计	输出每个效应的估计值及参数估计值、标准误差和置信区间
分布-水平图	输出观测量均值对标准差和方差的散点图
检验效能	输出功效显著的 Alpha 值,系统默认的显著水平为 0.05
残差图	输出残差图
参数估计	输出参数估计值、标准误、T 检验、置信区间和回归系数
缺乏拟合优度检验	进行拟合度不足的检验
对比系数矩阵	显示对照系数矩阵或 M 矩阵
一般估计函数	进行基于常规可估计函数构造定制的假设检验

"显著性水平"输入框主要用于指定上述统计量的显著水平。

(二)多因素方差案例分析

为了方便读者更加直观地把握多因素方差分析的过程,我们还是以某次教改成绩样本为例,检验样本使用的教材和教法对成绩是否有影响。

打开数据文件夹,在菜单栏中依次选择"分析"→"一般性模型"→"单变量"命令。将"成绩"选入"因变量"文本框,将"教材"和"教法"选入"固定因子"列表框。单击"选项"按钮,在"输出"栏选择"描述统计"和"方差齐性"。单击"两两比较"按钮,将变量"教法"选入"两两比较检验"列表中,然后在"假定方差齐性"栏下选择 LSD 和 Tukey 项,单击确定,即可产生分析结果。

输出结果中第一个如表 6-6 所示:

表 6-6　方差齐性检验表

误差方差等同性的 Levene 检验[a]

因变量:成绩

F	df1	df2	Sig.
0.865	5	24	0.519

检验零假设,即在所有组中因变量的误差方差均相等。

a.设计:截距＋教材＋教法＋教材＊教法

方差齐性检验的结果,$F=0.865$,$Sig=0.519$,由表格下方的表述可知,各组样本总体方差是齐性的,满足方差检验的条件。

第二个输出结果是描述性统计量表,如表 6-7 所示。在这个表中我们可以看到均值、标准差和样本个数。从表中可以直接观察出第一种教材的均值最高;教法 2 和教材 1 的搭配均值最高,他们是否是最好的搭配还需进一步检验。

表 6-7　描述性统计量表

因变量:成绩

教材	教法	均值	标准偏差	N
1	1	88.00	3.606	5
	2	88.40	6.107	5
	总计	88.20	4.733	10
2	1	83.80	7.014	5
	2	85.60	4.159	5
	总计	84.70	5.519	10
3	1	75.50	4.509	4
	2	81.33	4.367	6
	总计	79.00	5.142	10
总计	1	82.93	7.141	14
	2	84.87	5.500	16
	总计	83.97	6.283	30

输出的第三个表为多因素方差分析表,如表 6-8 所示。

表 6-8　多因素方差分析表

源	Ⅲ型平方和	df	均方	F	Sig.
校正模型	521.433[a]	5	104.287	4.014	0.009
截距	207649.535	1	207649.535	7992.498	0.000
教材	479.852	2	239.926	9.235	0.001
教法	53.042	1	53.042	2.042	0.166
教材 * 教法	38.782	2	19.391	0.746	0.485
误差	623.533	24	25.981		
校正的总计	1144.967	29			

a. R 方＝0.455(调整 R 方＝0.342)

从表 6-8 中可以看出,教材对成绩具有显著影响(Sig.＝0.001),而教法对成绩没有显著影响,Sig. 为 0.166,大于 0.05。教材和教法的相互作用对成绩的影响不具有显著性,Sig. 为 0.485,大于 0.05。

输出结果中最后一个表如表 6-9 所示。从这个表中可以看出,两种检验方法的结果是一样的。教材 1 与教材 3、教材 2 与教材 3 存在显著差异。

表 6-9　多重检验后比较表

	(I)教材	(J)教材	均值差值(I－J)	标准误差	Sig.	95%置信区间 下限	95%置信区间 上限
Tukey HSD	1	2	3.50	2.279	0.293	−2.19	9.19
		3	9.20*	2.279	0.001	3.51	14.89
	2	1	−3.50	2.279	0.293	−9.19	2.19
		3	5.70*	2.279	0.050	0.01	11.39
	3	1	−9.20*	2.279	0.001	−14.89	−3.51
		2	−5.70*	2.279	0.050	−11.39	−0.01
LSD	1	2	3.50	2.279	0.138	−1.20	8.20
		3	9.20*	2.279	0.000	4.50	13.90
	2	1	−3.50	2.279	0.138	−8.20	1.20
		3	5.70*	2.279	0.020	1.00	10.40
	3	1	−9.20*	2.279	0.000	−13.90	−4.50
		2	−5.70*	2.279	0.020	−10.40	−1.00

基于观测到的均值。

误差项为均值方(错误)＝25.981。

*.均值差值在 0.05 级别上较显著。

第四节　相关与回归分析法

变量间的关系分为确定性关系和不确定性关系两类：确定性关系即通常所说的函数关系；非确定性关系即相关关系。相关分析用于描述两个变量之间关系的密切程度，它反映的是当控制了其中一个变量的取值后，另外一个变量的变化程度。显著特点是变量不分主次，被置于同等的地位。

根据数据类型的不同，相关分析的方法也不相同。连续变量之间的相关性常用 Pearson（皮尔逊）简单相关系数来测定，定序变量的相关性常用 Spearman 或者 Kendall 相关系数来测定，而定类变量的相关分析则需要使用列联表分析法。

"回归"这个术语是由英国著名统计学家 Francis Galton 在 19 世纪末期研究孩子及他们的父母的身高时提出来的。Galton 发现身材高的父母，他们的孩子也高，但这些孩子平均看来并不像他们的父母那样高。比较矮的父母情形也类似：他们的孩子比较矮，但这些孩子的平均身高要比他们父母的平均身高高。Galton 把这种孩子的身高向中间值靠近的趋势称为一种回归效应，而他发展的研究两个数值变量的方法称为回归分析。

相关分析是回归分析的基础和前提，回归分析则是相关分析的深入和继续。相关分析需要依靠回归分析来表现变量之间数量相关的具体形式，而回归分析则需要依靠相关分析来表现变量之间数量变化的相关程度。只有当变量之间存在高度相关时，进行回归分析寻求其相关的具体形式才有意义。如果在没有对变量之间是否相关以及相关方向和程度做出正确判断之前，就进行回归分析，很容易造成"虚假回归"。与此同时，相关分析只研究变量之间相关的方向和程度，不能推断变量之间相互关系的具体形式，也无法从一个变量的变化来推测另一个变量的变化情况。因此，在具体应用过程中，只有把相关分析和回归分析结合起来，才能达到研究和分析的目的。

相关分析与回归分析的区别主要有以下三点：

1. 相关分析中涉及的变量不存在自变量和因变量的划分问题，变量之间的关系是对等的；而在回归分析中，则必须根据研究对象的性质和研究分析的目的，对变量进行自变量和因变量的划分。因此，在回归分析中，变量之间的关系是不对等的。

2.在相关分析中所有的变量都必须是随机变量；而在回归分析中，自变量是确定的，因变量才是随机的，即将自变量的给定值代入回归方程后，所得到的因变量的估计值不是唯一确定的，而会表现出一定的随机波动性。

3.相关分析主要是通过一个指标即相关系数来反映变量之间相关程度的大小，由于变量之间是对等的，因此相关系数是唯一确定的，而在回归分析中，对于互为因果的两个变量（如人的身高与体重，商品的价格与需求量），则有可能存在多个回归方程。

本节重点介绍常用的相关分析和线性回归分析的 SPSS 具体操作方法。

一、相关分析

按照不同的划分标准，可以将相关分析划分为不同的类型。按相关关系涉及的因素多少，可分为单相关和复相关。二因素之间的相关关系称单相关，三个或三个以上因素的相关关系称复相关，或多元相关。按相关关系的性质，可分为正相关和负相关。按相关关系的形式，可分为直线相关和曲线相关。按相关程度，可分为完全相关、不完全相关和不相关。

在相关分析中有一个重要的指数需要在这里特别说明一下，即相关系数。相关系数是测量两个变量之间线性关系强度的统计量。若相关系数是根据总体全部数据计算出的，称为总体相关系数，记为 P；若是根据样本数据计算出的，则称为样本相关系数，记为 r。

相关系数的符号代表着相关方向。若 $r>0$，表明两个变量正相关；若 $r<0$，表明两个变量负相关。

相关系数的取值范围是 $[-1,+1]$。当 $|r|=1$ 时，表明两个变量完全相关；当 $r=0$，表明两个变量不相关；当 $0<r<1$ 时，表示两个变量存在一定程度的相关。

一般情况下，$|r|>0.8$ 时，认为两个变量高度相关；$0.5<|r|<0.8$ 时，认为两个变量中度相关；$0.3<|r|<0.5$ 时，认为两个变量低度相关；$|r|<0.3$ 时，认为两个变量不相关。

(一)菜单介绍

相关分析可以通过 SPSS 系统中的"分析"→"相关"菜单下的有关命令来实现。该模块给出相关分析的 3 个过程：双变量、偏相关和距离过程。这里主要介绍双变量分析的方法。

在主菜单栏中选择"分析"→"相关"→"双变量"命令,打开如图 6-33 所示的"双变量相关"对话框。

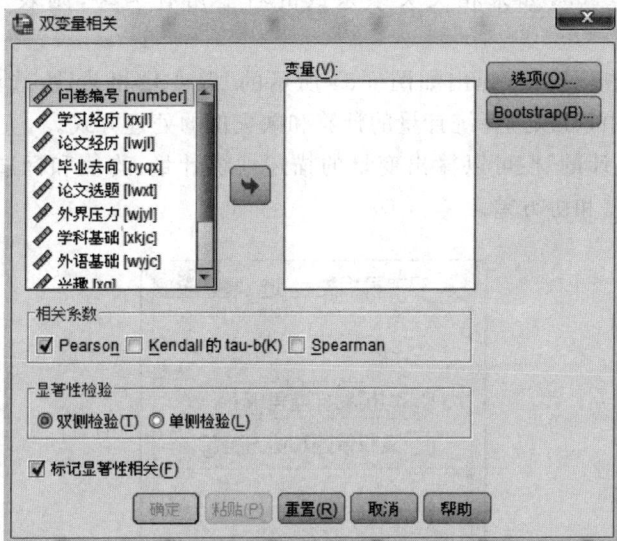

图 6-33　"双变量相关"对话框

从左侧源变量框选择要分析的变量双击进入"变量"窗口。至少需要选入两个变量,如果选入了多个变量,则分析结果会以矩阵的形式呈现。

下面的"相关系数"栏提供了 3 种相关系数的选项,可以在此栏中选择计算相关系数。

➤"Pearson"选项。只有变量是连续型变量才能选用此项。这也是系统默认选项。

➤"Kendall 的 tau-b"选项。适合于有序变量或者不满足正态分布假设的等间隔数据。

➤"Spearman"选项。利用非参数检验方法计算 Spearman 相关系数,也适合于有序变量或者不满足正态分布假设的等间隔数据。

"显著性检验"栏用于选择检验的尾部分布,有两个选项:"双侧检验"选项表示进行双尾检验,当不清楚变量之间是正相关还是负相关时,应选择此选项,该选项为系统默认选项;"单侧检验"选项表示进行单尾检验,如果了解变量之间的相关关系是正还是负,则应选择此选项。

在主对话框中还有"标记显著性相关"复选框,选择此项,则在输出结果中标出有显著意义的相关关系。如果相关关系系数的右上角有 ∗ ,则代表显著性水平为 0.05;如果相关关系系数的右上角有 ∗ ∗ ,则表示显著水平为 0.01。

单击"选项"按钮,弹出如图 6-34 所示的"双变量相关性:选项"对话框。在该对话框中,可以选择统计量的计算和缺失值的处理方式。

选择"统计量"栏可以输出变量的描述性统计量:均值和标准差;还可以输出叉积偏差和协方差。

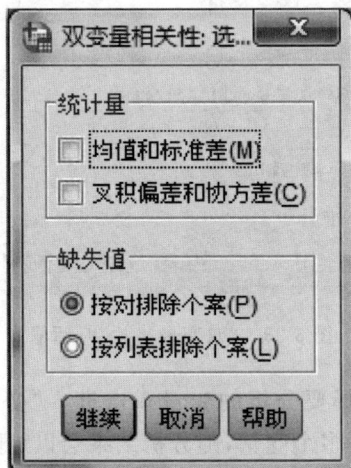

图 6-34 "双变量相关性:选项"对话框

"缺失值"是缺失值处理方法单选框。当研究多个变量的相关系数时,才有意义。"按对排除个案"表示成对剔除参与相关系数计算的两个变量中有缺失值的个案;"按列表排除个案"表示剔除带有缺失值的所有个案。

(二)相关分析案例分析

下面用一个案例来讲解简单相关分析的应用及对其结果的解读。打开数据文件"预期工资与实际工资",来分析预期工资和实际工资是否相关。

在主菜单栏中选择"分析"→"相关"→"双变量"命令,将"预期工资"和"实际工资"作为自变量选入"变量"列表框,其他采用默认选项。单击"选项",选择"均值和标准差"和"叉积偏差和协方差"复选框,然后单击"继续",最后单击"确认"。

执行相关分析后,在输出窗口得到结果表格,如表 6-10 所示。

表 6-10　描述性统计量表

	均值	标准差	N
预期工资	5095.24	1677.938	21
实际工资	4904.76	1300.183	21

这个统计表中清楚地显示均值、标准差和样本数量。

表 6-11 为相关分析结果表,从表中可以看出预期工资和实际工资之间的相关系数为 0.772,表示这两变量中度相关。最终可以得出结论:预期工资和实际工资之间存在着正相关。

表 6-11　相关分析结果表

		预期工资	实际工资
预期工资	Pearson 相关性	1	0.772**
	显著性(双侧)		0.000
	平方与叉积的和	56309523.81	33690476.19
	协方差	2815476.190	1684523.810
	N	21	21
实际工资	Pearson 相关性	0.772**	1
	显著性(双侧)	0.000	
	平方与叉积的和	33690476.19	33809523.81
	协方差	1684523.810	1690476.190
	N	21	21

** :在 0.01 水平(双侧)上显著相关。

二、线性回归分析

回归分析(regression analysis)是确定两种或两种以上变量之间相互依赖的定量关系的一种统计分析方法,运用十分广泛。它通过回归方程的形式描述和反映这种关系,帮助人们准确把握变量受其他一个或多个变量影响的程度,进而为控制和预测提供科学依据。

回归分析中研究的变量分为因变量和自变量,因变量是随机变量,自变量也称为因素变量,是可以加以控制的变量。回归分析按照涉及的自变量的多少,可分为一元回归分析和多元回归分析;按照自变量和因变量之间的关系类型,可分为线性回归分析和非线性回归分析。

如果在回归分析中只包括一个自变量和一个因变量,且二者的关系可用一条直线近似表示,这种回归分析称为一元线性回归分析。如果回归分析中包括两个或两个以上的自变量,且因变量和自变量之间是线性关系,则称为多元线性回归分析。

SPSS 中提供了多种回归分析功能选项,它不仅拥有基本的线性回归统计功能,还包括了岭回归、Probit 回归等复杂的回归模型。根据实际研究的需要,下面主要介绍最常用的一元线性回归分析方法。

当自变量和因变量之间呈现显著的线性关系时,应采用线性回归的方法,建立因变量关于自变量的线性回归模型。根据自变量的个数,线性回归模型可分为一元线性回归模型和多元线性回归模型。一元线性回归模型是在不考虑其他影响因素的条件下,或是在认为其他影响因素确定的情况下,分析某一个因素(自变量)是如何影响因变量的。

一元线性回归的经验模型为:

$$y = 0 + 1x$$

0 表示回归直线在纵轴上的截距;1 是回归系数,它表示当自变量 x 变动一个单位所引起的因变量 Y 的平均变动值。

接着利用已经收集到的样本数据,一般采用最小二乘法,本着回归直线与样本数据点在垂直方向上的偏离程度最小的原则,进行回归方程的参数求解。在求解出回归模型的参数后,一般不能立即将结果付诸实际问题的分析和预测,通常要进行各种统计检验,如拟合优度检验、回归方程和回归系数的显著性检验和残差分析等。

(一)菜单介绍

下面就详细地介绍一下线性回归分析的 SPSS 操作方法。

打开相应的数据文件或者建立一个数据文件后,在据编辑器窗口中就可以进行线性回归分析。在菜单栏中依次选择"分析"→"回归"→"线性"命令,打开如图 6-35 所示的"线性回归"对话框。

该对话框可以具体设置要建立什么样的回归模型,以及需要输出的结果。

从源变量列表中选择需要进行回归分析的因变量,然后单击 按钮将选中的变量选入"因变量"中;从源变量列表中选择一个或多个变量,然后单击

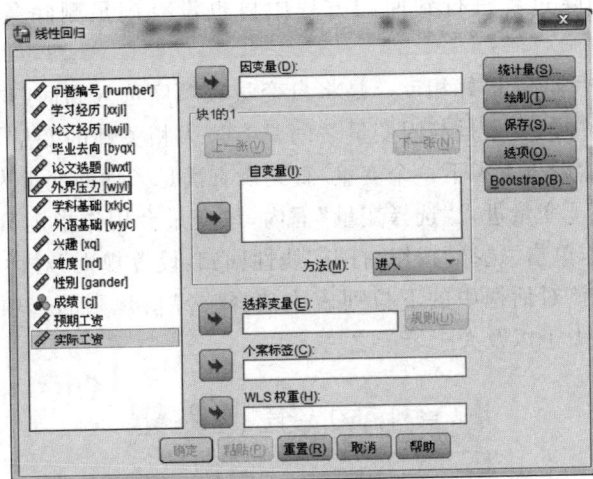

图 6-35 "线性回归"对话框

按钮将选中的变量选入"自变量"列表中。需要注意的是,因变量和自变量都必须是数值型变量,不能为其他类型的变量,否则会出现错误信息。如果因变量为分类变量,则可以用二元或者多元 logistic 模型等建模分析。

"个案标签"文本框用于选入个案标签,而"WSL 权重"文本框表示加权最小二乘,该选项只有在被选变量为全变量时才可用。

采用不同的自变量、因变量和回归方法,可以建立不同的回归模型。如上图所示,可从"方法"下拉框中选择进入、逐步、删除、向后或向前中的一个。

选中"进入",表示所有的自变量列表中的变量都进入回归模型。

选中"逐步",表示不在方程中的具有 F 统计量的概率最小的自变量被选入,对于已在回归方程中的变量,如果它们的 F 统计量的概率变得足够大,则移去这些变量,如果不再有变量符合包含或移去的条件,则该方法终止。

选中"删除",表示建立回归模型前设定一定条件,然后根据条件删除自变量。

选中"向后",表示首先将所有变量选入到模型中,然后逐一执行并删除他们。删除变量的标准是"选项"对话框中设定的 F 值。在删除的过程中,和因变量之间有最小的偏相关系数的自变量首先将被考虑删除。如果一个变量满足被删除的条件,那么它就会被删除。删除了第一个变量之后,线性回归模型中剩下的自变量中有最小的偏相关系数的自变量就成为下一个被删除的目标。删除过程进行到回归方程中再也没有满足删除条件的自变量为止。

"向前"与"向后"恰好相反。是将自变量按顺序选入到回归模型中,首先被选入到方程中的变量是与因变量之间具有最大相关性的变量,同时必须满足选入条件,然后再考虑下一个变量,直到没有满足条件的变量为止。

如果选取了变量进入"选择变量"框内,该变量会用作指定分析个案的选择规则。此时,单击"选择"按钮,打开"线性回归:设置规则"对话框,如图6-36所示。可以从该对话框中的下拉列表中选择临界值规则的选项:等于、不等于、小于等于、大于以及大于等于之一。

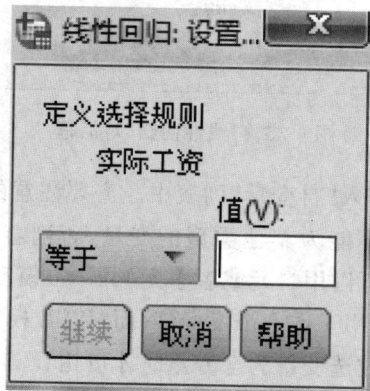

图 6-36 "线性回归:设置规则"对话框

和其他程序一样,下面我们会对"线性回归"对话框右侧的按钮的作用做详细说明。

统计量

单击"统计量"按钮,如图 6-37 所示,打开"线性回归:统计量"对话框。

"回归系数"选项组主要用于对回归系数进行设定。"估计":选择该复选框表示输出回归系数、标准误、标准化系数 beta、t 值以及 t 的双尾显著性水平。"置信区间":选中该复选框表示输出每个回归系数或协方差矩阵指定置信度的置信区间,在"水平"中输入范围。"协方差矩阵":选中表示输出回归系数的方差—协方差矩阵,其对角线以外为协方差,对角线上为方差,同时还显示相关系数矩阵。

"残差"选项组用于指定对回归残差进行检验的方法。"Durbin-Watson"

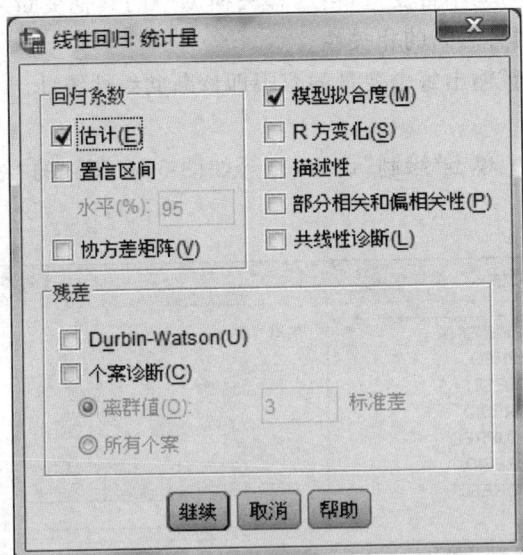

图 6-37 "线性回归:统计量"对话框

表示输出检验残差序列自相关的 D-W 检验统计量。"个案诊断"表示对个案进行诊断,输出个案,其中"离群值"表示输出满足条件的个案离群值,"标准差"用于指定离群值满足几倍标准差的条件,"所有个案"指可以输出所有个案的残差。

"模型拟合度"显示输入模型的变量和从模型删去的变量,并显示拟合优度统计量:复相关系数、R^2 和调整 R^2、估计的标准误以及方差分析表等。

"R 方变化"输出由于添加或删除自变量而产生的 R^2 统计量的更改。如果与某个变量相关联的 R^2 变化很大,则意味着该变量是因变量的一个良好的预测变量。

"描述性"表示输出回归分析中的有效个案数、均值以及每个变量的标准差,同时输出具有单尾显著性水平的相关矩阵以及每个相关系数的个案数。

"部分相关和偏相关性"表示输出部分相关和偏相关统计量。其中"部分相关"指对于因变量与某个自变量,当已移去模型中的其他自变量对该自变量的线性效应之后,因变量与该自变量之间的相关性。当变量添加到方程时,它与 R^2 的更改有关。"偏相关"指的是对于两个变量,在移去由于它们与其他变量之间的相互关联引起的相关性之后,这两个变量之间剩余的相关性。对于因变量与某个自变量,当已移去模型中的其他变量对上述两者的线性效应之后,这两者之间的相关性。

"共线性诊断"输出每个变量的容限即诊断共线性统计。

绘制

在主对话框中单击"绘制"按钮,打开如图 6-38 所示的"线性回归:图"对话框。

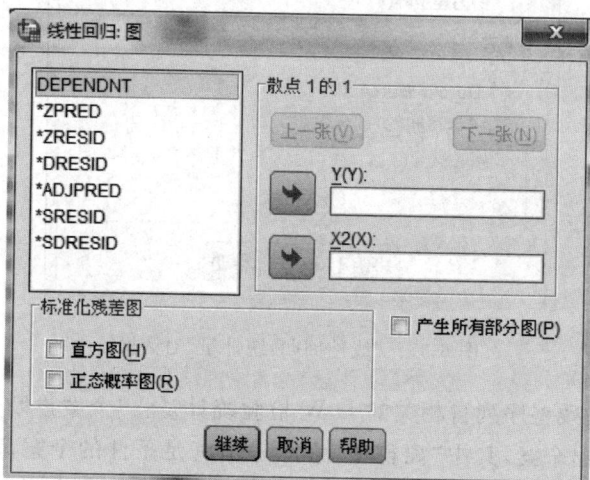

图 6-38 "线性回归:图"对话框

对话框主要用于帮助验证正态性、线性和方差相等的假设,还可以检测离群值、异常观察值和有影响的个案。在源变量列表中列出了因变量(DEPENDNT)及以下预测变量和残差变量:标准化预测值(*ZPRED)、标准化残差(*ZRESID)、剔除残差(*DRESID)、调整的预测值(*ADJPRED)、学生化的残差(*SRESID)以及学生化的已删除残差(*SDRESID)。

"散点 1 的 1"选项组可以利用源变量列表中的任意两个来绘制散点图,在"Y"中选入 Y 轴的变量,"X"中选入 X 轴的变量。单击"下一张"按钮可以再绘制下一张图,单击"上一张"按钮可以回到刚刚设定的上一张图进行修改。另外,针对标准化预测值绘制标准化残差,可以检查线性关系和等方差性。

"标准化残差图"选项组用于绘制标准化残差图,主要可以指定两种图:"直方图"和"正态概率图",将标准化残差的分布与正态分布进行比较。

"产生所有部分图"表示当根据其余自变量分别对两个变量进行回归时，显示每个自变量残差和因变量残差的散点图。但是要求方程中必须至少有两个自变量。

保存

在主对话框中单击"保存"按钮，打开如图 6-39 所示的"线性回归：保存"对话框。该对话框用于在活动数据文件中保存预测值、残差和其他对于诊断有用的统计量。

"预测值"选项组用于保存回归模型对每个个案预测的值。"未标准化"表示保存回归模型对因变量的预测值。"标准化"表示保存标准化后的预测值；"调节"表示保存当某个个案从回归系数的计算中排除时个案的预测值；"均值预测值的 S.E."表示保存预测值的标准误。

"残差"选项组用于保存回归模型的残差。"未标准化"表示保存观察值与模型预测值之间的原始残差。"标准化"表示保存标准化后的残差，即 Pearson 残差。"学生化"表示保存学生化的残差，即残差除以其随个案变化的标准差的估计，这取决于每个个案的自变量值与自变量均值之间的距离。"删除"表示保存当某个个案从回归系数的计算中排除时该个案的残差，它是因变量的值和调整预测值之间的差。"学生化已删除"，表示保存学生化的删除残差，即个案的剔除残差除以其标准误。

"距离"选项组用于标识自变量的值具有异常组合的个案以及可能对回归模型产生很大影响的个案的测量。"Mahalanobis 距离"表示自变量上个案的值与所有个案的平均值相异程度的测量，大的 Mahalanobis 距离表示个案在一个或多个自变量上具有极值。"Cook 距离"表示保存 Cook 距离值，较大的 Cook 距离表明从回归统计量的计算中排除个案之后，系数会发生很大变化。"杠杆值"表示保存杠杆值，杠杆值是度量某个点对回归拟合的影响杠，杆值范围为从 0 到 $(N-1)/N$，其中 0 表示对回归拟合无影响。

"影响统计量"选项组用于测度由于排除了特定个案而导致的回归系数（DfBeta）和预测值（DfFit）的变化。"DfBeta"表示计算 beta 值的差分，表示由于排除了某个特定个案而导致的回归系数的改变。"标准化 DfBeta"表示计算 beta 值的标准化差分。"DfFit"表示计算拟合值的差分，即由于排除了某个特定个案而产生的预测变量的更改。"标准化 DfFit"表示计算拟合值的标准化差分。"协方差比率"表示从回归系数计算中排除特定个案的协方差矩阵的行列式与包含所有个案的协方差矩阵的行列式的比率，如果比率接近 1，

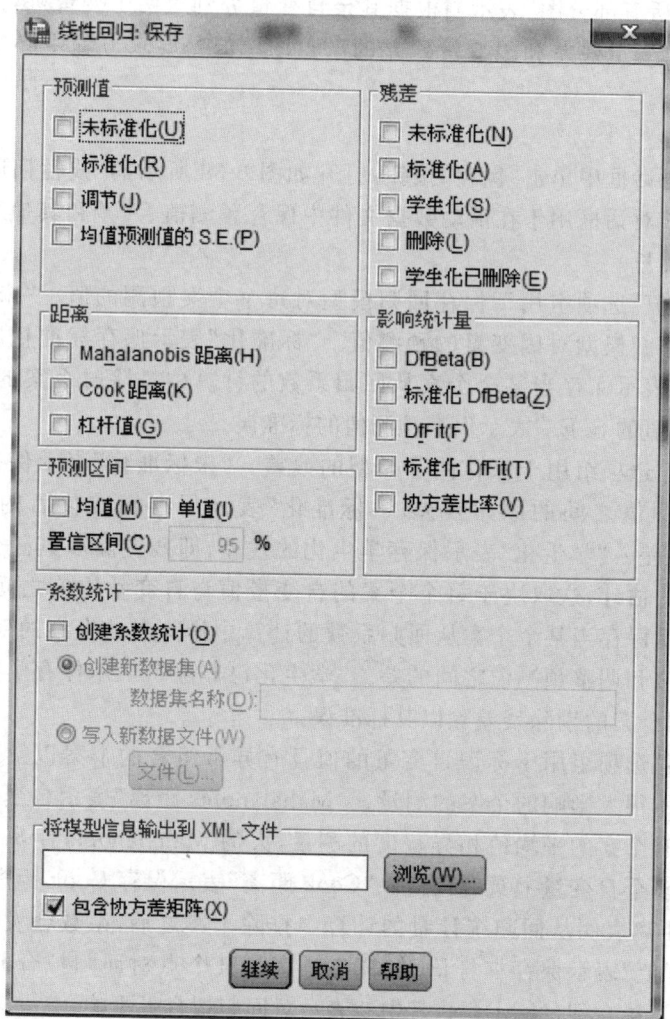

图 6-39 "线性回归:保存"对话框

则说明被排除的个案不能显著改变协方差矩阵。

　　"预测区间"选项组用于设置均值和个别预测区间的上界和下界。"均值"表示保存平均预测响应的预测区间的下限和上限。"单值"表示保存单个个案的因变量预测区间的下限和上限。"置信区间"用于指定预测区间的范围,一般使用默认值 95％。

　　"系数统计"选项组用于对模型创建的系数进行统计。当选中"创建系数统计"时,下面两个单选按钮将被激活,选择"创建新数据集"单选按钮则可以在下面输入框中输入数据集名称,设定新数据集名称;选择"写入新数据文件"单选按钮,单击下面的"文件"按钮进行文件地址存储的设定。

　　选项

　　在主对话框中单击"选项"按钮,打开如图 6-40 所示的"线性回归:选项"对话框。该对话框主要用于对步进回归方法和缺失值进行设置。

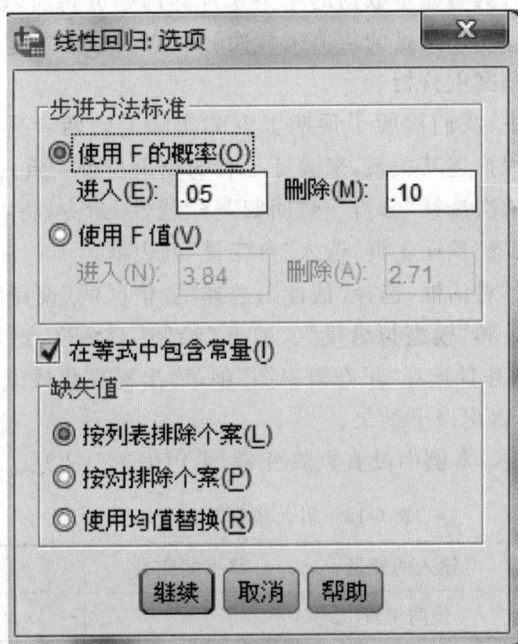

图 6-40　"线性回归:选项"对话框

　　"步进方法标准"选项组在已指定向前、向后或逐步式变量选择法的情况下适用。变量可以进入模型中,或者从模型中移去,这取决于 F 值的显著性(概率)或者 F 值本身。"使用 F 的概率"表示如果变量的 F 值的显著性水平小于"进入"值,则将该变量选入到模型中,如果该显著性水平大于"删除"值,则将该变量从模型中移去。其中,"进入"值必须小于"删除"值,且两者均必须为正数。"使用 F 值"表示如果变量的 F 值大于"进入"值,则该变量输入模型,如果 F 值小于"删除"值,则该变量从模型中移去。"进入"值必须大于"删除"值,且两者均必须为正数。要将更多的变量选入到模型中,请降低"进入"值;要将更多的变量从模型中移去,请增大"删除"值。

"在等式中包含常量"表示回归模型中包含常数项。取消选择此选项可强制使回归模型通过原点,但是某些通过原点的回归结果无法与包含常数的回归结果相比较。

"缺失值"选项组用于对回归中缺失值的设定。"按列表排除个案"表示只有所有变量均取有效值的个案才包含在分析中;"按对排除个案"表示使用正被相关的变量对具有完整数据的个案来计算回归分析所基于的相关系数;"使用均值替换"表示用变量的均值来替换缺省值。

(二)线性回归案例分析

在相关分析中,我们检验了预期工资和实际工资两者是有相关关系的,现在试用回归过程描述其关系,来验证二者的结果是否一致。

在菜单栏中依次选择"分析"→"回归"→"线性"命令,将"实际工资"选入"因变量"列表框,将"预期工资"选入"自变量"列表框。

打开"统计量"对话框,选择"估计",选择"置信区间"使用默认值 95%,选择"描述性"统计量和"模型拟合度"。打开"绘制"对话框,选用 DEPENDNT 和 *ZPRED 作图,并且选择"正态概率图"项,输出标准化残差的正态概率图。完成以上操作,会得出以下结果。

如表 6-12 所示,本例中没有剔除变量,采用强迫引入法。

表 6-12　引入或剔除变量表[b]

模型	输入的变量	移去的变量	方法
1	预期工资[a]		输入

a.已输入所有请求的变量。

b.因变量:实际工资。

从表 6-13 描述性统计量表中,可以清楚地看到平均值、标准差和观测量个数。

表 6-13　描述性统计量表

	均值	标准偏差	N
实际工资	4904.76	1300.183	21
预期工资	5095.24	1677.938	21

从表 6-14 中可以看出，Pearson 相关系数为 0.772，显著系数为 0.000，小于 0.05，这说明二者之间显著相关。

表 6-14　相关分析表

		实际工资	预期工资
Pearson 相关性	实际工资	1.000	0.772
	预期工资	0.772	1.000
Sig.（单侧）	实际工资		0.000
	预期工资	0.000	
N	实际工资	21	21
	预期工资	21	21

表 6-15 为模型摘要表，包括相关系数 R、判定系数 R^2、调整判定系数以及估计值的标准误差。

表 6-15　模型摘要表

模型	R	R 方	调整 R 方	标准估计的误差
1	0.772[a]	0.596	0.575	847.666

a. 预测变量：（常量），预期工资。

b. 因变量：实际工资。

表 6-16 中给出了自由度、均值的平方、F 统计量和显著性水平，预期工资和实际工资的显著水平为 0.000，小于 0.05。

表 6-16　方差分析表

模型		平方和	df	均方	F	Sig.
1	回归	20157303.93	1	20157303.93	28.053	0.000[a]
	残差	13652219.87	19	718537.888		
	总计	33809523.81	20			

a. 预测变量：（常量），预期工资。

b. 因变量：实际工资。

表 6-17 给出了线性回归模型的回归系数及相应的一些统计量。从该表

中可以得到线性回归模型中的常数和预期工资的系数分别为 1856.237 和 0.598,说明预期工资的系数为正,预期工资能够显著影响实际工资的观点得到了证实。另外,线性回归模型中的常数和预期工资的 T 值分别为 3.070 和 5.297,相应的概率值为 0.006 与 0.000,说明系数非常显著,这与图方差分析的结果十分一致,也与之前相关分析的结果一致。

表 6-17　回归系数表

模型	非标准化系数		标准系数	t	Sig.	B 的 95.0% 置信区间	
	B	标准误差	试用版			下限	上限
1　(常量)	1856.237	604.564		3.070	0.006	590.870	3121.603
预期工资	0.598	0.113	0.772	5.297	0.000	0.382	0.835

a. 因变量:实际工资。

从图 6-41 可以看出,标准化残差呈正态分布,散点在直线上或下靠近直线,图 6-41 中的点基本都在直线上方或者下方附近,说明变量之间呈线性分布。从图 6-42 可以看出,两个变量大致呈直线趋势,进一步说明了图 6-41 的结论。由此,我们可以推断,回归方程满足线性以及方差齐次的检验。

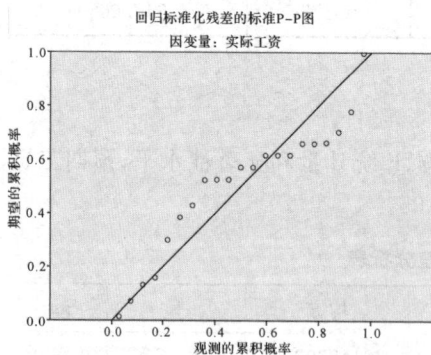

图 6-41　P-P 图

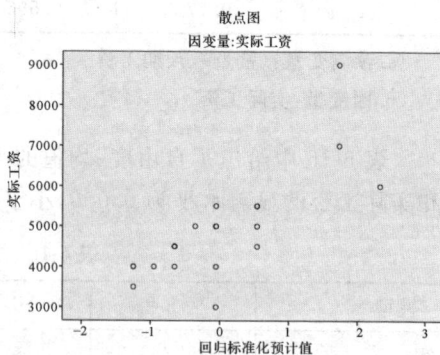

图 6-42　散点图

第七章
数据可视化在媒介调查中的运用

可视化（visualization）技术是利用计算机图形学和图像处理技术，将数据转换成图形或图像在屏幕上显示出来，并进行交互处理的理论、方法和技术。它涉及计算机图形学、图像处理、计算机视觉、计算机辅助设计等多个领域，成为研究数据表示、数据处理、决策分析等一系列问题的综合技术。可视化技术最早运用于计算科学中，并形成了可视化技术的一个重要分支——科学计算可视化（Visualization in Scientific Computing）。科学计算可视化能够把科学数据，包括测量获得的数值、图像或是计算中涉及、产生的数字信息变为直观的、以图形图像信息表示的、随时间和空间变化的物理现象或物理量呈现在研究者面前，使他们能够观察、模拟和计算。科学计算可视化自 1987 年提出以来，在各工程和计算领域得到了广泛的应用和发展。

近年来，随着数据仓库技术、网络技术、电子商务技术等的发展，可视化技术涵盖了更广泛的内容，并进一步提出了数据可视化的概念。所谓数据可视化是对大型数据库或数据仓库中的数据的可视化，它是可视化技术在非空间数据领域的应用，使人们不再局限于通过关系数据表来观察和分析数据信息,还能以更直观的方式看到数据及其结构关系。数据可视化技术的基本思想是将数据库中每一个数据项作为单个元素表示,大量的数据集构成数据图像,同时将数据的各个属性值以多维数据的形式表示,可以从不同的维度观察数据,从而对数据进行更深入的观察和分析。

第一节 数据可视化的方法和途径

利用动态图表和交互式图表,生动展现新闻事件全貌,提高用户参与度和界面友好度,是大数据新闻呈现的核心优势。

在计算机技术应用于可视化领域之前,对本身就可以有较为明显的二维或三维等物理空间语义的数据可视化方法已经开始了研究和应用。在计算机硬件和算法得到大幅提升的今天,研究者研究发掘了许多更具有计算机技术特征、更符合人类感知特性的可视化方法,原有的方法也得到了扩展和改进,并且体现出了更多的动态、交互、智能、开放等特征。然而,就目前的数据认知模式而言,由于数据并不存在严格意义的维度语义,所以至今仍无一种统一标准的方法把数据映射到笛卡尔坐标系中。

一、传统的数据可视化方法

传统的数据可视化方法一般都是基于笛卡尔坐系或矢量坐标系的数据映射转换方法,其映的数据集对象往往都具有明显的二维或三维物理空间特征,如柱状图和条状图、分布图和直方图、折线图、树形图、地图可视化等。

柱状图是在二维的 X-Y 坐标系上,比较离散数据维和连续数据维的交叉点的值,通常用于将数据集对应的数据沿 x 轴的标签(label)分组,使得各组的数据通过图形易于比较和对照。柱状图和条形图本质上是相同的,只是 x 轴和 y 轴互换了位置,也就是说它们的延伸方向不同,柱状图是沿上下方向垂直延伸的图形,而条形图是沿水平方向延伸的图形。不论是哪一种图,都是将不同数据项所对应的数据沿指定轴向的标签分组,使得各组的数据通过图形更易于比较和对照。不同的数据项可以用不同的颜色或模式表示。利用基本的柱状图和条形图显示数据维(列)值的分布是一个传统但非常有用的数据可视化方法。

分布图(也称散点图)和直方图其实是一种特殊的柱形图,它们显示了离散和连续字段值的比例。分布图展示了离散的、非数字类型的字段值在数据集中存在的数目和比例。分布图一个典型的用途是反映数据的不平衡性。直方图，也称作频率图，是用图示的方式展示不同的值在数据集中所占的数目，也是用来揭示数据的不平衡性。

折线（曲线）图也是基于柱形图的一种拓展，主要用于在二维的 X-Y 坐标系上表示两个连续数据维的交叉点的值，不同的交叉点采用折线或曲线连接起来。通常用于描绘基于时间维度的数据变化。

树形图以树的形式表达数据集，每一层的树的分支都是基于不同的属性值，这些属性在数据集内具有层次结构。树形图通过各层次连接的节点表示数据集内部关系的特征，更为复杂的树形图通过其节点可视化的进一步扩展，既可以表示层次关系，同时也表示数量特征。

地图可视化是指利用抽象化和图形化的地图符号经过综合取舍地呈现地理信息，由于其设计范畴较广，已发展成为地图学和数据可视化的一个专门领域，但传统的地图可视化主要是基于地理信息到笛卡尔坐标系的映射。地图可视化的典型用途是探索数据集内空间特别是地理方面的关系，通过将相关的字段值在一个空间主键上可视化为地图上的图形元素来实现。

二、面向像素的可视化方法

除了传统的柱状图、折线图等这些简单的二维、三维映射方法之外，还有一些在以上方法以及数据可视化基本元素的基础上发展起来的更为复杂的数据可视化方法，这些方法根据其可视化映射基本原理的不同可以划分为基于几何的技术（Geometric Techniques）、基于图标的技术（Icon-based Techniques）、基于图形的技术（Graph-based Techniques）、基于层次的技术（Hierarchical Techniques）和面向像素的技术（Pixel-oriented Techniques）等。

目前的可视化软件，大多基于面向像素的技术。面向像素的技术的基本思想是数据集中的每一个数据项对应于一个带颜色的屏幕像素，对于不同的维度则以不同的窗口分别表示。由于面向像素的技术对每个维度只使用一个像素，因此它能在屏幕上尽可能多地显示出相关的数据。如不考虑可视化对象边界、标注等因素将整个屏幕用来呈现数据的话，对于静态的数据集，面向像素的技术可表示的数据量等于屏幕的分辨率大小。面向像素的技术利用递归模型、螺旋模型、圆周划分模型等方法分布数据，其目的是在屏幕窗口上展示尽量多的数据并试图呈现不同的分布特征。

面向像素的可视化方法包含独立于查询的方法和基于查询的方法两种。如果用户希望可视化大型数据集,可以选择独立于查询的方法,此时数据可按某一个维度排序,并且按照某种屏幕填充模式显示数据集。独立于查询的方法适用于某些自然排序的数据集(如时序数据)。如果数据集没有某种自然的排序或者用户希望观察特定的数据,可以采用基于查询的方法,它先求出全部数据与被查询数据之间的距离,根据距离的远近排列数据并填充颜色。基于查询的方法除了有多个窗口代表多维属性以外,一般还会采用一个专门的窗口用来表示全部数据同查询数据之间的总距离。

(一)独立于查询的方法

简单的独立于查询的方法将数据集中的数据从左到右(从上到下)按行(按列)依次排列显示出来,数据值的变化范围与事先固定好的颜色变化范围相对应。例如,数据值从 100 变化到 900,相应的颜色可以从黄色变化到黑色。这种技术主要适用于用户可视化一个大型数据库,对某种属性(如时间等)具有自然序列的数据非常有效。

由于在实际应用中,对像素采用简单的方式在矩形窗口内进行填充往往不能有效呈现出数据的特殊规律,因此提出的一种改进方法是按照某种填充模式安排数据顺序,另一种改进的方法是将每一个子窗口改成以扇形表示,组合起来成为一个圆,数据的排列按照扇形的矢量方向,将像素逆时针或顺时针由内而外进行填充,即圆形分段技术。如图 7-1 所示:

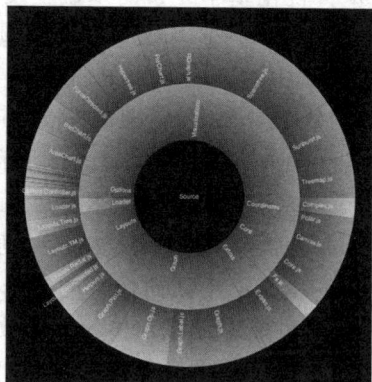

图 7-1　圆形分段技术

(二)基于查询的方法

基于查询的方法是在基于像素的技术中,根据某一维度的数据值同查询要求的符合程度,匹配不同的基于色彩的可视化元素,并以某种填充模式对数据进行排列。针对每一个数据项在该维度上的值及查询要求,通过一个距离函数计算每个维度值与查询要求的匹配度,并得到每个数据的一个总的距离值。总的距离值越小则匹配程度越高,也就是用户所希望看到的数据。查询的数据结果按照距离值由小到大的顺序,一般以从屏幕的中央螺旋地向四周展开的模式进行填充。对于每一个属性可以根据总的距离值在一个窗口中使用一种基于色彩的可视化元素(一般是颜色),而对于同一个窗口中不同的维度值,则根据该维度的距离值使用另一种基于色彩的可视化元素(一般是灰度或饱和度)。

此外,查询的条件也可以是一个范围,当数据在这个范围之内表示和查询相匹配的结果时,一般将匹配数据对应的像素置于窗口中央,以一种醒目的颜色(如橙色)显示,像素的颜色越深(或灰度、饱和度越低),离窗口中心越远,即表示与查询范围的距离越大。需要指出的是,根据查询结果,在对应数据项不同维度的各个子窗口中,像素的排列也是按数据的总的距离排序,由窗口中心向四周螺旋展开。每一个数据在子窗口中的排列都是跟总距离窗口的填充方式相同。

基于查询的方法往往用于解决在通常的查询过程中,因为查询条件不当导致过多的结果或无结果时的难题。用基于查询的方法不仅能看到所查询的数据,而且对于数据从近似匹配到不匹配的走势也能直观地表现。

第二节 数据可视化软件的使用

当今的市场竞争激烈,资源短缺,各种组织已经大量投资于科技手段以获得关于公司运营的数据,但人们很难快速地让这些数据变得有意义从而做出快速、准确的决策,并保持在竞争的前列。如今,同质化的应用越来越多,应用开发者也开始在用户体验上下功夫,比如数据可视化将一大堆密密麻麻的数字转成图表形式,可以更直观地向用户展示数据之间的联系和变化情况,减少用户的阅读和思考时间,以便他们很好地做出决策。本节中我们将以水晶易表为例,介绍数据可视化软件的使用方法。

在进入正式学习之前,大家应该已经了解了水晶易表软件的基本情况。下面开始实际接触水晶易表,了解软件的工作界面和其中一些部件。

一、了解水晶易表工作区

进入水晶易表以后,会看到工作区的全貌,如图 7-2 所示。

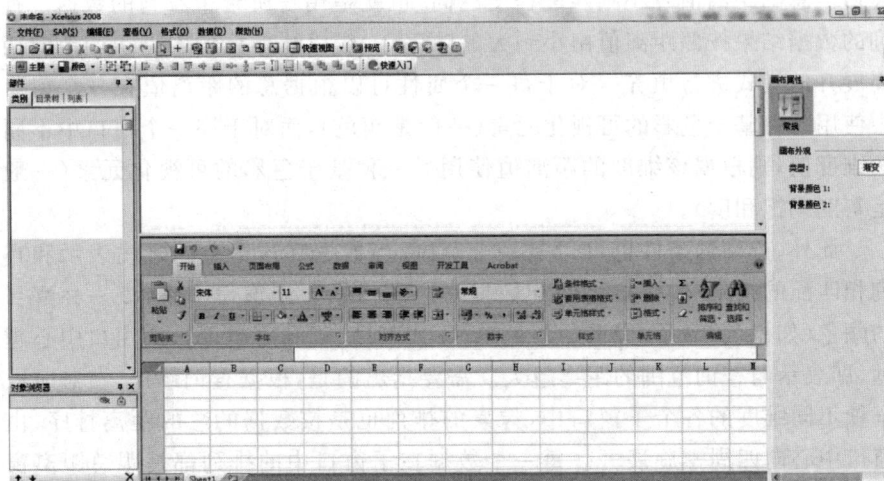

图 7-2　水晶易表工作区

其中,白色部分为画布工作区,可以在上面进行编辑设计,有点类似绘图软件。工作区上方是工具栏,功能和 Microsoft Office Word 中的工具栏类似。

左侧上半部分是部件面板。这个面板包括所有已经设计好的部件。每一个大类的部件可以通过单击选项卡的方式来显示子类部件,它们为展示提供了各种选择。本节中为你提供概览,你还将在后续各节中依次看到这些部件在实际使用时的用途。你可以用左键选中任意部件,拖放到工作区的白板上。如果想调整放入工作区中部件的大小,可以用鼠标选中该部件的右下角,出现双向箭头(↕)后就可以拉伸到需要的尺寸了。

在部件面板下方是对象浏览器窗口,它表示的是放入更换放入画布中的所有部件,当画布上的部件由于叠放次序等原因不容易被直接选中时,可以在对象浏览器中单击选中它,同时对象浏览器还具有另外两项功能,即隐藏和锁定,分别以 👁 和 🔒 两个图标表示。当选中某一部件的隐藏功能时,工作区上的相应部件将会被隐藏。同样的,选中锁定功能时,相应部件就会被锁定。如果你觉得对象浏览器占用了画布的位置会影响设计，就先关掉，以后需要的话可以单击工具栏中的"视图"，再单击"对象浏览器窗口"。

二、了解部件面板的构成与功能

在部件面板的类别菜单下，有 9 个已分好类的菜单，接下来，我们具体了解各个菜单的作用。

统计图菜单：里面的部件应该是大家比较熟悉的，如饼图、柱形图、条形阁、组合图等，如图 7-3 所示。在 Excel 表格或者其他统计软件中都会有这样的图表，它们的作用也是一样。你可以像以往在 Excel 表格中制作图表那样，根据数据结构和展示意图来选择合适的部件。

图 7-3 水晶易表部件面板

折线图：一种特别适合于显示一段时间内的趋势的单线折线图或多线折线图。可在强调趋势线的可视化文件（如股票价格或收入历史记录）中使用这种统计图。

饼图：一种统计图，表示每个切片或项在某个总数（由整个饼值表示）上的分布或分占情况。饼图适合于诸如"按产品列出的收入份额"之类的可视化文件。整个饼代表总收入，每个切片代表一种不同的产品。

OHLC 统计图和阴阳烛图：开盘—盘高—盘低—收盘图和阴阳烛图主要用于显示股票数据。每个标记都对应四个值，这些值表示为 OHLC 统计图上附加到标记的线条，以及阴阳烛图上的颜色。"开盘"显示股票的开盘价格。"盘高"显示股票在该日达到的最高价格。"盘低"显示股票在该日的最低价格。"收盘"显示股票的收盘价格。

条形图和柱形图：一种单一条形或多条形统计图，用于显示和比较一段时间内或特定范围的值中的一个或多个条目。可以在包含按区域列出的每季度人数的可视化文件中使用柱形图。

堆叠柱形图和堆叠条形图：一种用于比较一段时间内的若干变量的统计图。堆叠条形通过将一个变量加在另一个变量之上来比较一个或多个变量。这种统计图可比较一段时间内的若干变量，如市场营销成本、一般成本、管理成本等。每个成本构成要素都由一种不同的颜色表示，而每个部分则表示一种不同的变量。整个条形大小代表总成本。

组合图是一种特别适合于显示值范围和这些值的趋势线的组合柱形图和折线图。可以在分析股票的可视化文件中使用组合图。线条序列将显示一年以来的历史股价，而柱形图将显示该股票的成交量。

气泡图是一种允许基于三个不同参数比较一组或一系列条目的统计图。它具有用于表示统计图区域上的条目位置的 X 轴和 Y 轴，以及用于表示条目大小的 Z 值。可以使用这种统计图来表示市场构成，X 轴代表按行业类型列出的类目，Y 轴代表资金流动，Z 轴代表市场价值。

XY 散点图是一种统计图，显示需要两个量值来完成分析的数据。XY 散点图以 X 值和 Y 值交集结果的形式显示每个数据点。在针对一组公司将 X 轴上的类目与 Y 轴上的市场价值进行比较的可视化文件中，可以使用 XY 散点图。

面积图是一种带有垂直和水平坐标轴的标准统计图。沿水平坐标轴排列的每个点都代表一个数据点。倚靠垂直坐标轴绘制每个数据点的实际值。对于每个系列，通过将绘制的点与水平坐标轴相连来构成一个彩色区域。可在强调趋势线的可视化文件（如股票价格或收入历史记录）中使用这种统计图。

雷达图和填充式雷达图是一种统计图，其坐标轴从统计图中心向外辐射。这些统计图可能具有多个坐标轴。一个坐标轴可能显示价格，另一个显示数量，另一个显示市盈率，其他坐标轴则显示任何其他相关数据。它们对于绘制多维的数据集十分有用。在填充式雷达图中，通过连接沿每个坐标轴排列的各个点而构成的形状填充有颜色。可以使用雷达图来比较股票的各个层面。

堆叠面积图是一种带有垂直和水平坐标轴的标准统计图。沿水平坐标轴排列的每个点都代表一个数据点，将倚靠垂直坐标轴绘制这些数据点的实际值，每个系列都加到总值中。可以使用堆叠面积图来比较多个产品的收入,以及所有产品的合并收入和每个产品占该合并收入的份额。

容器菜单:主要分为画布容器、面板容器和选项卡集。在画布工作区中,我们可以通过面板容器将不同的部件进行整合,具体的操作及功能,将会在后续的实例中向大家介绍。

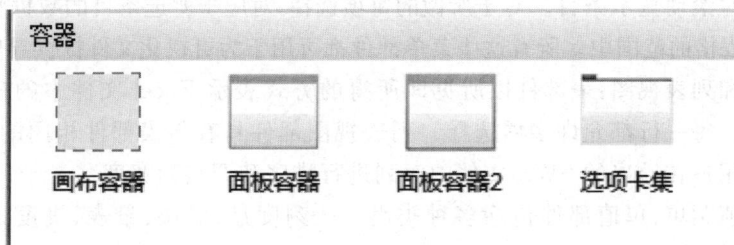

图 7-4 容器菜单

选择器菜单:顾名思义,这个菜单里面的部件的主要作用在于控制其他部件。这样做的目的是什么呢? 通常,我们要解释或演示数据,需要制作多张图表和其他辅助说明,而传统的制表方法使得我们无法实现"一页演示"。报表制作人员或者演讲者可能对此深有体会。选择器部件的出现,让那些图表、文字等按"需"出现——就好像魔术一样,需要的时候变出来,反之则隐藏。

图 7-5 选择器菜单

利用选择器部件的功能可以通过多项选择来创建可视化文件。

每种选择器都可与其他部件结合使用以创建动态可视化文件。

组合框:一种标准用户界面部件,单击该部件时,将显示一个垂直下拉条目列表。然后,用户可从列表中选择条目。

列表框:一种标准用户界面部件,它允许用户从一个垂直列表中选择条目。

折叠式菜单:该部件允许用户从一个垂直列表或水平列表中选择条目。

鱼眼图片菜单:利用鱼眼图片菜单,用户可从一组图片或图标中进行选择。当鼠标移到菜单中的每个条目上时,条目将会放大。鼠标离条目的中心越近,该条目就放得越大。这将产生与鱼眼镜头类似的效果。

滑动图片菜单:利用滑动图片菜单,用户可从一组图标或图片中进行选择。用户可以使用箭头滚动浏览图标,或者,也可以将菜单配置为在用户移动鼠标时滚动显示条目。对于所做的每项选择,对应于所选条目的数据将被插入电子表格的范围中。所有这些菜单部件都可用于为可视化文件提供导航。

表和列表视图:表部件以所见即所得的方式表示 Excel 文件中的任意单元格组。每一行都允许多项选择。列表视图部件具有与表部件相同的功能,但允许用户在导出的 SWF 文件中对列进行排序和调整列宽度。

单值菜单:单值部件包括多种类型——刻度盘、滑块、量表、进度条、值、微调框、播放按钮,如图 7-6 所示。

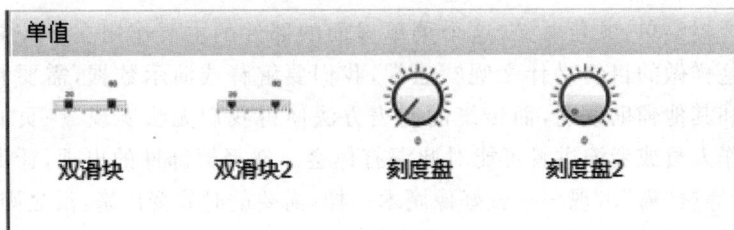

图 7-6 单值菜单

所谓"单值",就是说这些部件都是对应单一数据或数据单元格的内容,理解这一点对使用这个菜单下的部件有很大帮助。

而不同类型的单值部件只是在外观上有区别,在功能上并没有太多区别,大家可以根据实际需要来选择。由于外形上的相似,有人可能会问刻度盘部件和量表部件在功能上有什么不同。请大家联想一下计算机的"输入"和"输出"功能,就会很好理解。在水晶易表中,刻度盘就类似于输入功能,拨动它的表盘,可以控制其他部件(如统计图);而量表就类似输出功能,它通常显示数据的变化,并不对其他部件产生影响。在后面的学习中,大家会有更深刻的认识。

利用单值部件可为可视化文件增加用户交互功能。单值意味着部件链接到电子表格中的单一单元格。之后,部件将允许修改或呈现该单元格的值。

每个部件都可用于定制可视化文件的交互性:

刻度盘:一种输入部件。刻度盘代表可进行修改以影响其他部件的变量。例如,代表单价。

滑块:一种输入部件。滑块代表可进行修改以影响其他部件的变量。例如,代表单价。

进度条:一种输出部件。进度条代表会发生变化的值并依据此值填充进度条区域。

量表:一种输出部件。量表度量它所链接到的 Excel 单元格中的变化结果。如果将量表链接到包含公式的单元格,量表将在每次值发生变化时反映修改。

值:绑定到包含公式的单元格时为输入,绑定到包含值的单元格时为输出。值部件代表 Excel 文件的单一单元格。

微调框:一种输入部件。微调框代表可进行修改以影响其他部件的变量。用户可通过单击上下箭头或在文本框中键入值与微调框交互。

播放控件:一种输入部件。播放按钮用于增大可视化文件中单元格的值。例如,将播放按钮链接到包含人数的单元格。如果人数增加 1、2、3 或更大值,将会发生什么?播放按钮将获取初始人数值,并有组织地增大其值。

地图菜单:地图部件用于创建包含地理示图(可按地区显示)的可视化文件。地图部件具有两个主要特性:它显示每个区域的数据;每个区域也可以充当选择器。通过结合这两项功能,可以创建这样一种可视化文件:在该可视化文件中,每个区域的数据将在指针划过该区域时出现。同时,每个区域可以插入包含附加信息的一行数据,这一行数据将显示在其他部件(如统计图部件或一组单值部件)上。该部件提供了世界地图、各大洲地图、美国的地图等,你还可以根据需求向该软件公司购买其他地图,作为新的部件插入进来。

文本菜单:主要是用于展示文字说明部分,如标签部件可以制作动态标签,大家在后面的学习中会接触到。此类别包含一组用于在可视化文件中标注部件和输入文本的部件。文本部件中显示的值是静态的,并且将不会在可

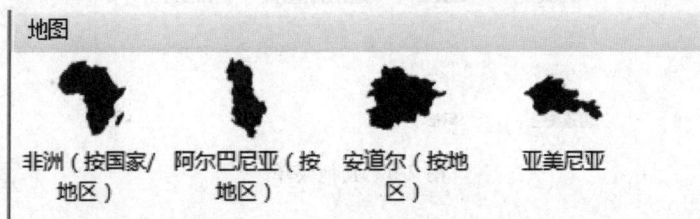

图 7-7　地图菜单

视化文件更新时发生更改。

利用文本部件可定制可视化文件：

输入文本：输入文本部件允许用户通过键入方式将值输入可视化文件。

输入文本区域：输入文本区域（与输入文本部件类似）允许用户将文本输入可视化文件。但是，输入文本区域允许用户键入多行文本。

标签：利用标签部件，可以添加不限数量的文本来增强可视化文件。可以使用标签部件来创建标题、副标题、解释、帮助等诸多内容。

图 7-8　文本菜单

其他菜单：此类别包含可用于增强可视化文件的一组杂类部件，这里面的部件功能比较杂，应用比较多的有交互式日历、趋势图标等，如图 7-9 所示。如果希望在月度支出额旁边显示递增或递减的趋势，就可以用到趋势图标这个部件。

图 7-9　其他菜单

趋势图标取决于趋势图标所链接单元格的值，该图标会改变所指方向：

如果值为正,箭头向上指;如果值为零,箭头不指向;如果值为负,箭头向下指。

交互式日历:交互式日历部件是一种选择器,利用它可以在可视化文件中结合日期选择功能。

本地方案按钮:允许用户将水晶易表可视化文件的状态保存到本地计算机,即使在关闭可视化文件之后,也可以快速加载这些状态或方案。这些方案将被保存到本地计算机,因此,如果在另一台计算机上打开可视化文件,这些方案将不可用。

网格:一种动态表格,代表要显示内容的一组行和列。利用网格可以显示数据(就好像数据位于任何表格上一样),或执行可能影响其他部件的数据修改操作。

饰图和背景菜单:这个菜单里面的部件主要是用来美化展示,各种样式的背景可以用作展示的底板。如果你还希望展示更加美观,可以通过图像部件插入图片或公司的 Logo。而垂直线和水平线部件可以用来连接相关部件,矩形等部件可以用来做某些部件(如插入的图片)的外框,如图 7-10 所示。

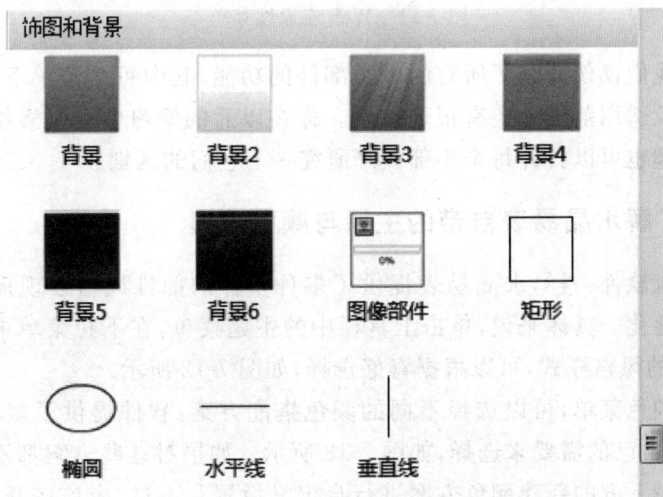

图 7-10　饰图和背景菜单

饰图和背景可用于增强可视化文件。背景部件可用于将图像或 Flash 影片导入水晶易表可视化文件。饰图和背景部件可用于定制可视化文件。图像部件可用于显示 JPG 图像,从而能够将徽标或图片添加到水晶易表可视化文件中。还可以通过导入 Flash 影片来添加视频、动画和其他交互式元素。每个外表都有多个不同的背景,可以使用这些背景来保持该特定外表的观感。通过使用背景部件,再结合背景的外观选项,可以创造出很多种不同的观感。利用外表,可以全局更改部件的外观。

Web 连通性菜单:此类别包含的一组部件提供了用于将可视化文件链接到 Web 的选项,这里面的部件可以用于链接 XML、基于 SOAP 的 Web Services 的数据,也可以用于添加相关网站的链接,如 URL 链接按钮部件,如图 7-11 所示。

图 7-11　Web 连通性菜单

这里我们仅仅介绍了所有的大类部件的功能,其中每个菜单下的小部件在外观以及适用范围上还有很多差别。你在以后的学习中会慢慢接触到,如果你有兴趣也可以打开每个小部件来研究一下它们的区别。

三、了解水晶易表自带的主题与颜色方案

与主流软件一样,水晶易表提供了多种多样的部件风格表现形式,实现设计的个性化。具体来说,单击工具栏中的主题菜单,在下拉菜单中,会看到 10 种不同的风格样式,可以根据喜好选择,如图 7-12 所示。

单击颜色菜单,可以选择不同的颜色搭配方案:软件提供了多种配色方案,可以按自己的需要来选择,如图 7-13 所示。如果对这些方案都不满意,还可以单击最下方的新建颜色方案进行自定义设置。不过,应该在开始动手设计之前确定想要的主题和颜色。因为改变主题和颜色图案,意味着之前所做的外观修改将全部作废。

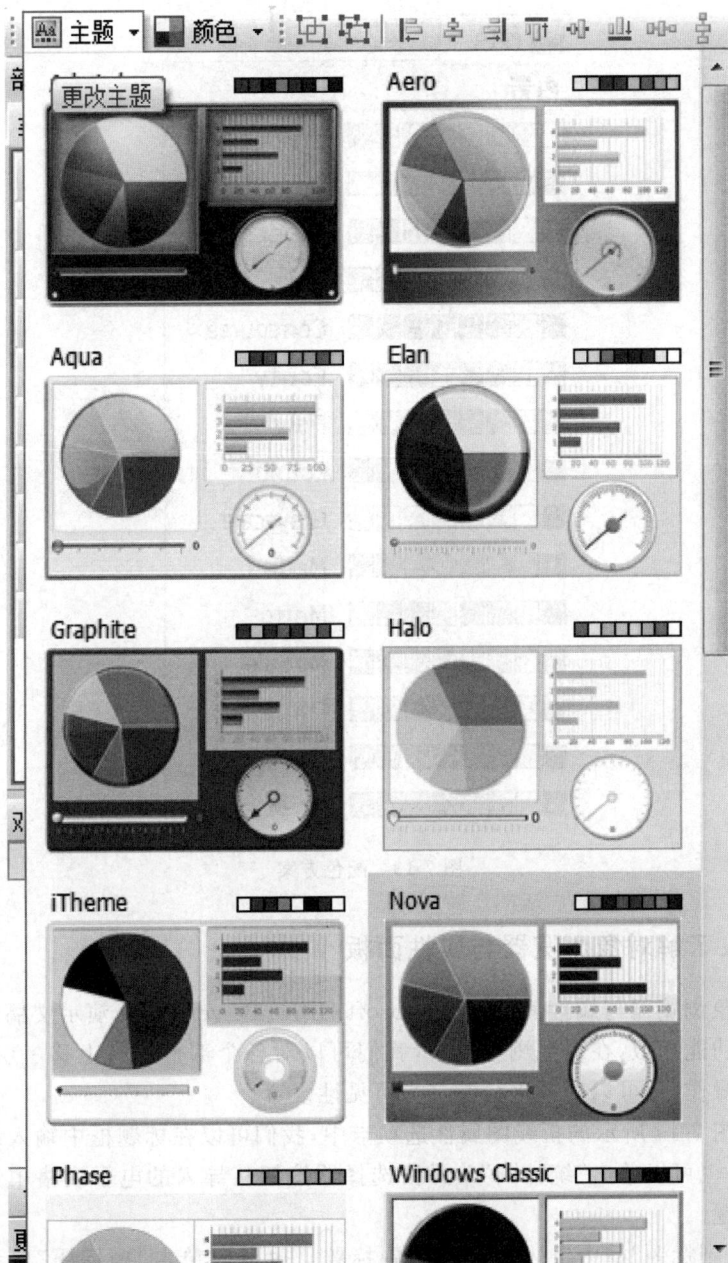

图 7-12　主题样式

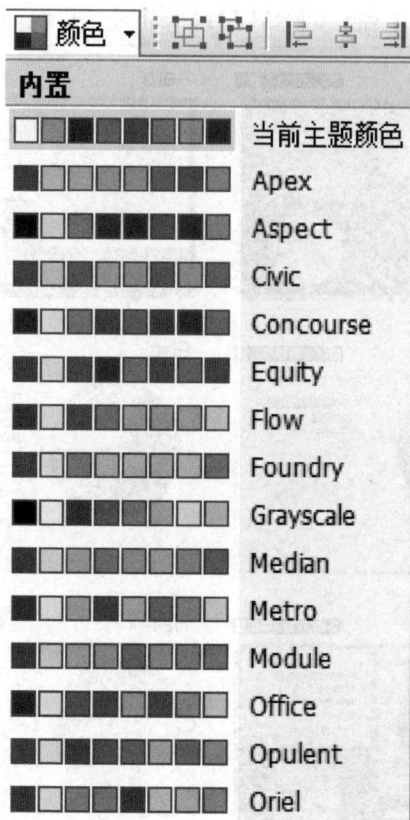

图 7-13　配色方案

四、了解对象浏览器与属性面板

对象浏览器与属性面板与 Microsoft Office Power Point 演示文稿的自定义动画功能相似,在对象浏览器中,我们可以对各个部件进行上移一层、下移一层的操作,还可以对其进行锁定与可见性设置。

如图 7-14 所示的折线图属性选项卡中,我们可以在标题框中输入统计图的标题,也可以单击"统计图"单元格选择器按钮从导入的电子表格中选择统计图标题。

在"副标题"框中键入统计图的副标题。也可以单击"副标题"单元格选择器按钮从导入的电子表格中选择统计图副标题。在"类别(X)轴标题"框中

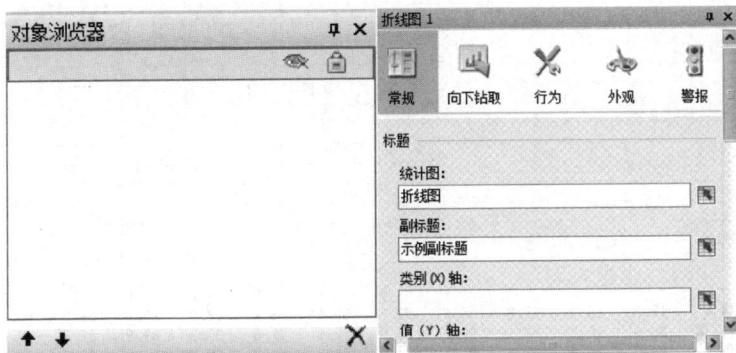

图 7-14　折线图属性选项卡

键入轴名称。提示：也可以单击"类别（X）轴"单元格选择器按钮从导入的电子表格中选择轴名称。在"值（Y）轴"框中键入轴名称。

在此面板中我们还可以对该对象的外观行为等属性进行设置，具体的操作方式，我们将在实例操作中详细介绍。

第三节　数据可视化的案例分析

一、案例一："农村媒介覆盖率"动态仪表盘

在这一节中，我们要创建一个名为"农村媒介覆盖率"的动态仪表盘，实例中我们使用了模拟数据。

（一）创建 Excel 数据模型

Excel 数据模型是制作 Xcelsius 动态仪表盘的基础，动态仪表盘需要有设计合理的 Excel 数据模型作为支撑。因此在制作仪表盘之前，我们需要先创建一个 Excel 模型。首先从 Excel 的 14 行开始创建数据，如图 7-15 所示。

在单元格 A5 和 A6 中分别输入"折线图"和"柱形图"文字，并将单元格 A5、A6 以及 B5 的背景填充为绿色。这个区域届时将作为一个选择器开关来使用，用于控制折线图与柱形图之间的切换。操作界面如图 7-16 所示。

在单元格 A9、A10、A11 中依次输入"平均值"、"最大值"和"最小值"，在 B8 和 C8 中分别输入"实际值"和"目标值"。这几个单元格用于呈现圆形量表

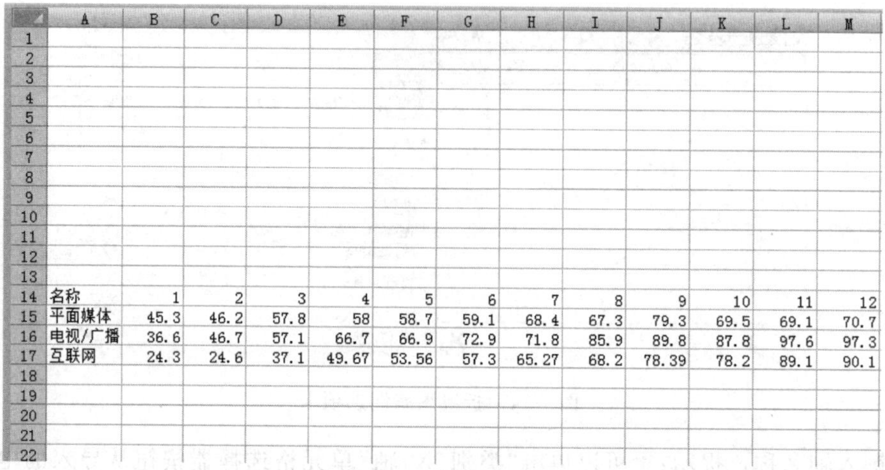

	A	B	C	D	E	F	G	H	I	J	K	L	M
1													
2													
3													
4													
5													
6													
7													
8													
9													
10													
11													
12													
13													
14	名称	1	2	3	4	5	6	7	8	9	10	11	12
15	平面媒体	45.3	46.2	57.8	58	58.7	59.1	68.4	67.3	79.3	69.5	69.1	70.7
16	电视/广播	36.6	46.7	57.1	66.7	66.9	72.9	71.8	85.9	89.8	87.8	97.6	97.3
17	互联网	24.3	24.6	37.1	49.67	53.56	57.3	65.27	68.2	78.39	78.2	89.1	90.1
18													
19													
20													
21													
22													

图 7-15　创建数据模型

折线图
柱形图

图 7-16　选择器开关界面

中的数据。

在单元格 B9 中输入公式"＝AVERAGE(＄B＄2：＄M＄2)",计算第二行所列出的数据的平均值,在 B10、B11 中分别输入公式"＝MAX(＄B＄2：＄M＄2)"、"＝MIN(＄B＄2：＄M＄2)",分别计算表单第二行数据的最大值和最小值。在 C9 至 C11 中输入我们所设定的数值,也就是农村媒介覆盖率的期望值。我们分别输入"50"、"60"和"40"。将这个 4×3 的数据区域填充为蓝色,效果如图 7-17 所示。并保存该表格。

现在,我们便可以将该 Excel 导入水晶易表之中了,单击菜单栏中的"数据"按钮,在下拉菜单中选择"导入"选项,或者直接单击工具栏中的导入数据按钮,在弹出的对话框中选择刚才创建的 Excel 文件。

(二)添加标签式菜单

我们首先可以添加一个标签式菜单,来实现单击选择"平面媒体"、"电视/广播"和"互联网"三种媒介覆盖率的功能。在部件的选择器选项卡中,选择标签式菜单。将鼠标移动到画布工作区,鼠标的形状会变成一个小的

	A	B	C	D	E	F	G	H	I	J	K	L	M
1	名称	2004年	2005年	2006年	2007年	2008年	2009年	2010年	2011年	2012年	2013年	2014年	2015年
2	平面媒体	45.3	46.2	57.8	58	68.7	79.1	88.4	77.3	89.3	89.5	89.1	70.7
3													
4													
5	折线图												
6	柱形图												
7													
8		实际值	目标值										
9	平均值	71.617	50										
10	最大值	89.5	60										
11	最小值	45.3	40										
12													
13													
14	名称	1	2	3	4	5	6	7	8	9	10	11	12
15	平面媒体	45.3	46.2	57.8	58	58.7	59.1	68.4	67.3	79.3	69.5	69.1	70.7
16	电视/广播	36.6	46.7	57.1	66.7	66.9	72.9	71.8	85.9	89.8	87.8	97.6	97.3
17	互联网	24.3	24.6	37.1	49.67	53.56	57.3	65.27	68.2	78.39	78.2	89.1	90.1
18													
19													

图 7-17

"＋"，在合适的位置单击，此时这个标签式菜单就会被添加到画布上，添加后的界面如图 7-18 所示。

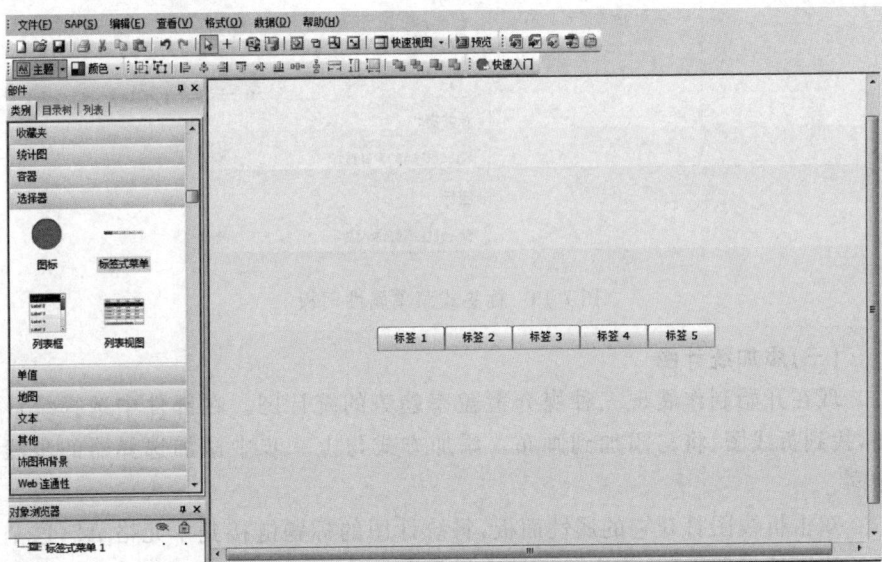

图 7-18　添加标签式菜单

双击白色画布上的标签式菜单，会出现标签式菜单的属性面板，水晶易表中部件的所有属性和动作都需要在这个面板中进行设置。单击标签下的链接数据圈按钮,在 Excel 中选中 A15:M17 单元格,即三种卡片名称。插入类型选择"行",源数据选定单元格 A15:M17,目标选择 A2:M2。上述操作的含义,我们将在后续文字中一一介绍。设置完成的属性面板应如图 7-19 所示。

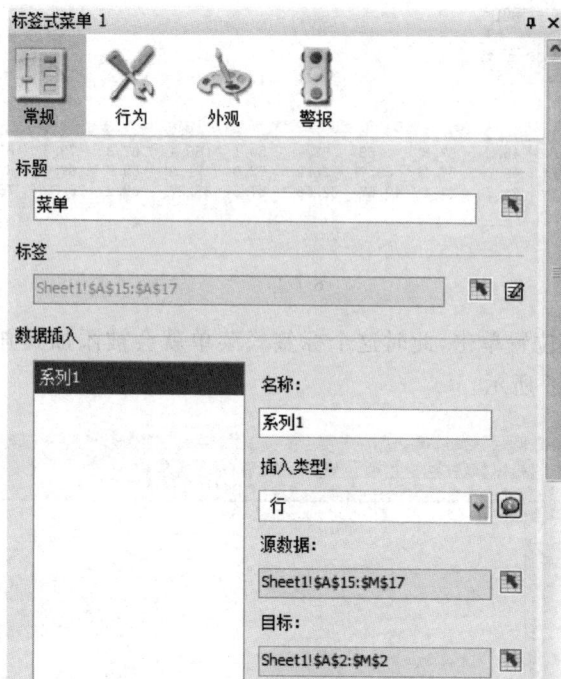

图 7-19　标签式菜单属性面板

(三)添加统计图

现在开始制作展现三种媒介覆盖率趋势的统计图。在部件中选择统计图,找到折线图,将它添加到画布。添加方式与上一步中添加选择器的步骤相同。

双击折线图打开它的属性面板,将统计图的标题链接到单元格 A2,这个单元格由选择器控制,将会显示被选择的卡片的名称。

数据栏中,按范围选定单元格 B1:M2,选择"行数据"。设置好以后,系统会自动在下方的"按系列"中链接相对应的单元格,并自动生成系列名称,这里系统生成的名称为"系列 1",我们将其改成"覆盖率"。设置完成后的界面如图 7-20 所示。

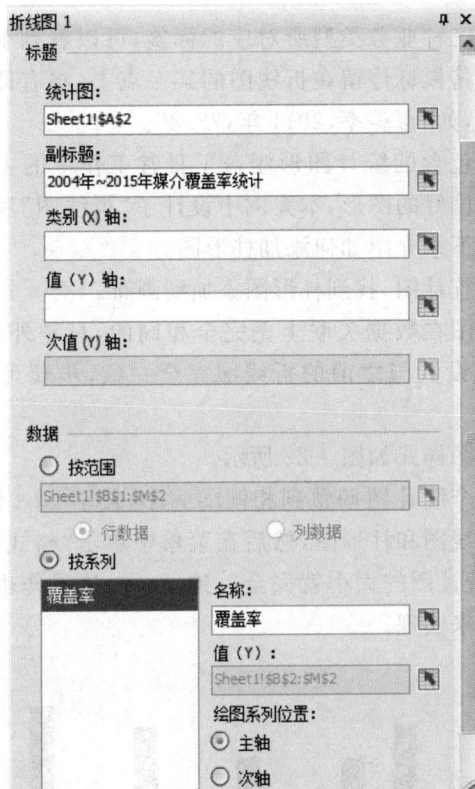

图 7-20　折线图属性面板

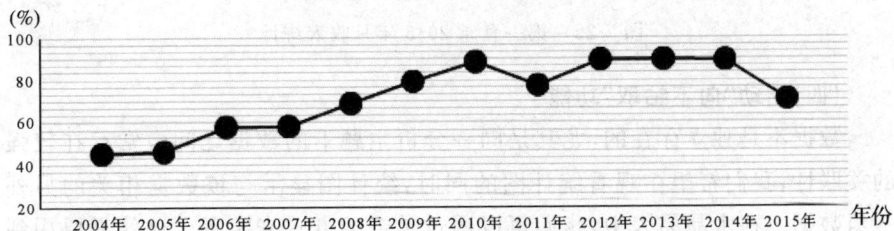

图 7-21　平面媒体 2004—2015 年媒介覆盖率统计

关闭属性面板,画布上的折线图应与图 7-21 类似。现在,标签式菜单与折线图已经可以实现数据的联动了。单击工具栏中的"预览"按钮,对效果进行预览。

此时任意选择三种业务类型所对应的标签,可以看到下方的折线图显示出相对应的数据。将鼠标停留在折线图的某一点上,将有即时对话框弹出显示该点的数据信息,如"覆盖率,2011 年,77.3"。

水晶易表中所包含的统计图形涵盖了日常工作中的主要类型。因为每个使用者都有自己偏好的图形,本案例中设计了"折线图"和"柱形图"两种统计图作为参考。接下来介绍如何添加柱形图。

在部件中选择统计图,找到柱形图添加到画布。

柱形图与折线图在数据关联上是完全相同的,只是外观形式有所差异。因此柱形图的属性设置与之前的折线图完全一致,步骤可以参考上面所述内容。

制作好的柱形图样式如图 7-22 所示。

接下来将这两个统计图调整到相同的大小,按下 Ctrl 键,或者在对象浏览器中同时选中折线图和柱形图,然后在菜单中单击"格式"—"相同大小"—"两者",这样两个统计图的大小就完全一致了。上述操作也可以通过菜单栏中相同功能的按钮来实现。

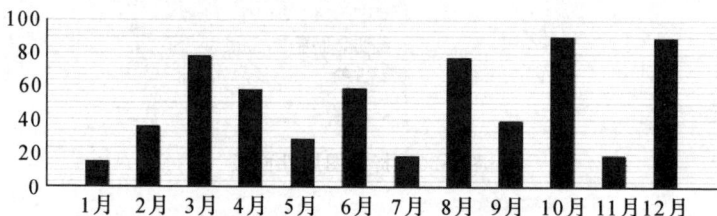

图 7-22　第一食堂 2015 年月收入统计

(四)启动"向下钻取"功能

数据不是独立存在的,尤其是同一分析主题下的数据之间常常存在较强的关联性,我们希望在观看统计图的同时,统计图显示与该数据相关的另外一组数据。在水晶易表中,我们可以通过单击的方式来实现。这就需要用到水晶易表中的"向下钻取"功能。本案例中采用了最简单的示例:单击表示某年覆盖率的柱子后,在右上角出现当年覆盖率的值。这种方式使数据的呈现更加多元和直观。具体操作如下:

双击柱形图,打开其属性面板。在属性中选择"向下钻取",如图7-23所示。

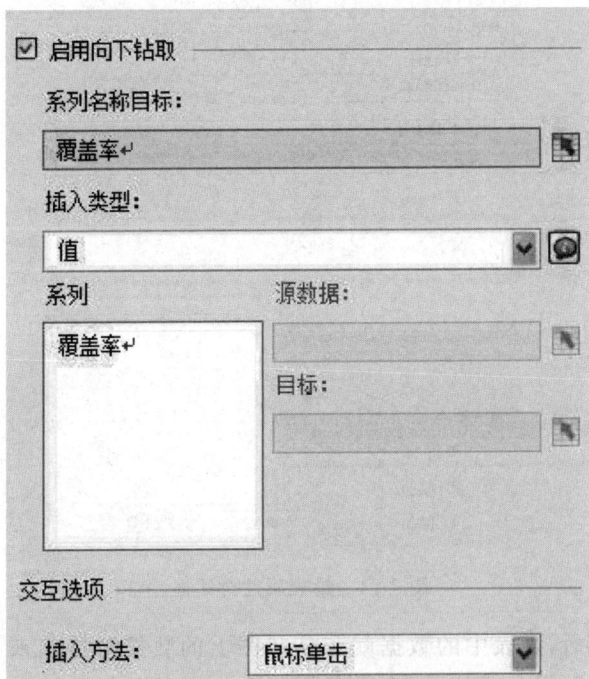

图7-23 "向下钻取"启用面板

选中"启用向下钻取",将插入类型设置为"值"。在系列选项中,选中"覆盖率"。

单击"目标"后的插入按钮,将目标插入到Excel表格中,我们为这个插入点设置一个位置:A3单元格。为了避免遗忘,可以在水晶易表界面下方的Excel中将A3单元格填充为红色。折线图也可以使用同样的方式设置。

接下来需要放置一个单值部件,用于显示刚刚插入的数据。

在部件中单击单值,选择量表3,将它添加到画布中合适的位置,拖拽到合适大小。通过双击,打开量表的属性对话框,将标题改为"覆盖率",数据链接到单元格A3,值范围中的最大限制改为"100",如图7-24所示。

图 7-24　量表属性对话框

　　操作完毕后,量表中的数据就和柱状图上的数据链接起来了,用鼠标单击统计图中的数据点或柱子,右上角圆形表盘中的数据就会随之发生变化。效果图如图 7-25:

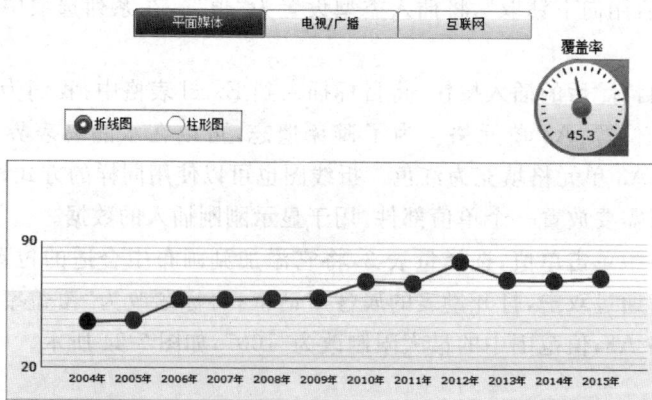

图 7-25　平面媒体 2004—2015 年媒介覆盖率统计

（五）使用"动态可见性"功能控制统计图的切换

在"（三）添加统计图"中，我们已完成了折线图和柱形图的制作，并且将它们相互重叠地摆放在画布上。但是柱形图遮盖住了原有的折线图，我们如何控制两个统计图的交替出现呢？此处需要添加另一个选择器来控制两图的切换。

在部件的选择器中找到单选按钮，将它添加到画布。

通过双击单选按钮，打开单选按钮的属性面板，将标签链接到单元格 A5：A6，数据插入栏中的插入类型选择"位置"，目标选择单元格 B5，还可以通过底部的方向按钮来选择排列形式，此处我们选择"水平"。

设置之后的单选按钮外观如图 7-26 所示。

○折线图　　○柱形图

图 7-26　单选按钮外观

将单选按钮放置在合适的位置后，需要将它与统计图连起来，实现切换的效果。在折线图的属性面板中，选择"行为"选项卡，在最下方找到"动态可见性"选项，将状态链接到单元格 B5，代码设置为"1"，如图 7-27 所示。同理，我们也要对柱形图进行上述操作，只是需要将代码设置为"2"。

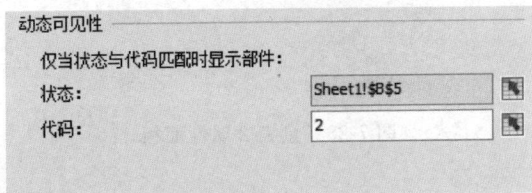

动态可见性

仅当状态与代码匹配时显示部件：

状态：　　　　　　　　　Sheet1!B5

代码：　　　　　　　　　2

图 7-27　动态可见性选项

现在，单击"预览"，我们就能通过单击鼠标的方式，在刚才制作完毕的"折线图"或"柱形图"按钮之间进行切换。

（六）添加量表

量表在外观上尽管与单值中的圆形表盘十分相似，但它们的用途却稍有不同。

若是在查看反映媒介覆盖率的折线图或柱形图的同时，受众还很关心这十二年（2004—2015）中哪一年的覆盖率最高，哪个年份最低以及平均值为多少。这些数据我们可以用量表来表示。

在单值中拖拽量表 2 到画布，双击量表 2，出现属性面板，将其中的标题数据链接到单元格 A10；也可以在此手动输入"最大值"；单击数据，将其链接到单元格 B10，并手动输入，将"值范围"的最大限制改为"100"，如图 7-28 所示。

接下来我们要为这个量表设置警报，用来帮助受众了解媒介覆盖率的逐年变化状态。在属性中选择警报，选中"启用警报"复选框，选择"占目标百分比"，链接到单元格 C10，即最大值的目标值，在颜色顺序中选择高值为好。

依照同样的方法继续添加另外两个量表，用来显示最小值和平均值，将属性中的标题与数据分别链接到最小值和平均值的"实际值"单元格中，警报中的目标值分别链接到最小值和平均值的"目标值"单元格中。设置好的量表如图 7-29 所示。

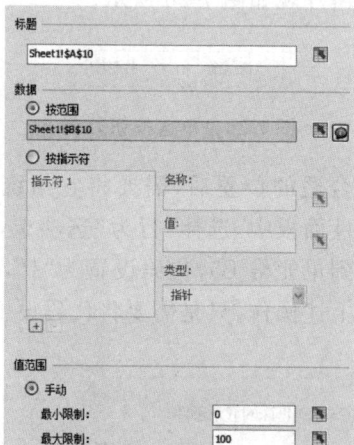

图 7-28　量表 2 属性面板

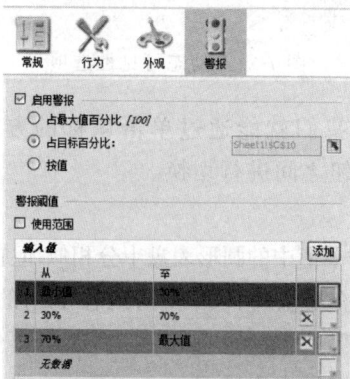

图 7-29　警报设置界面

单击"预览",就可以看到 2004—2015 年平面媒体、电视与广播以及互联网覆盖率的动态统计表,单击柱状图的每一个柱子或条形图上的点,都会看到不同年份覆盖率的数值。如图 7-30 所示。

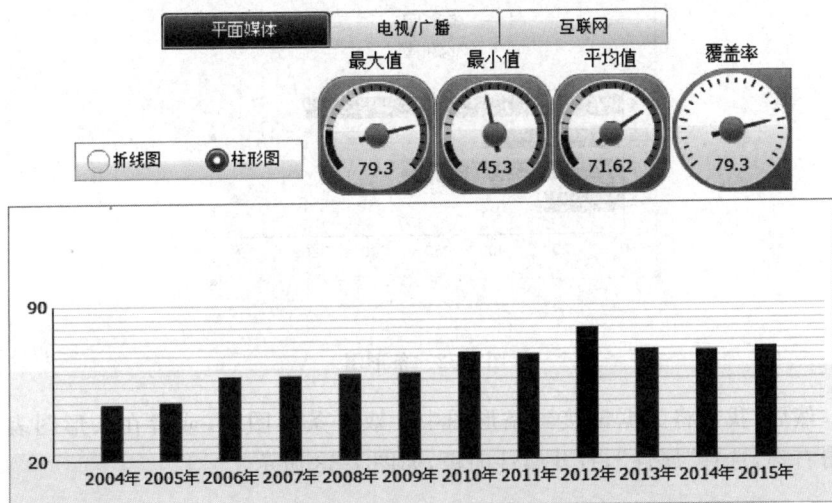

图 7-30　平面媒体 2004—2015 年媒介覆盖率统计

二、案例二:创建"销售预测"模型

(一)创建 Excel 数据模型

首先,创建一个 Excel 表格,表中所示为某超市水果、蔬菜、烟酒、副食和生鲜 2015 年的销售额,2015 年销售增长率和 2016 年预测销售额。具体数据如图7-31所示。

	A	B	C	D	E	F	G	H
1	预测销售额							
2		水果	蔬菜	烟酒	副食	生鲜	总销售额	目标销售额
3	去年销售额	$ 541,000	$ 985,000	$1,200,000	$ 350,000	$ 980,000	$4,056,000	
4	今年销售增长率(%)	5	7	8	2	10		
5	今年预测销售额	$ 568,050	$1,053,950	$1,296,000	$ 357,000	$1,078,000	$4,353,000	$5,500,000
6								
7								

图 7-31

(二)添加条形图

我们在此需要制作一个条形图来表现 2016 年的预测销售额。首先,在部件面板中单击统计图的菜单。你可以看到一系列的图表，从中找到条形图。
用鼠标左键按住条形图并把它拖放到工作区中。如图 7-32 所示。

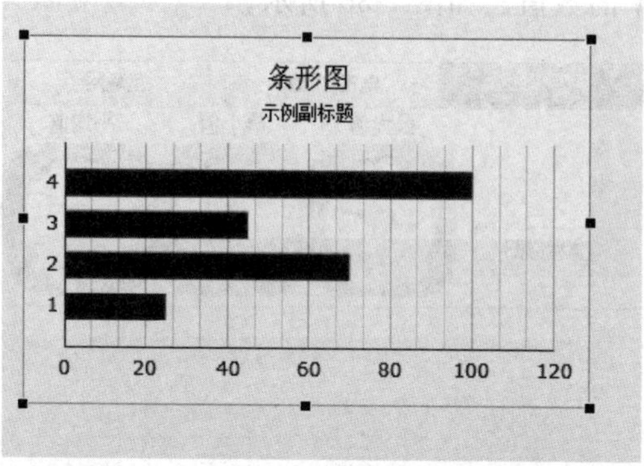

图 7-32　条形图

然后，我们将数据链接到条形图中。双击条形图表，或者在条形图表上
单击右键，选择"属性"，打开属性面板，如图 7-33 所示。

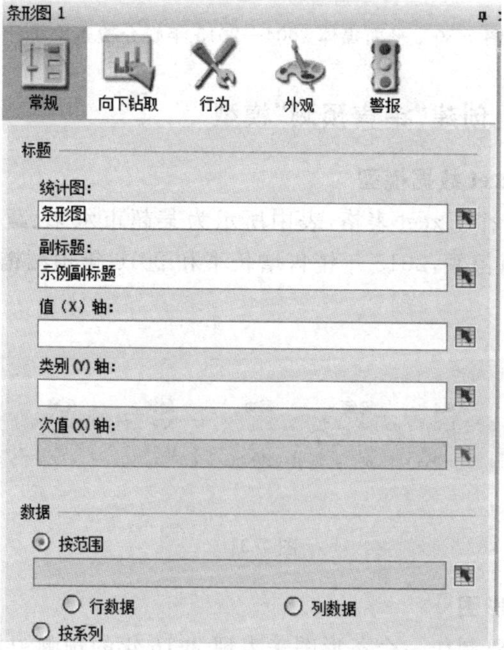

图 7-33　条形图属性面板

我们可以看到,在常规菜单中有标题和数据两个部分。首先,我们要给图表加上标题:在属性面板顶端的标题框的前三个输入框里我们分别输入"某超市"、"预测销售额:2016"和"预测销售额"。单击属性面板最下面的"类别轴"标签输入框右边的选择按钮选择 Excel 表格中的单元格区域 B2:F2。关闭属性面板,现在的屏幕如图 7-34 所示。

再把视线移到数据框上来。在"按系列"下方有＋、－两个按钮,它们用来增减表现变量的个数,而右边的"名称"用来修改变量的名称,"值(X轴)"用来链接数据。

具体的操作是:单击"按系列"左边的圆点,再单击下面的"＋"按钮,系列1就会出现在相应的列表中。但系列1是毫无意义的名字,我们要给它一个有意义的名字。单击名称输入框右边的选择按钮,在 Excel 表格中选择单元格 A5,然后单击"确定"按钮。

当然,我们也可以在名称输入框中输入 2016 年预测销售额。不过,当我们以后修改 Excel 表格中单元格 A5 的内容,并把表格重新导入的时候,名称这个部分则不会有相应的变化。而前一种操作可以保证重新导入 Excel 表格后,名称部分会有相应变化,这就是两种操作方法的区别所在。

现在我们需要将数据链接到图表中。大家可以看到名称下面有一个值(X)轴,单击输入框右边的选择按钮,选择 Excel 表格中的单元格区域 B5:F5,单击"确定"按钮。

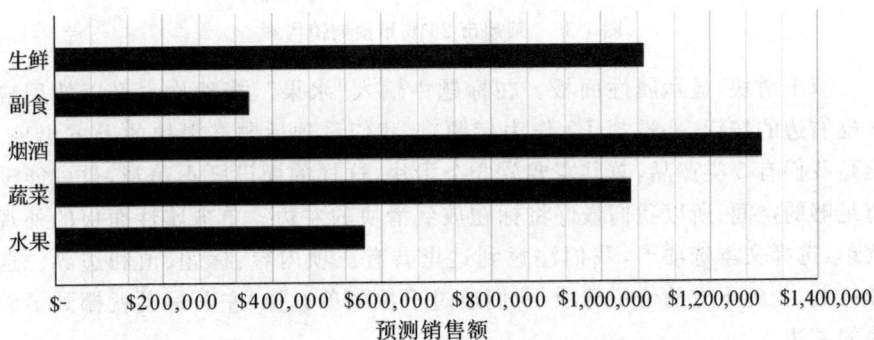

图 7-34　某超市 2015 年预测销售额

如果 X 轴的数字显示过大的话,你需要打开属性面板,单击右上角的外观菜单,再单击文本选项卡。我们需要做的是调小数字的字体,在水平标签框中将字体中的字号缩小为 8 或 9。当然,你也可以通过拖拉条形图表的边框使图表变大从而使 X 轴的字体显示得当。

(三)添加滑块部件

如果要让条形图可视化,也就是让数据动起来,它的原理是:由于 Excel 表格中写入了计算今年预测销售额的公式,所以一旦改变 2016 年销售增长率的值,2016 年预测销售额的值也会相应改变。想要完成这一设想,还需要借助 Xcelsius 中滑块这个部件。

打开部件面板中的单值菜单,将水平滑块图标拖放到条形图的下面。这时,我们看到的界面如图 7-35 所示。

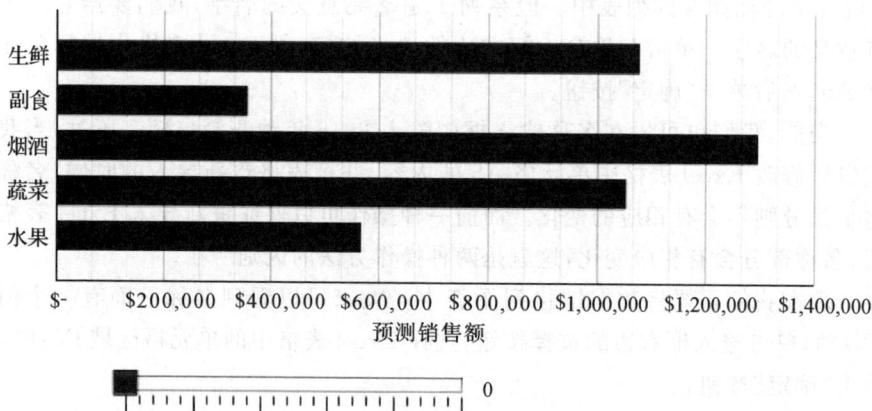

图 7-35　某超市 2016 年预测销售额

双击滑块,显示属性面板。在标题中输入"水果"(当然你也可以使用输入框右边的按钮,并选择 B2 作为标题)。我们看到标题在滑块的上方出现,但是我们有 5 类产品,总共需要放 5 个滑块,这样的摆设既不美观,也可能没有足够的空间,所以我们最好将标题放到滑块的左边。单击属性面板的外观菜单,选择文本选项卡,我们注意到这里共有三项内容:标题、值和边界。选择标题,找到下方的位置选项,我们通过下拉菜单选择"左",标题就挪到了滑块的左边。

然后,我们需要链接数据。回到属性面板的常规菜单,单击数据输入框右边的选择按钮,选择 Excel 表格中的单元格 B4,你会看到滑块右边显示 5。如果你不太理解这一步操作的意义,可以单击选择按钮右边的一个"更多信息"图标。单击这个图标后,将会出现一段视频,它会帮助你对本次操作有更深刻的理解。

另外,我们这里的数值是 5,而滑块默认的数值是 100,所以游标几乎在滑块的最左边。显然,一家超市的销售额增长 100% 并不现实。我们应把默认数值改为 20。在常规中将"值范围"下的"最大限制"输入框里的 100 改为 20,然后我们会发现游标处于滑块的四分之一处。这样看起来比较美观,也便于显示和读取数据。这样第一个滑块就制作完成了,大家可以看看数据如何动起来。

单击工具栏上面的预览图标。看起来预览界面和设计界面没有什么区别,不过当我们把鼠标放在滑块游标上,并拖动游标,就会发现条形图中"水果"的预测销售额发生了改变。我们也就是表格 B5 中所书写的公式为＝[B3 ∗ (1＋B4/100)],所以当台式电脑的销售额增长率发生变化时,2016 年的预测销售额也相应地发生变化。

当我们把鼠标放在条形图上,就会有相应的信息自动弹出来。我们不需要再做其他的操作就能方便地查看数据了。当你想结束预览时,也只需要再次单击预览图标,就可以回到工作区中。

当我们为水果这类商品制作好滑块后,我们可以用同样的方法为其他 4 类商品建立交互式滑块。我们可以像上述操作中所讲那样在部件面板中找到"单值"—滑块部件,拖放到工作区之中,然后链接数据,修改外观和名称。但是这样的操作比较麻烦,因此我们可以利用已完成的滑块,使操作相对简单。

具体操作如下:右键单击已制作完成的滑块,再单击复制按钮(也可以使用快捷键 Ctrl＋C),在工作区的其他地方右击鼠标,再单击粘贴(或快捷键 Ctrl＋V),将新的滑块拖到原来的滑块下面。也许位置不整齐,我们稍候再来调整。

现在这两个滑块是一模一样的,我们需要将第二个滑块对应为"蔬菜"的数据。双击第二个滑块显示属性面板,将标题输入框里的"水果"改为"蔬菜",将数据改为链结到 Excel 表格里的单元格 C4。关闭属性面板。

现在单击"预览"按钮,然后移动滑块的游标,我们会看到,在条形图表中"水果"和"蔬菜"的 2016 年预测销售额都可以相应地变化了。回到工作区,为其他三类商品建立滑块的方法也是一样,这里不再详细讲解。至此,5 个滑块都已经建立完成了,我们可以着手来解决它们的位置问题。

先在画布中将鼠标放到 5 个滑块的右下角,按住鼠标左键,拖拉到 5 个滑块的左上角,这样 5 个滑块都会被框选中。单击工具栏的"格式"—"对齐"—

"水平中对齐",然后再单击"格式"—"间距相等"—"纵向",我们可以看到 5 个滑块排列得很整齐,如图 7-36 所示。

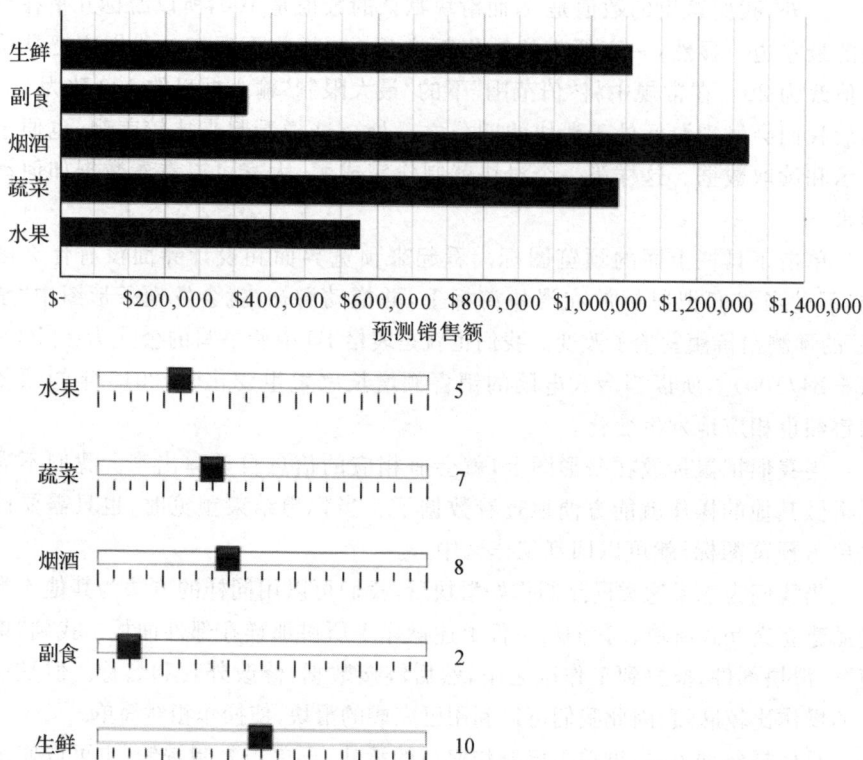

图 7-36 某超市 2016 年预测销售额

另外,我们还可以通过单击键盘中上、下、左、右键,来移动这 5 个滑块在工作区中的位置,这样的方法更加简单和准确。

至此,我们的图表已经达到了交互的目的,条形图中的数据可以随着我们对滑块的操作而变化。不过,整个图表中的内容还不够丰富,所以在这一步中,我们将创建一个量表来展示预测的总销售额,也就是 Excel 表格中的单元格 G5。

(四)添加量表部件

单击部件面板中的"单值"菜单,将量表 2 图标拖放到设计界面的右下角,调整量表大小,以使其美观。双击量表显示其属性面板,将标题链接到 Excel

表格中的单元格 A1,将数据链接到 Excel 表格中的单元格 G5。

如此,我们便完成了数据链接,但量表的外观看起来不尽如人意,现在我们来着手处理这个问题。双击量表开其属性面板,再单击外观菜单,将标题的位置修改为中下,将这个框下面的"Y 位移"(即指标题在页面中的位置)改为 10,面的字体改为 16,字体改为微软雅黑。这其中的操作的数值并非规定,而是要根据不同的部件大小及位置进行微调,力求美观。

标题修改之后感觉如何? 好像数值的位置不太好。没关系,我们可以用同样的方法,在"值"这一栏中,将"Y 位移"进行调整,同时也可以将字号调整到合适的大小。

当然,可能由于个人习惯和电脑设置的不同,你不一定要按照上述来调整,调整到自己认为合适的效果就可以了。

外观问题解决了,还有一个问题:指针的数值是 $4,353,000,但指针却已经指到了头。这是由于我们的目标销售额是 $5,500,000 (单元格 H5),而指针最大限制设置为"100",显然不符合实际情况。打开属性面板,将最大限制 100 改为 10,000,000。我们会注意到指针转到了大约 11 点的位置,为销售额的增长留下了大量的空间。

这与我们预期的效果越来越相近了,但还不够完美。因为我们希望这个量表可以很直观地显示预测销售额相比目标销售额差多少或者超过多少。这时我们就用到了之前介绍过的警报这个功能。

打开属性面板里的警报菜单,选择"启用警报"。并勾选"占目标百分比",将旁边的空格中的数值修改为 5,500,000。另一种更好的做法是点击框右边的选择按钮,选择 Excel 表格中的单元格 H5。如同我们之前所提到的,如果我们修改 Excel 表格中的目标销售额,再次导入时,Xcelsius 中的量表也会相应改变,如果只是单纯地输入,那么将不会发生变化。

现在请大家把视线移到菜单的下半部分颜色顺序。如果选择低值为好,量表的指针动了,这显然不对;那么我们再点选高值为好,指针指向的区域变成了绿色,这显然也不符合我们的要求,因为我们还没有达到目标销售额,因此也不应该显示绿色。问题就出在中间的警报级别上:系统默认的情况是,只要达到目标销售额的 70%,量表的框就会变为绿色;只要低于 30%,量表的框就会变为红色。我们现在根据业务的情况,将高值调整为只有达到 100%,量表的框才能变为绿色;将低值调整为只要低于 80%,量表的框就会变为红色。

具体的操作为:用鼠标左键单击"至"这一列的数字 30%,将其修改为 70%;70% 修改为 90%,此时可以看到,从最小值到目标值的 70% 处于红色范围,70% 至 90% 处于黄色范围,大于 90%,即 90% 至最大值处于绿色范围,如图 7-37 所示。这样的设置符合了我们的要求,现在指针已经处于红色区域(如图 7-38 所示),这说明我们还有很长一段路要走,才能达到目标销售额。

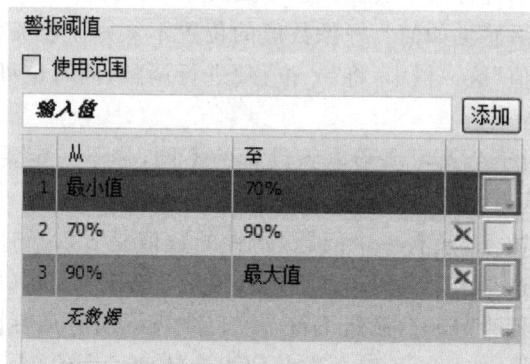

图 7-37　警报阈值设置界面

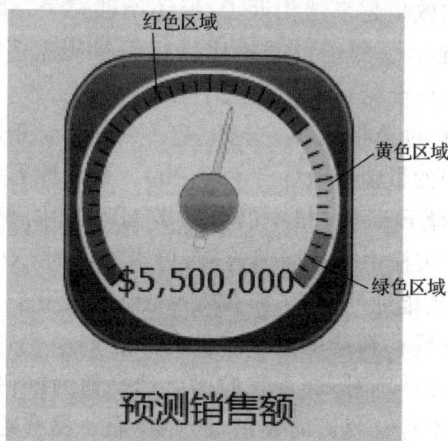

图 7-38

预览一下成果。需要提醒大家的是,这里只是演示一下警报功能,在实际操作中,不论滑块还是量表的极限值都应该根据实际业务操作中的具体情况而定。

量表显示了预测销售总额的大小,但我们有的时候也需要看到各类产品的销售额占总销售额的多少。这就需要用到饼图。

打开部件面板中的统计图文件夹,将饼图的图标拖曳到条形图的右边。然后,使用我们之前介绍过的方法用鼠标将条形图和饼图框起来,在工具栏中选择"格式"—"对齐"—"顶对齐",使两个图表顶端水平对齐,如图 7-39所示。

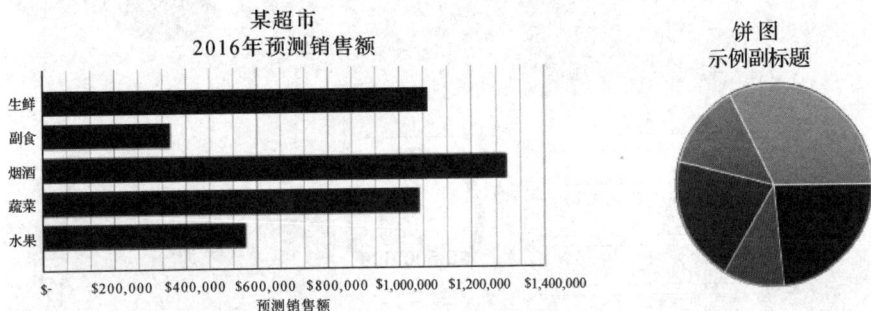

图 7-39　对齐条形图与饼图

双击饼图打开属性面板,在统计图标题和副标题的输入框中分别输入"某超市"和"各类商品所占比重:2016"。然后,单击数据值输入框右边的按钮,选择 Excel 表格中的单元格区域 B5 至 F5。

然后,我们给各类产品加上标注。单击标签右边的按钮,选择 Excel 表格中单元格区域,即 B2:F2。大家可以看到,各种颜色都对应到了各类产品。

(五)修改配色方案

如果你觉得颜色的区分不够醒目,或者不喜欢这种配色方案,可以修改图例的颜色。单击"外观"菜单,再点选"颜色",在这里可以看到每一个数据点的切片颜色,单击按钮"填充"颜色,你可以选择你喜欢的颜色进行搭配,同时,也可以通过之前介绍过的主题颜色,对所有的部件进行统一的配色调整。完成所有产品的颜色修改工作以后,其界面如图 7-40 所示。

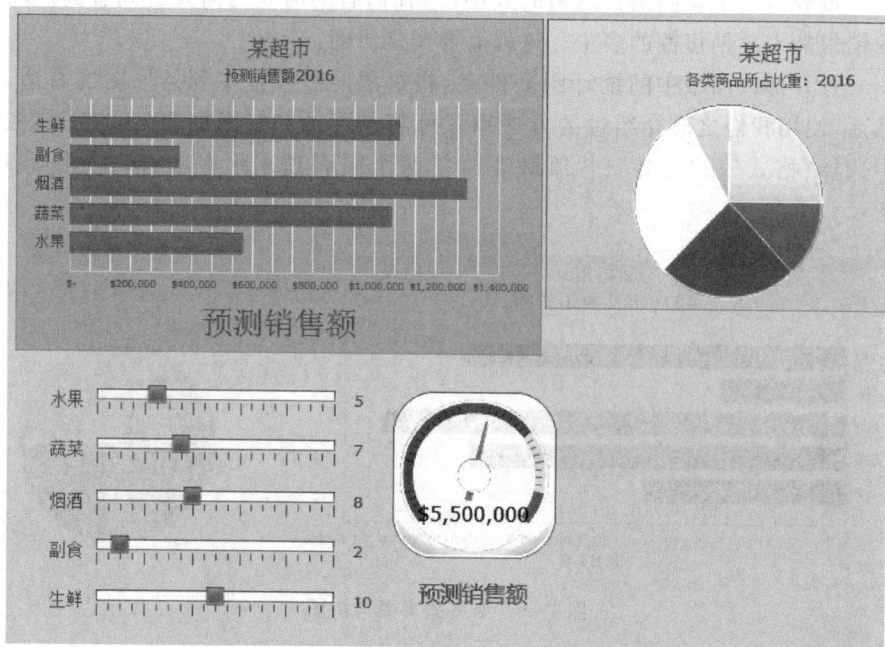

图 7-40

预览一下我们的成果。随着游标的滑动，各个图形都会有相应的改变。是不是感觉自己做的图表活起来了？

三、Xcelsius 的导出

我们所介绍的 Xcelsius 为我们提供了多种导出方式，你不仅可以在 Xcelsius 这一个软件中向他人展示你的成果，同时也可以将其导入到其他我们常用的软件中。我们使用的这一版本，支持 Flash、AIR、HTML、PDF、PowerPoint 幻灯片、Outlook、Word 等格式的导出（如图 7-41 所示）。版本越高的软件，可以支持导出的格式更多。

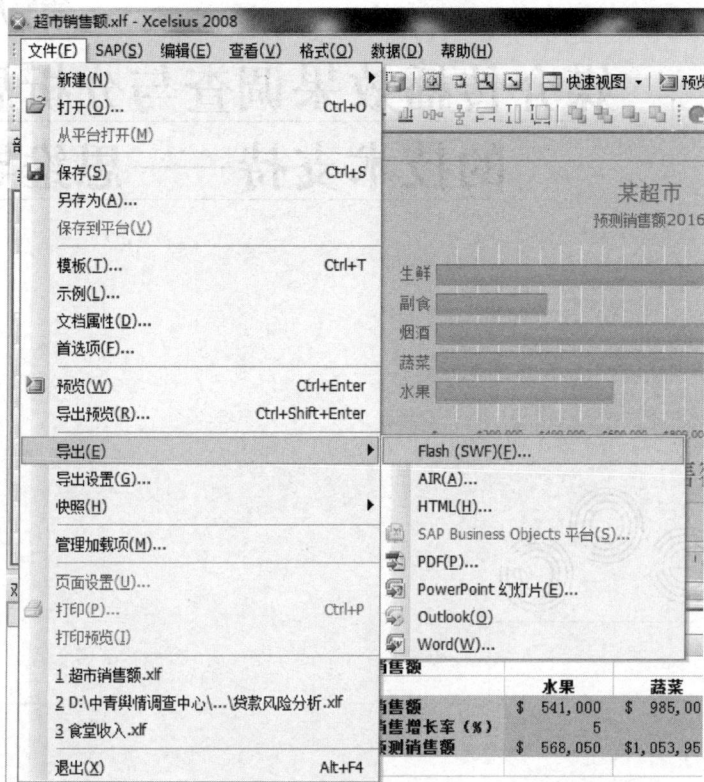

图 7-41

　　同时我们也可以通过界面上方的快捷按钮来达到导出的效果（如图 7-42 所示）。导出后，你可以在导出的文件中拖动滑块游标，或是将鼠标放置于表格之上，同样可以看到 Xcelsius 中的效果。

图 7-42　导出快捷按钮

　　更多关于 Xcelsius 的操作我们不能在本书中详尽地讲述，不过通过以上的案例，我们可以对 Xcelsius 的基本操作有所了解，并能够独立制作见到的数据可视化案例，我们可以基于以上的基本操作对数据可视化软件进行更深层次的探索和体验。

第八章
媒介传播效果调查与分析思路
的技术支持——思维导图

第一节　思维导图概述

一、思维导图的概念

　　思维导图,又叫心智图,是由英国教育学家托尼·巴赞(Tony Buzan)所创立的,是表达发射性思维的有效的图形思维工具,是一种革命性的思维工具。它运用图文并重的技巧,把各级主题的关系用相互隶属与相关的层级图表现出来,把主题关键词与图像、颜色等建立记忆链接。思维导图充分运用左右脑的机能,利用记忆、阅读、思维的规律,协助人们在科学与艺术、逻辑与想象之间平衡发展,从而开启人类大脑的无限潜能。思维导图因此具有人类思维的强大功能。

思维导图是一种将放射性思考具体化的方法。我们知道放射性思考是人类大脑的自然思考方式,每一种进入大脑的资料,不论是感觉、记忆或是想法——包括文字、数字、符码、食物、香气、线条、颜色、意象、节奏、音符等,都可以成为一个思考中心,并由此中心向外发散出成千上万的关节点,每一个关节点代表与中心主题的一个连接点,而每一个连接点又可以成为另一个中心主题,再向外发散出成千上万的关节点,而这些关节的连接点可以视为您的记忆,也就是个人数据库。

人类从一出生即开始累积庞大且复杂的数据库,大脑惊人的储存能力使我们累积了大量的资料,经由思维导图的放射性思考方法,除了加速资料的累积量外,更多的是将数据依据彼此间的关联性分层分类管理,使资料的储存、管理及应用更有系统化而提高大脑运作的效率。同时,思维导图是最能善用左右脑的功能,借由颜色、图像、符码的使用,不但可以协助我们记忆、增进我们的创造力,也让思维导图更轻松有趣,且具有个人特色及多面性。

思维导图是以放射性思考模式为基础的收放自如的方式,除了提供一个正确而快速的学习方法与工具外,运用在创意的联想与收敛、项目企划、问题解决与分析、会议管理等方面,往往产生令人惊喜的效果。它是一种展现个人智力潜能极致的方法,可提升思考技巧,大幅增进记忆力、组织力与创造力。它与传统笔记法和学习法有量子跳跃式的差异,主要是因为它源自脑神经生理的学习互动模式,并且拓展了人人生而具有的放射性思考能力和多感官学习特性。

思维导图为人类提供一个有效思维图形工具,运用图文并重的技巧,开启人类大脑的无限潜能。心智图充分运用左右脑的机能,协助人们在科学与艺术、逻辑与想象之间平衡发展。近年来思维导图完整的逻辑架构及全脑思考的方法更被广泛应用在人们的学习及工作方面,大量降低需耗费的时间以及物质资源,对于每个人或公司绩效的大幅提升,产生了令人无法忽视的巨大功效。

二、思维导图的产生

科学研究已经充分证明:人类的思维特征是呈放射性的,进入大脑的每一条信息,每一种感觉、记忆或思想(包括每一个词汇、数字、代码、食物、香味、线条、色彩、图像、节拍、音符和纹路),都可作为一个思维分支表现出来,它呈现出来的就是放射性立体结构。

英国教育学家托尼·巴赞在大学时代,遇到信息吸收、整理及记忆等困难,前往图书馆寻求帮助,却惊讶地发现没有教导如何正确有效使用大脑的相关书籍资料,于是他开始思索和寻找新的思想或方法来解决。

托尼·巴赞因此开始研究心理学、神经生理学等科学,渐渐地发现人类头脑的每一个脑细胞及大脑的各种技巧如果能被和谐而巧妙地运用,将比彼此分开工作产生更大的效率。以放射性思考(radiant thinking)为基础的收放自如的方式,比如渔网、河流、树、树叶、人和动物的神经系统、管理的组织结构等,逐渐地,慢慢形成整个架构。托尼·巴赞也开始训练一群被称为"学习障碍者"、"阅读能力丧失"的族群,这些被称为失败者或曾被放弃的学生,很快地变成好学生,其中更有一部分成为同年纪中的佼佼者。

托尼·巴赞1942年出生于英国伦敦,毕业于英属哥伦比亚大学,先后获得心理学、英语语言学、数学和普通科学等专业的多个学位。他所撰写的二十多种大脑方面的图书已被翻译成几十种语言,在全球五十多个国家出版,并成为世界顶级公司进行高级人员培训的必选教材。另外,他还出任一些政府部门、大学和研究院以及大跨国集团公司的咨询专家,包括国际商用机器公司(IBM)、惠普公司、巴克莱国际公司、数字设备公司等。他主持的大脑知识讲座已成为西方家喻户晓的节目,大受欢迎。业内人士称他为"大脑先生"。

1971年托尼·巴赞开始将他的研究成果集结成书,慢慢形成了发射性思考(radiant thinking)和思维导图法(mind mapping)的概念。思维导图是大脑放射性思维的外部表现。依据大脑思维放射性特点,后来成为英国大脑基金会主席、著名教育家的托尼·巴赞在思维研究领域取得了令世人瞩目的成就。思维导图利用色彩、图画、代码和多维度等图文并茂的形式来增强记忆效果,使人们关注的焦点清晰地集中在中央图形上。思维导图允许学习者产生无限制的联想,这使思维过程更具创造性。

三、思维导图的作用

前面我们介绍了思维导图的概念以及它的由来,接下来这部分我们将分析思维导图到底有什么样的作用以及它所具有的优势。

随着人们对思维导图的认识和掌握,思维导图可以应用于生活和工作的各个方面,包括学习、写作、沟通、演讲、管理、会议等,运用思维导图而获得发展的学习能力和清晰的思维方式会改善人的诸多行为表现:

1. 成倍提高人的学习速度和效率，更快地学习新知识与复习整合旧知识。

2. 激发人的联想与创意，将各种零散的智慧、资源等融会贯通成为一个系统。

3. 让人形成系统的学习和思维的习惯，并使人能够达到众多想达到的目标，包括快速地记笔记，顺利通过考试，轻松地表达沟通、演讲、写作、管理，等等。

4. 让人具有超人般的学习能力，向喜欢的优秀人物学习，并超越偶像和对手。

5. 让人尽快掌握思维导图这个能打开大脑潜能的强有力的图解工具。

它能同时让人运用大脑皮层的所有智能，包括词汇、图像、数字、逻辑、韵律、颜色和空间感知。它可以运用于生活的各个层面，帮助您更有效地学习、生活，思维也更加清晰，让人的大脑拥有最完美的表现。

自人们接受学校的教育以来，在阅读或学习过程中，人们为记住学习内容，养成了按顺序做常规笔记的习惯。然而我们很少意识到：此种传统的笔记方法存在着非常致命的弱点！托尼·巴赞在经过长期的研究和实践后，明确而深刻地对传统笔记的弊端作出了简明而精辟的阐述，他认为传统记笔记的方式首先埋没了关键词，因为重要的内容要由关键词来表达，然而常规标准笔记中，这些关键词却埋没在一大堆相对不重要的词汇之中，阻碍了大脑对各关键概念之间做出合适的联想；其次是记不需要记的内容，阅读、复习一些不需要的资料，浪费了大量的时间；再次，这样记笔记的方式不容易记忆，因为这种方式很单调很枯燥，而且要点也很相似，会使大脑处于一种催眠状态，让大脑拒绝吸收信息；最后不能有效刺激大脑。传统记笔记的方式是线性的，这种线性表达会阻碍大脑做出联想，因此对创造性和记忆造成消解效果，抑制思维过程。

因此，托尼·巴赞总结说，思维导图对我们的记忆和学习产生了关键作用，比如只记忆相关的词可以节省 50% 到 95% 的时间；只读相关的词可节省时 90% 多的时间；复习思维导图笔记可节省 90% 多；不必在不需要的词汇中寻找关键词可节省 90% 多的时间；等等。

四、思维导图的优势

通过以上分析我们可以发现思维导图与传统的学习记忆方法相比有较大的优势。

1.使用思维导图进行学习,可以成倍提高学习效率,增进理解和记忆能力。如通过使用关键字强迫我们在做笔记的时候就要思考句子的要点到底是什么,这使我们可以积极地听课。而且思维导图还激发我们的右脑,因为我们在创作导图的时候使用颜色、形状和想象力。科学研究发现人的大脑是由两部分组成的,左脑负责逻辑、词汇、数字,而右脑负责抽象思维、直觉、创造力和想象力。巴赞说:"传统的记笔记方法是使用了大脑的一小部分,因为它主要使用的是逻辑和直线型的模式。"所以,图像的使用加深了我们的记忆,因为使用者可以把关键字和颜色、图案联系起来,使用了我们的视觉感官。

2.把学习者的主要精力集中在关键的知识点上。不需要浪费时间在那些无关紧要的内容上,节省了宝贵的学习时间。通过使用关键字强迫我们在开展业务或做笔记的时候就要思考句子的要点到底是什么,这使我们可以积极地倾听讲课者。关键知识点之间的连接线会引导我们进行积极主动的思考。快速系统地整合知识,可以为我们的知识融会贯通创造极其有利的条件,发展创造性思维和创新能力。发散思维是创新思维的核心。画思维导图的方法恰恰是发散思维的具体化、形象化。

3.思维导图具有极大的可伸缩性,它顺应了我们大脑的自然思维模式,从而使我们的主观意图自然地在图上表达出来。它能够将新旧知识结合起来。学习的过程是一个由浅入深的过程,在这个过程中,将新旧知识结合起来是一件很重要的事情,因为人总是在已有知识的基础上学习新的知识,在学习新知识时,要把新知识与原有认知结构相结合,改变原有认知结构,把新知识同化到自己的知识结构中,建立新旧知识之间的联系是学习的关键。

4.思维导图极大地激发我们的右脑。因为我们在创作导图的时候使用颜色、形状和想象力。科学研究发现人的大脑是由两部分组成的,左脑负责逻辑、词汇、数字,而右脑负责抽象思维、直觉、创造力和想象力。巴赞说:"传统的记笔记方法是使用了大脑的一小部分,因为它主要使用的是逻辑和直线型的模式。"所以,图像的使用加深了我们的记忆,因为使用者可以把关键字和颜色、图案联系起来,这样就使用了我们的视觉感官。

通过介绍思维导图的优势,我们发现,思维导图能够清晰地体现一个问题的多个层面，以及每一个层面的不同表达形式，以丰富多彩的表达方式，体现线性、面型、立体式各元素之间的关系，重点突出，内容全面有特色。

五、思维导图与思维概念图的区别

在谈到思维导图时，可能有读者会联想到思维概念图，可能会想这二者之间有什么样的关系。有的学者认为，它们是一组等同的概念，换句话说是一个事物的不同表达，比如黎加厚教授认为："人类使用的一切用来表达自己思想的图示方法都是'概念图'，'思维导图'的称呼直接说明这是引导人们思维的图。把这种图示方法的意义挑明了。我认为这个说法也很好。"而北京师范大学赵国庆、陆志坚则认为二者有很大的区别，他们认为虽然二者有很大的相似性，但是"概念图"和"思维导图"在起源、应用和形式方面都有很大的不同。是不同的概念。仍然需要加以区分。笔者比较赞同此观点，所以在这里借用北京师范大学两位学者的观点以区分思维导图和思维概念图。

1. 历史渊源不同。概念图是康乃尔大学的诺瓦克博士根据奥苏贝尔的有意义学习理论提出的一种教学技术，是从教师的角度用来辅助教学的。而思维导图最初是 20 世纪 60 年代英国人托尼·巴赞创造的一种笔记方法，是从学生学习的主动性的角度来促进学习、提高学习效率的。

2. 定义不同。根据诺瓦克博士的定义，概念图是用来组织和表征知识的工具，它通常将某一主题的有关概念置于圆圈或方框之中，然后用连线将相关的概念和命题连接，连线上标明两个概念之间的意义关系。而托尼·巴赞认为思维导图是对发散性思维的表达，因此也是人类思维的自然功能。他认为思维导图是一种非常有用的图形技术，是打开大脑潜能力万能钥匙，可以应用于生活的各个方面，经过其改进后的学习能力和清晰的思维方式会改善人的行为表现。

3. 对知识的表示能力不同。从知识的表示能力看，概念图能够构造一个清晰的知识网络，便于学习者对整个知识架构的掌握，有利于直觉思维的形成，促进知识的迁移，学习者可以通过概念图直观快速地把握一个概念体系。思维导图呈现的是一个思维过程，学习者能够借助思维导图提高、发散思维能力，可以通过思维导图理清思维的脉络，并可供自己或他人回顾整个思维过程。

4. 创作方法不同。从创作方法上看，思维导图往往是从一个主要概念开始，随着思维的不断深入，逐步建立的一个有序的图；一个思维导图只有一个中心节点。而概念图则是先罗列所有概念,然后建立概念和概念之间的关系,一幅概念图中可以有多个主要概念。

5.表现形式不同。根据诺瓦克博士的定义,概念图表示的是知识网络,包含节点以及节点之间的关系,因此概念图在表现形式上是网状结构的。托尼·巴赞认为思维导图有四个基本的特征,即注意的焦点清晰地集中在中央图形上;主题的主干作为分支从中央向四周放射;分支由一个关键的图形或者写在产生联想的线条上面的关键词构成,比较不重要的话题也可以分支形式表现出来,附在较高层次的分支上;各分支形成一个连接的节点结构。因此思维导图在表现形式上是树状结构的。

6.应用领域不同。现在思维导图的软件往往在企业中有着更为广泛的应用,其目的是借助可视化手段促进灵感的产生和发散性思维的形成。而概念图从开始到现在都是为了促进教学效果,最初是作为评价的工具,后来得到推广,成为教和学的策略。

可见,概念图和思维导图有着紧密的联系,但又有着潜在的不同。虽然创作的结果不能简单归结于概念图或是思维导图,但认清两者之间的联系与区别是非常必要的,只有这样才能取长补短,正确选择,高效利用。

六、思维导图制作的基本要求

思维导图主要是根据发散型思维进行创作,我们可以根据自己的需要和偏好进行绘制、创作,但是也要遵循一些最基本的创造要求,因此在这里对思维导图的创造技法做一个相对的归纳。技法是为了让我们绘制出的思维导图更能够反映大脑的工作过程,提高思维导图的应用水平,最终形成具有自己特色风格的思维导图和思考方式。

1.突出重点

为了改善记忆和提高创造力,在思维导图中必须强调重点。突出重点的方式很多,首先就是要尽量多地使用图像,不仅中心主题中用图像,在整个思维导图中都要尽量多地采用图像,因为图像能够自动吸引眼睛和大脑的注意力,可以触发无数的联想,并且是帮助记忆的一个极有效的方法,图像还能够使人感到愉悦。除了图像之外,还可以更多地使用颜色或者通过层次的变化以及间隔的设置、线条的粗细等方式,突出思维导图中的重点。

2.发挥联想

联想也是改善记忆和提高创造力的一个重要因素,它是大脑使用的另一个整合工具,是记忆和理解的关键。强调重点的各种方式有利于产生联想,同样,用于联想的也能用于强调重点。箭头能够引导眼睛,所以可以将思维导图的一部分与另一部分用箭头连接起来,给思想一种空间指导,思维导图通过联想浑然一体。此外,使用色彩和代码——对勾、圆圈、三角、下划线等,同样也可以拓展联想。

3.清晰明白

清晰明白的思维导图能够给人以美感,增强感知力。为了达到清晰明白,分支上最好使用关键词,书写要尽量工整;线条的粗细要有区别,特别是与中心主题相连的线条要粗;图形要清楚,能够表达相应的含义;横放纸张能够让你的图有更大空间……很多种方式都可以让思维导图更清晰明白。

4.形成个人风格

在上述基础上,每个人都能够画出自己的思维导图,逐渐就可以形成个人风格。具有个性的思维导图显示的是思维导图的创造者的大脑工作成果。

七、思维导图的应用领域

从思维导图的特点及作用来看,它可以用于工作、学习和生活中的任何一个领域里。

1.作为生活中:计划,项目管理,沟通,组织,分析解决问题等;

2.作为学习中:记忆,笔记,写报告,写论文,做演讲,考试,思考,集中注意力等;

3.作为工作中:计划,沟通,项目管理,组织,会议,培训,谈判,面试,评估,掀起头脑风暴等。

所有这些应用可以极大地提高你的效率,增强思考的有效性和准确性以及提升你的注意力和工作乐趣。

第二节　思维导图的制作与应用

一、思维导图的制作

不同类型的思维导图的制作有不同的特点和设计思路,但是我们在制作思维导图的时候还是要遵循一些基本的规则和原则,因此在这里笔者首先对制作思维导图的基本原则与规则做一个简单的介绍。

在制作思维导图之前你需要做一些前期的准备,这可以帮助你最大限度地发挥自己的创造力。首先你要做好精神方面的准备,比如培养积极的精神状态、集中自己的精力等等;其次,你要准备好制作思维导图的材料,比如一些 A3 或 A4 大的白纸、一套 12 支或更多的好写的软芯笔、4 支以上不同颜色色彩明亮的涂色笔、1 支标准钢尺。

第一步,确定思维导图的主题。

(1)最大的主题(文章的名称或书名)要以图形的形式体现出来。

我们以前的笔记,都会把最大的主题写在笔记本纸面上最上端的中间。而思维导图则把主题体现在整张纸的中心,并且以图形的形式体现出来。我们称之为中央图。

(2)中央图要有三种以上的颜色。

(3)一个主题一条大分支。

在这里需要注意的是思维导图把主题以大分支的形式体现出来,有多少个主题,就会有多少条大的分支。

(4)每条分支要用不同的颜色,因为每条分支用不同颜色可以让你对不同主题的相关信息一目了然。

第二步,思维导图的内容要求。

(5)运用代码

小插图不但可以强化每一个关键词的记忆,同时也突出关键词要表达的意思,而且还可以节省大量的记录空间。当然除了这些小的插图,我们还有很多代码可以用,比如厘米可以用 cm 来代表。可以用代码的尽量用代码。

(6)箭头的连接

当我们在分析一些信息的时候,各主题之间会有信息相关联的地方,这时,可以把有关联的部分用箭头连起来,这样就可以很直观地了解到信息之间的联系了。如果你在分析信息的时候,有很多信息是相关、有联系的,但是如果都用箭头相连接起来会显得比较杂乱。解决这个问题的方法就是,你可以运用代码,用同样的代码在它们的旁边注明,当你看到同样的代码的时候,你就知道这些知识之间是有联系的。

(7)只写关键词,并且要写在线条的上方

思维导图的记录用的全都是关键词,这也是思维导图与传统记笔记方式最大的差别。这些关键词代表着信息的重点内容。不少人刚开始使用思维导图时,会把关键词写在线条的下方,这样是不对的,记住一定要写在线条的上方。

第三步,线条要求。

(8)线长＝词语的长度

思维导图有很多线条,它每一条线条的长度都与词语的长度是一样的。刚开始使用思维导图的人会把每根线条画得很长,词语写得很小,这样不但不便于记忆,同时还会浪费大量的空间。

(9)中央线要粗

思维导图体现的层次感很分明,越靠近中间的线会越粗,越往外延伸的线会越细,字体也是越靠近中心图的越大,越往后面的就越小。

(10)线与线之间相连

思维导图的线条之间是互相连接起来的,线条上的关键词之间也是互相隶属、互相说明的关系,而且线条之间要平行。换言之线条上的关键词一定要能直观地看到,而不是得把纸旋转120°才能看清楚写了什么。

(11)环抱线

有些思维导图的分支外面围着一层外围线,叫作环抱线。这些线有两方面的作用,一方面,当分支多的时候,用环抱线把它们围起来,能让你更直观地看到不同主题的内容;另一方面,可以让整幅思维导图看起来更美观。在这里需要注意的是,你要在思维导图完成后,再画外围线。

第四步,总体要求。

(12)纸要横着放

大多数人在写笔记的时候,笔记本是竖着放的。但做思维导图时,纸是横着放的,因为这样空间感比较大,也有利于思维的发散。

(13)用数字标明顺序

可以有两种标明顺序的方式,主要个人你需要和习惯而定。第一种标明顺序的方式:可以从第一条主题的分支从1开始,把所有分支按顺序标明出来,这样就可以通过数字知道内容的顺序了。

第二种标明顺序的方式:每一条分支按顺序编排一次,比如第一条分支从1开始标明好顺序后,第二条分支再重新从1开始编排,也就是说,每条分支都重新编一次顺序。

(14)布局

做思维导图时,它的分支是可以灵活摆放的,除了能理清思路外,还要考虑到合理地利用空间,你可以在画图时思考,哪条分支的内容多一些,哪条分支的内容少一些,你可以把内容最多的分支与内容较少的分支安排在纸的同一侧,这样就可以更合理地安排内容的摆放了,整幅图看起来也会很平衡。画思维导图前,要记得思考如何布局会更好。

(15)个人的风格

学会思维导图之后,最好能形成自己的风格。每一幅思维导图虽然都遵循一套规则,但都能形成个人的风格,一旦形成自己的风格,它就专属于你了。

思维导图的这 15 条技法中,关键词是最重要的一条,因为思维导图只记录关键词,如果关键词选择不正确,思维导图所要表达的信息就不准确了。要想学会全面总体地分析信息,你需要学会观察信息当中哪部分是它们的关键部分,并搜索到它们的关键点,也就是关键词。

二、思维导图的应用

前一部分我们介绍了一般思维导图的制作原则和规则,接下来我们将结合具体的实例来介绍怎么制作思维导图。

人际传播是传播学研究很重要的部分,人际关系的建立与维护都离不开人与人之间的交流与信任,因此在这里我们首先尝试着运用思维导图来解决人际关系中所遇到的问题。

在日常生活中,我们有时可能会发现,人与人之间的关系经常变得异常紧张,因为大家都不能够完全理解或欣赏对方的观点、主张。如果遇到情绪激动、双方无法沟通的情况,则大家的相处会变得越来越难,关系也会逐渐淡化甚至恶化。比如甲觉得乙伤害了自己,他会觉得乙不好,这种负面的想法更会增加乙对甲的伤害,如此下去,内心的抵触和憎恶会越来越深,直到反目成仇。发展到最后好心得不到好报,哪怕过去干的一些好事情,用现在的眼光看也不见得如此了。

可是,通过使用思维导图,人们可以打开交流的天窗,避免一些消极的想法。同时,思维导图的发散性和无所不包的本质,可以使参与各方把问题放在一个更为广阔和积极的环境下加以考虑。在现实生活中,有很多人的婚姻以及一些好伙伴的关系,都是因为思维导图的制作而得以挽救的。

在这里借用苔莎·托卡-哈特的一个思维导图来做一个说明。她的思维导图把自己体会到的问题和别人在交流时表现出来的问题外化出来。由一条粗线连接,作为中央图像的两个人脸,表现出了相关的一些基本人性特征,右边是一些消极特征,左边是一些有助于解决问题的特征。

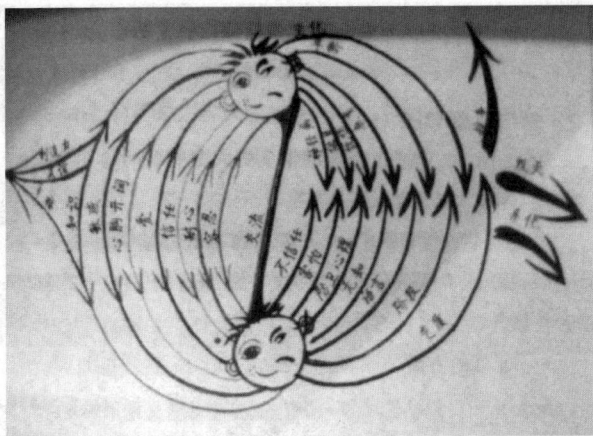

图 8-1　托卡-哈特的思维导图

从图 8-1 中我们可以看到,右边的一些弧形表示一些经常引起冲突的环境因素,左边表示可以克服冲突的一些特征性品质。积极一面的耳朵张着在听,消极的一面耳朵闭着,听不见任何意见。思维导图右边中心地位的、加粗的短箭头表示交流完全闭塞。思维导图外围的大箭头,一边表示争斗、毁灭与不团结,另一边表示创造、友谊、幸福和统一。

通过以上的分析,我们可以发现苔莎·托卡-哈特分析了造成人际关系障碍的诸多因素,并将自己能够想到的解决办法也列了出来,通过这种形象的对比,很好地找到解决问题的方式与方法,从而维系了濒临"灭亡"的人际关系。

到如今,除了传统的手绘思维导图,我们也可以通过软件进行思维导图的创作。在这里笔者主要采用如今用得比较广的 MindManager 软件做一个简单的示范。

图 8-2 是参考苔莎·托卡-哈用 MindManager 软件制作的一张人际交流思维导图。这张图中左边是绿色,象征着人际交流顺畅应该具备或者说应该考虑的因素,右边则是阻碍人际交流顺畅的一些因素,这里笔者运用红绿灯的寓意来代表人际关系的坏与好。在导图的最上方,笔者特意设计了红绿灯的标志,可以使大家很直观地了解此思维导图的意义。而在导图的二级主题中,将各个因素用双箭头链接,表示各因素之间的相互作用及其传递效果,可以说明人际交流的顺利与否是这些因素中部分或全部因素共同作用的结果。最后,在导图的两边,分别用三个关键词来概括人际交流成败所带来的优势

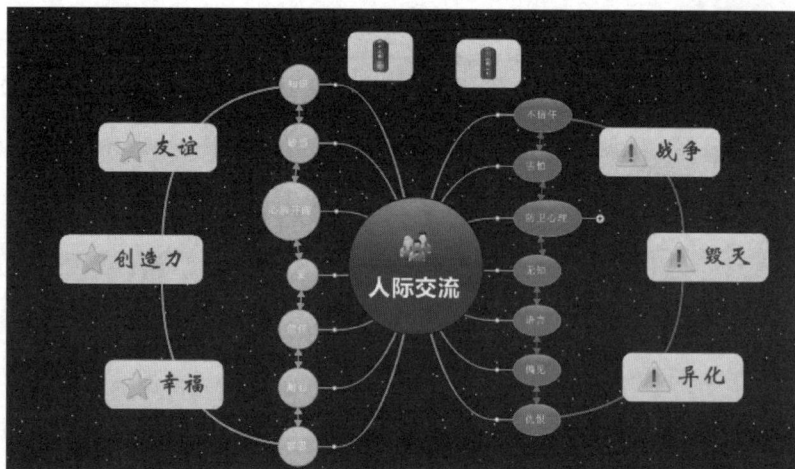

图 8-2　人际交流思维导图

与劣势。其中，左边人际交流顺畅，整个人际关系的处理比较好，从而朋友间的友谊能够得到很好的维持，同时如果是在一个交流顺畅的团体中工作，该团队的和谐氛围也会有助于创造力、创新力的提高，从而使个人的工作节节攀高。而且，这一切也会助推你生活质量的提升，幸福指数的上升，整个人生是充满幸福、阳光的。而相比之下，右边则暗淡许多，笔者运用警告的标志符号表示人际交流不通畅所带来的消极影响，比如引发朋友之间的争执（战争），甚至大打出手，造成不必要的伤害，这势必使双方心情不快，如果这种不快的心情不能及时排解，有可能造成心理扭曲（异化），甚至走向极端，造成不可预测的后果（毁灭）。可见，通过思维导图的关键词，可以使广大读者清晰明了地知道阻碍人际交流的因素以及哪些因素可以促进人际交流，同时还能够看出人际交流的好与坏对个人、家庭的各种影响，从而指导我们如何进行人际交流。

　　用思维导图解决人际关系方面的问题有诸多益处，比如可以让问题处在一个更为宽松的环境下，让问题的起因得到更深入的了解，并让双方产生更强的解决问题的动力；具有持续不断的人际关系的记录作用，积极方面和解决办法的思维导图是力量的源泉，也是关系得以发展的支撑力量；使自己的眼光变得尖锐，更易于洞察自我，形成更强的自我意识，促进心智的成熟；当然除了增进彼此理解外，还会加强两个小伙伴之间的联系，使双方相处更为轻松，更知道尊重彼此的意见。

在你完成了对自己的客观分析之后,事情做起来就相当容易。你会发现,个人与个人之间问题的解决会更容易、更有效率一些,也更容易获得轻松和快乐。

当然,这里只是用 MindManager 软件做了一个简单的思维导图,至于如何使用该软件,笔者将在下一节为大家介绍。

第三节　思维导图在媒介传播效果调查与分析中的应用

一、媒介传播效果调查与分析的重要性

效果研究一直是传播学研究十分重要的环节,任何传播活动都需要讲求传播效果,传播学"四大先驱"之一的拉斯韦尔将传播效果列为传播学五大研究部类之一,也是后来传播学研究者研究的最多的领域之一。了解传播效果可以很好地帮助传播者了解自己的传播是否达到了预期的目的,如果没有,也可以帮助传播者分析传播过程中出现的问题,改进先前的传播策略,从而进行有针对性的传播,提高传播效率。对于大众传播媒介来说更是如此,了解自身的传播效果可以说关乎它们的生死存亡。根据大众传媒二次销售理论,大众传媒将自己的传播产品以扭曲、变形的低价格出售给广大受众,以换取他们的"眼球和耳膜"——注意力,然后再将这种注意力出售给广告主,以吸引它们到自己的媒体上做广告,从而增加媒体收入。因此大众传媒的主要经济收入来源并不是发行,而是广告,那么传播效果便成为决定大众传媒生死存亡的关键一环。

二、思维导图在传播效果研究中的作用

传播效果研究如此重要,以至于学界和业界一直都十分关注,纷纷设计不同的研究方法来测量传播效果,得出了许许多多的研究成果。在这里,思维导图并不是要推翻先前学者们所用的一系列方法,而是对它们进行一个辅助,换句话说思维导图只是这些方法的一个辅助工具。那么思维导图在媒介传播效果调查与分析中如何发挥作用呢?笔者认为,思维导图在媒介调查与分析中的作用主要表现在以下两个方面。一方面,在进行媒介效果调查之前,研究者可以根据自身媒介的特性进行调查设计,比如需要调查的群体、群

体的倾向性、媒体的受众分布等等,这种事前的设计可以通过思维导图进行,既可以用简单明了的图形来概括需要调查的是什么,同时,又可以按照导图的设计进行调查,不仅可以防调查过程中的遗漏,而且如果在调查中遇到新的问题也可以及时地修改订正,从而提升调查的科学性与完备性。另一方面,在调查结果的分析与展示期间,我们也可以完善思维导图,将调查的结果也在思维导图中略微呈现,对广大受众有一个整体宏观的把握,而且演讲者或者汇报者也不必用大段文字进行阐述,只需要一个简单的图即可将结果展示清楚。

三、MindManager 软件的简单介绍

在这里,笔者先采用通过 MindManager 软件对湖南长沙《潇湘晨报》的媒介传播效果调查为大家做一个简单的示范。

首先,对 MindManager 软件做一个简单而整体的介绍。MindManager 是一款用于知识管理的可视化通用软件,该软件功能丰富,简单易用,快速上手,特别适合于思维导图的创建和管理。MindManager 也是一个易于使用的"头脑风暴"、会议记录、战略规划、项目管理软件,能很好提高项目组的工作效率和小组成员之间的协作性。它作为一个组织资源和管理项目的方法,可从脑图的核心分支派生出各种关联的想法和信息。MindManager 是一个创造、管理和交流思想的通用标准,其可视化的绘图软件有着直观、友好的用户界面和丰富的功能,这将帮助您有序地组织您的思维、资源和项目进程。它的主要优势表现在以下几个方面:

快速捕捉思想:图形化映射界面易于使用,令您的思想快速文档化;

轻松组织信息:通过拖放操作,轻松移动图形内容,令您更快地开发思想,构建更完美的计划;

创建内容丰富的可视化图形:绘制不同思想之间的关系,向重要信息添加编号和颜色以达到突出强调的目的,使用分界线将同类思想分组,插入图标和图片以方便自己和他人浏览大图;

提交功能强大的报告:使用 MindManager Presentation 模式将您的图形显示给他人,或者将图形内容导出到 Microsoft PowerPoint 中,令复杂的思想和信息得到更快的传播;

同 Microsoft Office 无缝集成:同 Microsoft 软件无缝集成,快速将数据导入或导出到 Microsoft Word、PowerPoint、Excel、Outlook、Project 和 Visio 中。

　　图形共享：可以将您的图形通过 e-mail 方式发送给朋友或同事，也可以发布为 HTML 并张贴到互联网或 Web 站点上。

　　正是基于以上这些优势，笔者采用该软件为大家做一个演示（笔者采用的是 MindManager15 试用版）。首先当我们打开该软件的时候我们会看到这样一个界面，如图 8-3 所示：

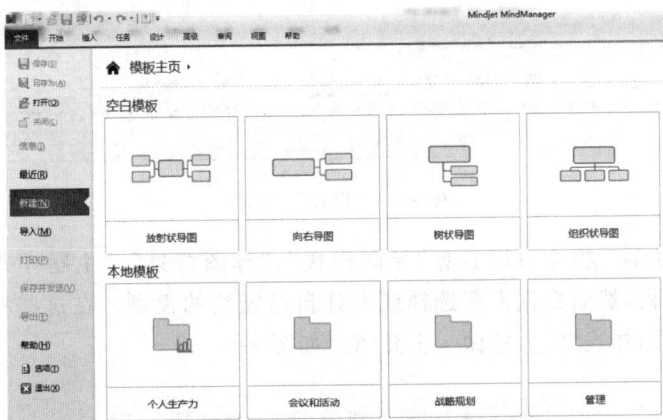

图 8-3　模板主页

　　在此我们可以新建一个版式，既可以从模板中选择已有模板，也可以选择空白模板中的版式进行自主创作。在这里，笔者根据需要采用"空白模板"中的"放射状导图"进行制作。双击"放射状导图"进入下一个页面，如图 8-4：

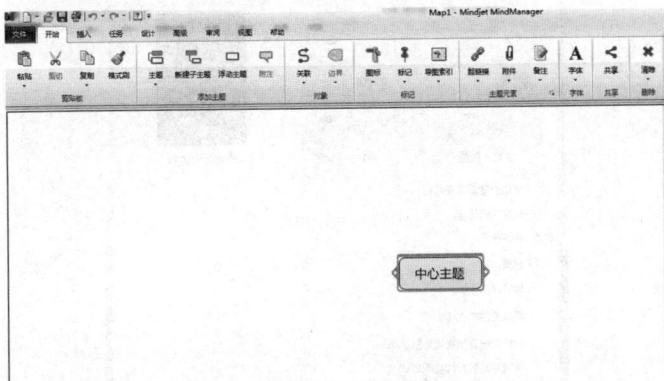

图 8-4　新建"放射状导图"界面

在这个界面中,我们可以看到在页面的中间有一个"中心主题"的框,在这里你需要填写本次研究的中心主题,比如本次进行的调查是《潇湘晨报》居民接触情况,那么我们就可以将"居民接触情况"作为中心主题填写其中。如果你觉得这种版式和颜色太单调,还可以对其进行改换。点击第一栏的"设计",然后就会出现以下工具栏,如图8-5:

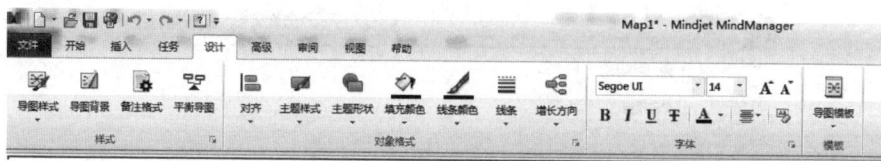

图8-5 "设计"工具栏

我们在第二栏中可以看见"导图样式"、"导图背景"、"主题样式"、"主题形状"等栏目,然后根据需要选择或设计自己需要的模型。在这些栏目中,笔者选择"导图样式"给大家做一个介绍。如图8-6:

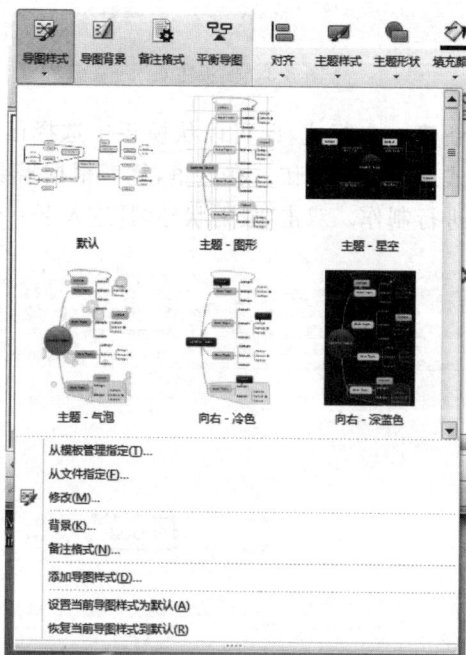

图8-6 "导图样式"下拉界面

　　在这里我们可以看到可供选择的导图模板,细心的读者还可以发现这里有"背景"的字样。需要说明的是这里的"背景"跟"设计"中的"导图背景"的结果是一样的,点击它们会出现相同的界面。根据设计需要,笔者在这里采用如下版式,如图 8-7:

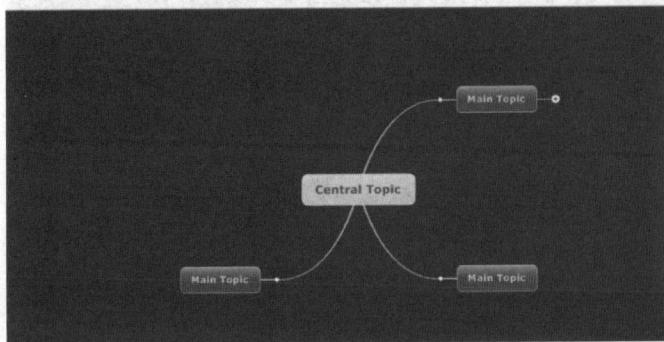

图 8-7

　　选完之后,你单击任一主题框,该主题框边缘会变粗,同时它的四周都会出现一个"＋"号,这个"＋"号表示你需要添加的子主题,依次类推,子主题框也是如此。如图 8-8:

图 8-8　主题框

　　图 8-8 中五个"＋"号分别有不同的意思。上下两个"＋"号表示添加同级子主题;方框左右的"＋"号则表示添加不同级别的子主题,两者属于隶属关系而非并列关系;而最后一个"＋"号则是先添加右边子主题后又由于其他原

因取消添加所留下的。具体效果如图 8-9：

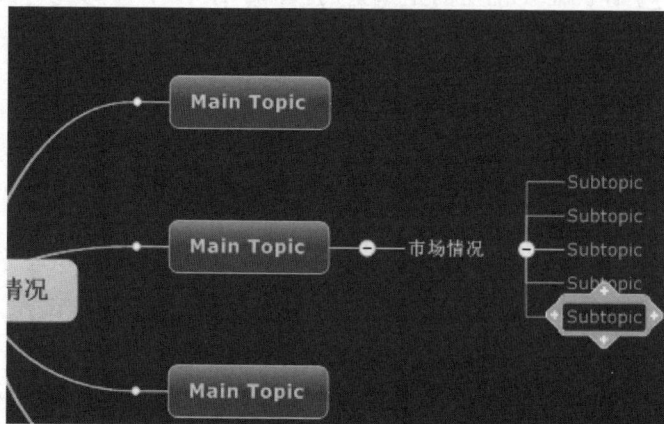

图 8-9　主题添加效果

根据以上规则，笔者做出来一张关于《潇湘晨报》居民接触情况的调查设计草图，如图 8-10：

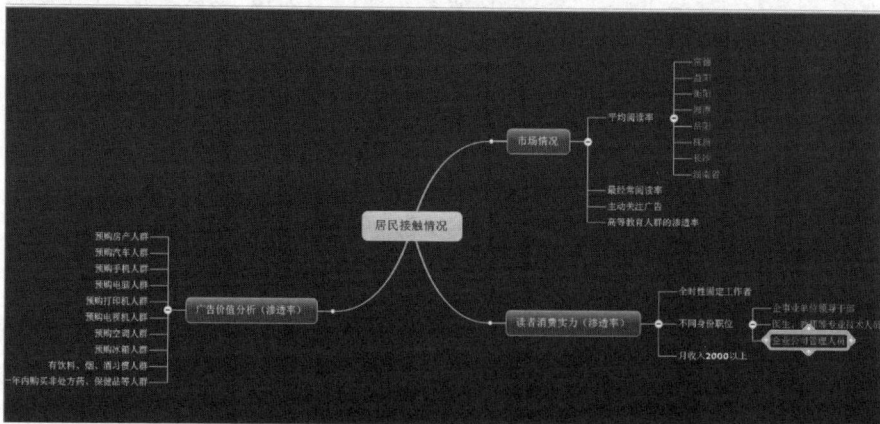

图 8-10　《潇湘晨报》居民接触情况设计草图

从图中可以看到我们要了解《潇湘晨报》的居民接触情况进而考察它的传播效果，可以从三个大的方面进行调查设计，即市场情况、读者消费实力、它所覆盖的人群即它所具有的潜在广告价值。在市场情况方面，我们又可以

将其细分为读者的平均阅读率、最经常阅读率、主动关注广告以及高等教育
人群的渗透率四个方面,其中在平均阅读率上,又根据不同地域进行了细化,
对湖南省除省会长沙以外的主要城市的平均阅读率进行调查。在这里"平均
阅读率"相对于其他指标来说更能宏观、准确地反应媒介的居民接触情况,所
以对此做单独细分。在读者的消费实力方面则主要细分为全职工作者、不同
身份职业以及月收入 2000 元以上的读者,而在不同身份职业中又分为企事业
单位领导干部、教师等技术人员以及公司、企业管理人员等。最后在导图的
右边又根据细分角度的不同将读者的消费行为进行细分,分为图 8-10 所示的
十个类别,以便将不同的读者接触率出售给特定的商家,以换取它们的广告
投入。这就是这份草图大致所要表达的内容,接下来我们还是要根据其特点
对其进行一些加工,使得它跟一般的设计图有所区别,这样才能体现出思维
导图的独特之处。

四、传播效果调查与分析的思维导图升华

首先对中心主题的加工。在这里笔者倾向于用一个其他的形状来替换
并添加一些美工,具体操作如下:

点击第一栏目,选择"设计",会出现图 8-5 所示的子栏目,接着点击"主题
形状",会出现图 8-11 所示界面,点击图库中的图像,在页面右侧会出现图

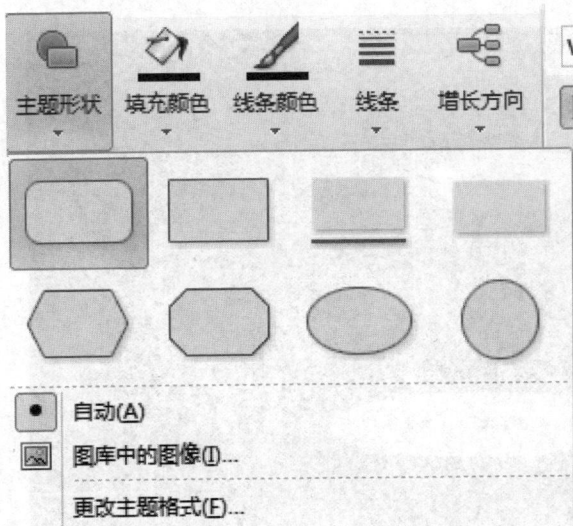

图 8-11

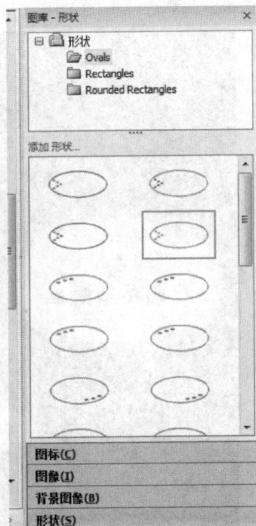

图 8-12

8-12 所示界面,然后我们可以从中挑选自己喜爱的图形,同时依次点击图 8-12 下面的栏目,根据需要选择相应的图标、图像以及背景图像等。其他子栏目也可以根据相同程序进行选择。最后得出图 8-13 的样板。

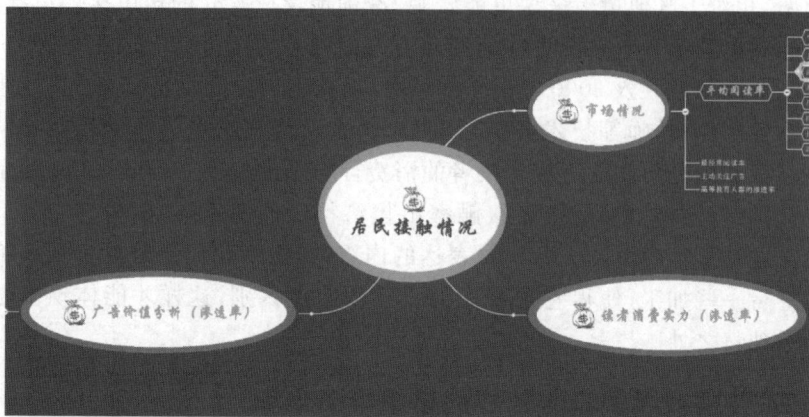

图 8-13

　　图形选择完毕后,在"设计"一栏的右侧更改字体的型号、颜色、大小。在这里需要注意,每一级的图形形状、颜色,字体大小、颜色、型号一定要统一,这样可以给人一种层次感,使调查者或者受众一眼就能区分出层次,如图 8-14:

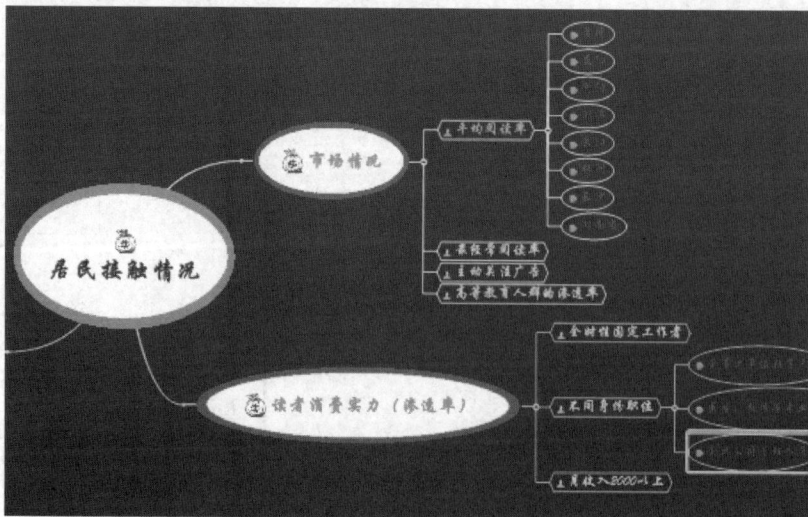

图 8-14

　　该图中的每一个主题前的标志都是在图 8-15"图标"一栏中寻找的，里面有许多图标供大家选择。同理其他的主题也一样。

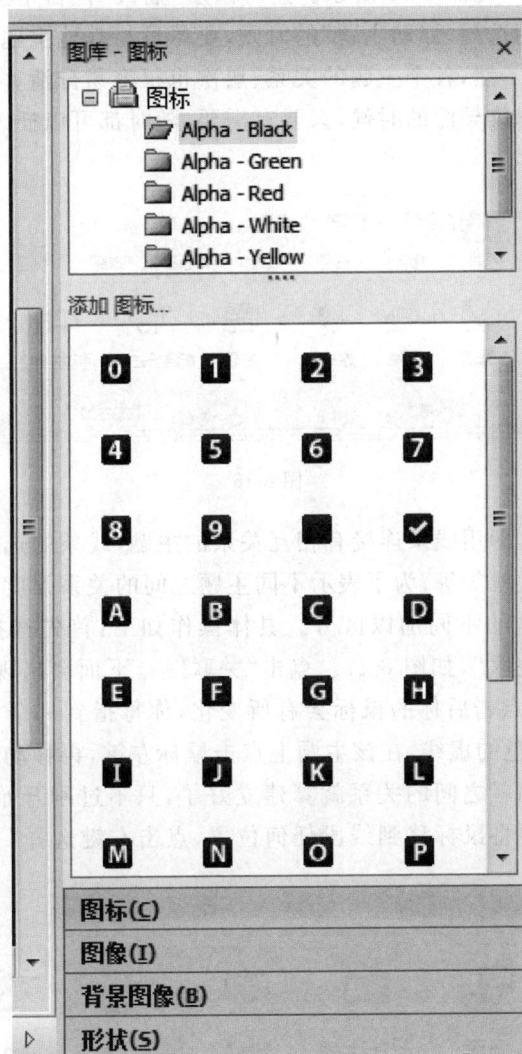

图 8-15　"图标"菜单

　　大众传媒做媒介传播效果调查的目的无非就是了解自己的受众情况以及影响力，进而将这种影响力出售给广告商，获得广告赞助，以维持自己的生存与发展。为此,我们在设计导图的时候可以在一边单独建一个主题框,将其与三个次主题框相联系,这里我们需要用到"浮动主题"选项,该选项在"开始"一栏的选项中,如图 8-16 所示。还可以从"插入"栏目中选择。在这里需要注意的是,我们选择"浮动主题"的时候,要尽量与其他主题有所区别,这样可以使大家一目了然,各个主题的关系、层次也很容易分清。另外,需要指出的是,我们在做思维导图的时候,只要有需要,随时都可以插入与其他主题相区别的主题。

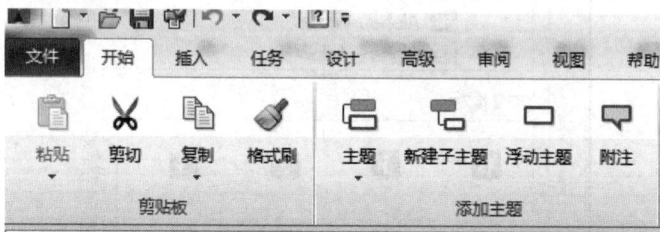

图 8-16

添加"关联",即用线条连接有相互关系的主题,线条的选择有很多种,有曲线、直线还有虚线等等,为了表示不同主题之间的关系强度,我们还可以用线条的粗细、颜色的不同加以区分。具体操作如下:首先选择第一栏的"插入",然后选择"关联",如图 8-17。点击"关联"后,下面会出现"插入关联"的选项,如图 8-18,点击后你的鼠标会有所变化,你每指到一个主题,鼠标会出现一个箭头为绿色的虚线,在该主题上点击鼠标左键,再移动到另一主题,点击鼠标左键,这两者之间的关系就算建立好了,只不过刚开始是一种随机的线条,后续你需要将鼠标移到线段任何位置,点击右键选择"关联格式"或者

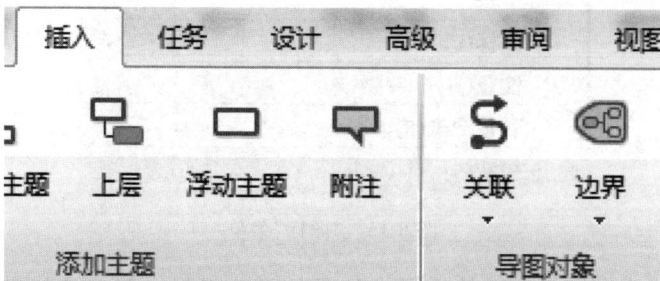

图 8-17

双击鼠标左键出现表格,然后进行所需要的调整,你可以对线条图案、粗细以及颜色作出调整。初期效果如图 8-19。

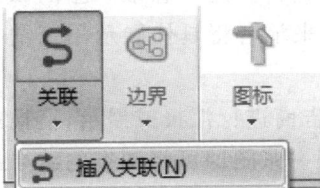

图 8-18

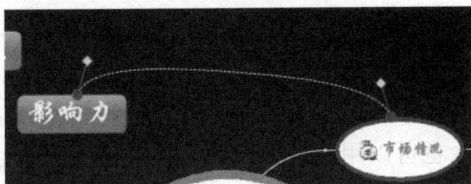

图 8-19

经过以上的大致调整我们就可以得到一个完整的媒介调查研究思维导图了,如图 8-20:

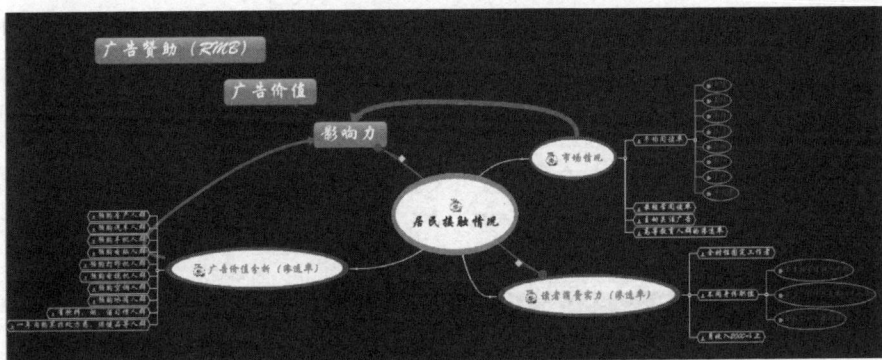

图 8-20　完整的媒介调查研究思维导图

下面对本思维导图做一个简单的描述,前文中部分内容已经陈述过,在这里便不再赘述。这里需要补充的是笔者在导图的左上角设计了三个独立主题框,分别是"影响力"、"广告价值"以及"广告赞助(RMB)",可以让调查者明白此次调查的目的是了解本报的影响力,因为影响力决定广告价值,而广告价值决定能有多少广告商愿意到本报上做广告。图中的"市场情况"、"广告价值分析"以及"读者消费能力"这些情况的调查恰恰是对其影响力的一个操作化。同时这三者与影响力的关系程度还略有差异(这里的关系强弱并不绝对,笔者只是随意做了区分,目的是介绍软件的功能),在这里用粗细不同的线条来表示,使研究者一目了然,明白其中的轻重缓急。

前面对调查之前的研究进行了导图设计,调查研究者在调查中可以严格按照导图所设计的内容进行操作,如果研究者在实际调查过程中遇到一些新的问题,那么他还可以根据实际情况进行修改、完善。这个思维导图的修改完善的具体操作可以参考以上步骤进行。接下来笔者将具体展示用于结果汇报或者展示的导图的制作过程。

调查的结果需要研究者向传媒组织或者广告商进行汇报或展示,汇报或展示也可以用思维导图的方式进行。一方面,用一张图即可将调查的结果说明白,从而避免冗长的文字叙述,让上级不用花费太多时间就能了解媒体的传播效果;另一方面,在向广告商展示传媒的影响力时也可以采用导图,既简洁明了,又能够给予广告商所想要的,两全其美,何乐而不为?下面具体介绍一下成果展示图怎么操作,本次操作在图 8-20 的基础上进行。

首先,我们可以在"平均阅读率"等项目后面添加"标记"。具体操作是点击"插入",然后在栏目中点击"标记",选择"添加新标签",就可以把你想添加的内容添加上去了。操作如图 8-21,添加结果如图 8-22。

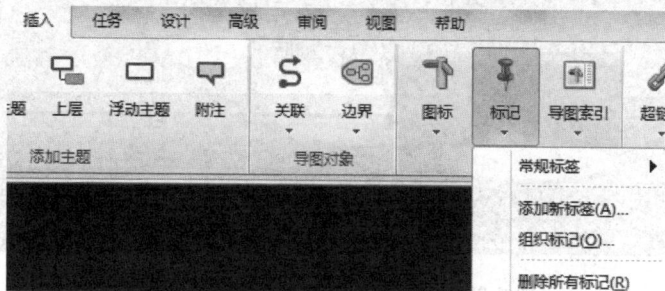

图 8-21

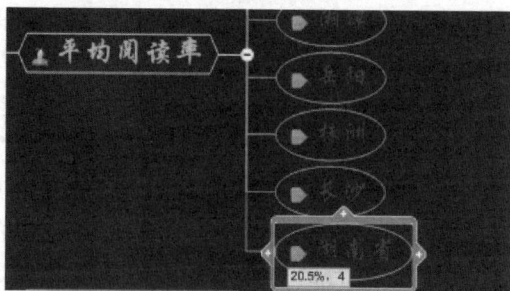

图 8-22

但是在添加"标签"的时候,我们可能会遇到光添加"标签"并不能很好地说明自己想要解释的内容的情况,这个时候你就可以选择添加"超链接"、"备注"、"图像"等。由于添加这些在操作上具有很强的相似性,所以这里笔者仅用添加"图像"来说明。还是在"插入"栏目下,你会看到上述几个选项都有,然后选择"图像",会出现两个选项,一个是"从文件插入图像",另一个是"从图库插入图像",前者是从你的电脑中选择,后者则是从软件系统中进行选择,具体操作如图 8-23:

图 8-23 插入图像

这里选择"从文件插入图像",得到的最后效果如图 8-24:

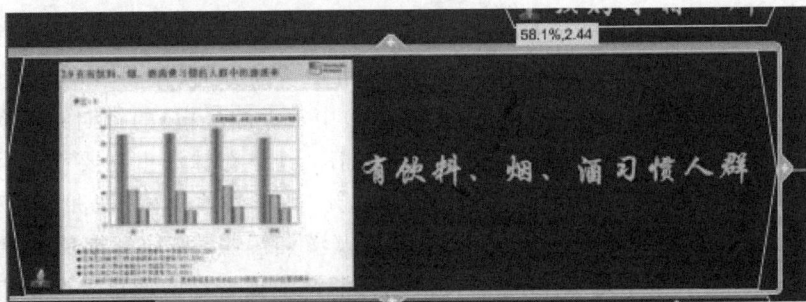

图 8-24 插入图像效果图

经过上面的步骤得到最后的完整效果如图 8-25:

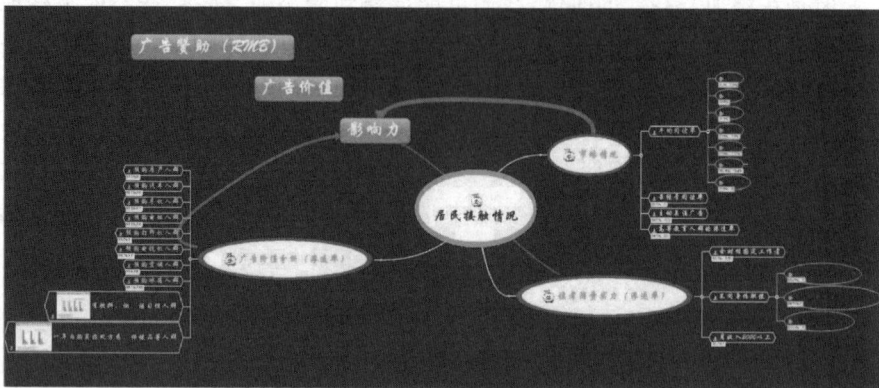

图 8-25

到底从这幅思维导图中我们能够看出什么？它是否能够反映我们想要表达的内容？下面笔者就该图的内容做一个全面的介绍。

五、传播效果调查与分析的思维导图阐释

本项目是湖南《潇湘晨报》的居民接触情况调查，主要从市况、读者消费实力以及广告价值三个方面进行调查。在市场情况方面，在湖南八城市（长沙、株洲、湘潭、常德、岳阳、衡阳、益阳、郴州）中，《潇湘晨报》的每期阅读率达到 20.5％，排名第一，且是第二位报纸的 4 倍。其中在株洲市主要都市报媒体中，《潇湘晨报》平均每期阅读率为 14.14％，高于当地媒体《株洲日报》和《株洲晚报》；在湘潭市主要都市报媒体中，《潇湘晨报》平均每期阅读率为 30.46％，明显高于当地媒体《湘潭日报》和《湘潭晚报》；在常德市主要都市报媒体中，《潇湘晨报》平均每期阅读率为 8.96％，高于当地媒体《常德日报》和《常德晚报》；在岳阳市主要都市报媒体中，《潇湘晨报》平均每期阅读率为 13.59％，高于当地媒体《岳阳晚报》和《长江信息报》；在衡阳市主要都市报媒体中，《潇湘晨报》平均每期阅读率为 21.50％；在益阳市主要都市报媒体中，《潇湘晨报》平均每期阅读率为 29.78％。

在湖南八城市，《潇湘晨报》的最经常阅读率达到 69.3％，是对比媒体的两倍左右；在湖南八城市，《潇湘晨报》读者中主动关注广告的读者比例为 59.5％，排名第一，且是第二位报纸的 1.66 倍，说明《潇湘晨报》读者对报纸广告主动关注度最高；在湖南八城市，《潇湘晨报》读者群中有 54.6％的读者受

教育程度在大专以上,排名第一,且是第二位报纸的 2.6 倍,是第三位报纸的 4.3 倍,说明《潇湘晨报》拥有最优质的读者资源。以上指标说明,《潇湘晨报》在湖南地区拥有最大规模的优质读者群。

在读者消费实力方面,在湖南八城市(长沙、株洲、湘潭、常德、岳阳、衡阳、益阳、郴州),《潇湘晨报》在有全时性固定工作的读者群中渗透率达 67.1%,排名第一,是第二位报纸的 2.76 倍,是第三位报纸的 5.24 倍。《潇湘晨报》在党政机关/社团/事业单位领导干部读者群体中渗透率达 63.04%;在医生/教师/律师以及其他专业技术人员读者群体中渗透率为 54.13%;在企业/公司管理人员读者群体中渗透率为 51.96%;以上指标均数倍于其他报纸。在湖南八城市,《潇湘晨报》在个人月收入 2000 元以上读者群中渗透率达 57.7%,而比较中的其他媒体该指标均处于 20% 以下。以上数据说明,《潇湘晨报》读者群以有固定工作和正当职业人群为主,具有最强的消费实力。

在广告价值方面,湖南八城市中《潇湘晨报》在预购房产读者群中渗透率达 67.5%,排名第一,是第二位报纸的 3 倍,说明在《潇湘晨报》投放房地产广告,可收到显著的效果。《潇湘晨报》在预购汽车读者群中渗透率达 66.1%,排名第一,是第二位报纸的 2.6 倍,说明《潇湘晨报》是汽车广告投放的理想媒体。《潇湘晨报》在预购手机读者群中渗透率达 67.4%,排名第一,是第二位报纸的 2.7 倍,说明《潇湘晨报》比其他报纸更适合投放手机广告和家电卖场广告以及通讯营运广告。《潇湘晨报》在预购电脑读者群中渗透率达 62.2%,排名第一,是第二位报纸的 2.4 倍;《潇湘晨报》在预购打印机读者群中渗透率达 85.7%,排名第一,是第二位报纸的 3 倍,说明《潇湘晨报》是电脑广告、电脑外设广告及家电卖场广告投放的理想媒体。《潇湘晨报》在预购电视机读者群中渗透率达 58.1%,排名第一,是第二位报纸的 3.7 倍;《潇湘晨报》在预购空调读者群中渗透率达 62.0%,而第二、三位报纸该指标分别仅为 21.7% 和 9.0%;《潇湘晨报》在预购冰箱读者群中渗透率达 58.1%,是第二位报纸的 2.44 倍《潇湘晨报》是各类家电及家电卖场广告投放的理想媒体。《潇湘晨报》在有吸烟习惯读者群体中渗透率为 55.26%;在有饮用啤酒习惯读者群体中渗透率为 55.92%;在有饮酒习惯读者群体中渗透率为 55.09%;在有饮用饮料习惯的读者群体中渗透率为 52.69%;以上指标均明显是比较中的其他媒体的 3～6 倍,说明《潇湘晨报》是各类食品饮料烟酒广告投放的理想媒体。《潇湘晨报》在过去 1 年内购买过非处方药读者群体中渗透率为 54.51%;在过去 1 年内购买过保健品读者群体中渗透率为 52.15%;在过去 1 年内接受过医疗服务读者群体中渗透率为 49.15%；以上指标均明显是比较中的其他媒体的 3～5 倍，说明《潇湘晨报》是各类药品、医疗、保健品广告投放的理想媒体。

六、总结

由此可见，如果用文字进行汇报不仅烦琐而且费时，有的时候还会引起受众厌烦甚至产生困意，而如果用一幅清晰的思维导图来呈现调查结果，再辅之以简单的语言解释，其传播效果必定事半功倍；而且如果去拉广告的话，广告商都喜欢清晰明了、简单快捷的汇报，因为时间对他们来说就是金钱。

行文至此，本章的内容已经快接近尾声了，在第一节笔者主要介绍了什么是思维导图以及思维导图的特点、优势等等。第二节主要介绍了思维导图的制作步骤以及日常生活中如何运用思维导图，并举了人际交流的例子方便大家理解与制作。在最后一节，笔者着重介绍了思维导图在媒介传播效果调查与分析中的运用，指出了它在调查与分析中的优势，同时运用现如今最流行的 MindManager 软件为大家制作样板，样板中笔者选择了湖南《潇湘晨报》的居民接触情况为例为大家制作思维导图。MindManager 软件操作比较简单，笔者在这里只是运用了它的部分功能，其余操作相似性比较强，如果读者有兴趣可以更加深入地研究，这里只提供一个入门的操作。最后，用MindManager 软件设计导图与手绘相比各有一定的特色。首先就手绘思维导图来说，你可以按照自己喜欢的方式进行制作，可以用任意符号代表所要表达的任何内容，只要方便自己记忆使用即可。其次，就电脑软件制作思维导图来说，首先它对个人想象有一定的限制，你只能用软件里面的模板进行设计，这在一定程度上违背了思维导图的初衷，思维导图的目的主要是让你打开想象，运用发散型思维，最大限度地激活你的大脑；不过用软件制作也有不可比拟的优势，比如说图形规范、美观，便于观看，设计比较有条理；等等。当然在这里笔者并不是说哪个好，只要适合自己，你都可以选择使用。

参考文献

[1] 喻国明.媒介的市场定位:一个传播学者的实证研究[M].北京:北京广播学院出版社,2000.

[2] 戴元光.传播学研究理论与方法[M].上海:复旦大学出版社,2003.

[3] 刘晓红,卜卫.大众传播心理研究[M].北京:中国广播电视出版社,2001.

[4] 樊志育.广告效果测定技术[M].上海:上海人民出版社,2000.

[5] 迈克尔·辛格尔特里.传播研究方法:现代方法与应用[M].刘燕南,等,译.北京:华夏出版社,2000.

[6] 德弗勒,鲍尔·洛基奇.大众传播学诸论[M].杜力平,译.北京:新华出版社,1990.

[7] 丹尼斯·麦奎尔.受众分析[M].刘燕南,等,译.北京:中国人民大学出版社,2006.

[8] 丹尼斯·麦奎尔.麦奎尔大众传播理论[M].崔保国,李琨,译.北京:清华大学出版社,2006.

[9] 丹尼斯·麦奎尔,斯文·温德尔.大众传播模式论[M].祝建华,武伟,译.上海:上海译文出版社,1987.

[10] 沃纳·赛佛林,小詹姆斯·坦卡德.传播理论:起源、方法与应用[M].4版.郭镇之,等,译.北京:华夏出版社,2000.

[11] 詹宁斯·布赖恩特,苏珊·汤普森.传媒效果概论[M].陆剑南,等,译.北京:中国传媒大学出版社,2006.

[12] 希伦·A.洛厄里,梅尔文·L.德弗勒.大众传播学研究的里程碑[M].3版.北京:中国人民大学出版社,2003.

[13] 石建永,张兰娣.谈谈电话调查[J].商,2014(21):290.

[14] 吴晓云,曾庆.国外电话访问调查特点和发展[J].国外医学(卫生经济分册),2003,20(3):137-140.

[15] 杨盛菁.计算机辅助电话调查技术及其应用分析[J].统计科学与实践,2012(2):49-51.

[16] 上海南康科技有限公司.软件操作手册,Cati 操作手册.

[17] 黄鸣刚.从媒体角度看网络调查方法[J].中国传媒科技,2004(11):22-26.

[18] 白冰,陈英.论网络媒介的受众调查方法[J].现代传播,2002(3):108-113.

[19] 任莉颖.计算机辅助面访跟踪调查的数据特征与应用[J].中国统计,2012(2):51-53.

[20] 沈浩.数据展现艺术:精通水晶易表 Xcelsius[M].北京:电子工业出版社,2009.

[21] 王媛媛,等.数据可视化技术的实现方法研究[J].现代电子技术,2007,30(4):71-74.

[22] 刘勘,等.数据可视化的研究与发展[J].计算机工程,2002,28(8):1-2.